最高人民法院
建设工程案例精析

ZUIGAO RENMIN FAYUAN
JIANSHE GONGCHENG ANLI JINGXI

袁海兵　何涛　李妃◎编著

法律出版社
LAW PRESS·CHINA

图书在版编目(CIP)数据

最高人民法院建设工程案例精析 / 袁海兵，何涛，李妃编著. -- 北京 : 法律出版社，2018(2019.5重印)
ISBN 978-7-5197-2030-8

Ⅰ. ①最… Ⅱ. ①袁… ②何… ③李… Ⅲ. ①建筑工程-经济纠纷-案例-中国 Ⅳ. ①D922.297.5

中国版本图书馆CIP数据核字(2018)第037409号

最高人民法院建设工程案例精析
ZUIGAO RENMIN FAYUAN JIANSHE GONGCHENG ANLI JINGXI

袁海兵 何 涛 李 妃 编著

策划编辑 王 曦
责任编辑 王 曦
装帧设计 李 瞻

出版 法律出版社
总发行 中国法律图书有限公司
经销 新华书店
印刷 三河市龙大印装有限公司
责任校对 张红蕊
责任印制 吕亚莉

编辑统筹 法规出版分社
开本 710毫米×1000毫米 1/16
印张 21
字数 300千
版本 2018年10月第1版
印次 2019年5月第3次印刷

法律出版社 / 北京市丰台区莲花池西里7号(100073)
网址 / www.lawpress.com.cn
投稿邮箱 / info@lawpress.com.cn
举报维权邮箱 / jbwq@lawpress.com.cn
销售热线 / 010-83938336
咨询电话 / 010-63939796

中国法律图书有限公司 / 北京市丰台区莲花池西里7号(100073)
全国各地中法图分、子公司销售电话：
统一销售客服 / 400-660-6393
第一法律书店 / 010-83938334/8335 西安分公司 / 029-85330678 重庆分公司 / 023-67453036
上海分公司 / 021-62071639/1636 深圳分公司 / 0755-83072995

书号：ISBN 978-7-5197-2030-8 **定价**：68.00元

序

唐宋八大家之一的韩愈在《进学解》中云："业精于勤，荒于嬉；行成于思，毁于随"，其实对学业如此，对事业也是如此。因此，广西建设工程法律领域的知名律师袁海兵、何涛以及新锐律师李妃将其在繁重工作之余呕心沥血、历时三载著就的新作《最高人民法院建设工程案例精析》交我审阅，并嘱我作序，我欣然应之。

众所周知，我国是一个成文法国家，法官在裁判时必须着眼于成文法规定，在现行法律条文中找到裁判的合法与合理性依据。站在客观立场，这种成文法裁判模式，虽然在现代司法中具有天然的优越性，但在实践中也可能产生"最坏"的裁判结果。究其根源，一方面在于成文法具有不周延性，它不可能反映和规范全部社会生活，法官在裁判案件时可能遭遇法律"真空"或者法律的模糊地带；另一方面成文法具有滞后性，法的安定性要求导致法律与急速发展的社会情势不协调甚至相冲突，在法律未及时修改或者废止时，法官若对法律进行机械适用，则不仅会大大降低正义的含金量，严重者甚至会造成不正义。

为弥补成文法的固有缺陷，我国人民法院在司法裁判中没有"固步自封"，它们在成文法体制的既有框架和裁量空间范围内，以"法官释法"的形式创造性地发展了成文法。这主要体现在：一是最高人民法院的司法解释；二是最高人民法院推出的指导性案例、公报案例和典型案例。如果说司法解释主要体现的是最高人民法院的少数精英思维，那么，典型案例等则是各级人民法院法官司法裁判的智慧结晶。美国法学家霍姆斯言"法律的生命不在于逻辑，而在于经验"，在人民法院裁判文书可以自由下载的互联网时代，我们相信案例，尤其是最高人民法院的指导性案例、公报案例和典型案例，注定会成为比司法解释更有生命力的法官释法形式。

袁海兵、何涛、李妃作为广西建设工程法律领域的知名律师，在长期的法律实践中，注重运用实践中的案例资源，对最高人民法院建设工程领域的典型案例及时加以总结研究，这不仅提高了他们的法律适用能力和办案实战能力，同时也促成了他们法律理论素养向更高层次的飞跃。

本书作者通过对最高人民法院建设工程类纠纷中典型案例的摘录及深入分析，全方位、多角度地对建设工程各环节容易产生纠纷的法律问题进行了分门别类的研究，它不仅可以为工程管理人员、法律人士寻找思维的灵感，同时也可以为当事人寻求最有利的法律解决方案。因此，本书是解决建设工程类法律纠纷的一本重要实务参考著作。

最后，诚如“诗仙”李白在《行路难·其一》中所云：“长风破浪会有时，直挂云帆济沧海。”我借此书出版的机会，衷心祝贺三位律师在法律研究上取得更丰硕的成果，也祝愿他们在依法治国、建设社会主义法治国家的伟大事业中取得更大成绩。

广西民族大学法学院院长，法学硕士研究生导师、教授

何立荣

目录

一、合同效力问题

二、实际施工人相关问题

---

① 本书目录中所称《建设工程司法解释》，均是指《最高人民法院关于审理建设工程施工合同纠纷案件适用法律问题的解释》。

三、“黑白合同”与招标投标问题

四、工程价款优先受偿权

五、工程结算

一

合同效力问题

1. 民营企业投资的房地产开发项目,未经招投标程序所签订的施工合同为无效合同

▶案情简介

广佳欣公司[①]就案涉地下室工程与博坤公司签订了施工合同,约定由博坤公司承建该地下室。嗣后,因广佳欣公司未依约支付工程款,博坤公司遂提起本案诉讼。因案涉工程系民营企业投资的房地产开发项目,未经招投标程序,诉讼中就案涉合同效力认定问题发生争议。

最高人民法院裁判观点

本案二审的争议焦点为案涉合同及其补充协议的效力问题。

《招标投标法》第三条规定:在中华人民共和国境内进行下列工程建设项目,包括项目的勘察、设计、施工、监理以及与工程建设有关的重要设备、材料等的采购,必须进行招标:(一)大型基础设施、公用事业等关系社会公共利益、公众安全的项目……前款所列项目的具体范围和规模标准,由国务院发展计划部门会同国务院有关部门制订,报国务院批准。《工程建设项目招标范围和规模标准规定》第七条规定:本规定第二条至第六条规定范围内的各类工程建设项目,包括项目的勘察、设计、施工、监理以及与工程建设有关的重要设备、材料等的采购,达到下列标准之一的,必须进行招标:(一)施工单项合同估算价在200万元人民币以上的……据上述规定,案涉工程项目属于必须进行招标的项目,但双方当事人却未履行法律规定的招标投标程序,违反了法律的强制性规定。《最高人民法院关于审理建设工程施工合同纠纷案件适用法律问题的解释》(以下简称《建设工程司法解释》)第一条规定:建设工程施工合同具有下列情形之一的,应当根据《合同法》第五十二条

---

① 需要说明的是,为了叙述简便,本书对当事人名称均作了简化处理。

第(五)项的规定,认定无效:……(三)建设工程必须进行招标而未招标或者中标无效的。根据前述法律及司法解释规定,案涉《建设工程施工合同》应认定为无效。《补充协议一》主要涉及案涉工程施工进度等事项,因《建设工程施工合同》无效,故《补充协议一》亦应认定为无效。一审判决认定案涉施工合同有效,并判决解除该合同属适用法律错误,本院予以纠正。

法律评析

一直以来,有观点认为《招标投标法》主要约束的是国有投资项目,对于非国有投资项目可以不适用《招标投标法》。据此,就衍生出民营企业投资的房地产开发项目可以不通过招投标程序而直接与施工单位签订施工合同的看法,而且在实践中,绝大部分的民营企业也确实没有通过招投标程序确定中标人并签订相应的施工合同。在司法实践中,甚至部分司法人员、律师也都认为民营企业投资的房地产开发项目未经过招投标程序而签订的施工合同照样有效。

那么,民营企业的房地产开发项目是不是必须经过招投标程序才能签订施工合同?若未经过招投标程序所签订的施工合同是不是无效合同?

笔者认为,首先,《招标投标法》第三条规定,在中华人民共和国境内进行下列工程建设项目,包括项目的勘察、设计、施工、监理以及与工程建设有关的重要设备、材料等的采购,必须进行招标:(一)大型基础设施、公用事业等关系社会公共利益、公众安全的项目;(二)全部或者部分使用国有资金投资或者国家融资的项目;(三)使用国际组织或者外国政府贷款、援助资金的项目。前款所列项目的具体范围和规模标准,由国务院发展计划部门会同国务院有关部门制订,报国务院批准。

2000 年 4 月 4 日,国务院批准了《工程建设项目招标范围和规模标准规定》,明确规定了必须招标的工程建设项目的具体范围和规模标准。其中,商品房项目被列入关系社会公共利益、公众安全的公用事业项目,施工合同的估算价在 200 万元以上或整个项目的投资在 3000 万元以上的,就必须进行招投标。

因此,民营企业的房地产开发项目必须经过招投标程序签订施工合同,至于应当采取公开招标还是邀请招标，就另当别论。

其次，关于施工合同的效力。由于案涉工程建设项目必须招标而未招标，根据《建设工程司法解释》第一条第（三）项的规定，案涉《建设工程施工合同》无效。

案例索引 最高人民法院（2014）民一终字第61号民事判决书

2. 施工单位没有装饰装修资质，装饰装修合同依然有效

▶案情简介

云昌煤矿与朱某某签订《建筑装饰工程施工合同》，约定由朱某某承建案涉工程的装修工程。现朱某某以云昌煤矿未足额支付工程款为由提起本案诉讼，诉讼中就朱某某及其工作室无装饰装修资质而签订的案涉合同效力认定问题发生争议。

最高人民法院裁判观点

关于本案《建筑装饰工程施工合同》的效力问题，《建筑法》并未要求从事室内装饰装修施工，必须具备相应的施工资质，故本案朱某某及其经营的天创设计室未取得装饰装修工程施工资质，不属于《建设工程司法解释》第一条规定的应当认定为合同无效的情形。建设部《建筑装饰装修工程设计与施工资质标准》虽然规定了核定从事建筑装饰装修工程设计与施工活动企业资质等级的依据，但并未明确规定未取得资质的企业不得进行装饰装修工程施工，且该规定系部门规章，不能作为认定民事合同无效的法律依据。故朱某某所持本案《建筑装饰工程施工合同》因违反法律强制性规定应认定为无效的主张，缺乏法律依据，不予采信。综上，朱某某的再审请求缺乏事实和法律依据，其申请不符合《民事诉讼法》第二百条之规定。故

依照《民事诉讼法》第二百零四条第一款的规定，裁定驳回朱某某的再审申请。

法律评析

《建设工程司法解释》规定，承包人未取得建筑施工企业资质或者超越资质等级，或者没有资质的实际施工人借用有资质的建筑施工企业名义，所签订的建设工程施工合同应当认定无效。司法实践中都是遵照这一原则判决的。

如果是装修施工合同，是否也适用上述司法解释的规定？有的法官认为，工程分包合同不适用上述司法解释的规定，因为在最高人民法院公布的《民事案件案由规定》中明确将建设工程施工合同纠纷和建设工程分包合同纠纷列为两个不同的案由，而《建设工程司法解释》明确规定是为审理建设工程施工合同纠纷案件适用法律的问题而制定的。

那么，如果装饰装修施工合同的承包人没有相应的资质，施工合同到底有没有效力？笔者认为，虽然装饰装修施工合同和建设工程施工合同都是工程类的合同，但对合同的行政监管、合同的结算和最终竣工验收都有明显的区别。在实践中，行政监管部分对装饰装修施工合同的履行还是处于一种放任的状态。

因此，判断装饰装修合同的效力不应依据《建设工程司法解释》。客观上，最高人民法院的裁判已经确认了笔者的这种观点——不能以承包人有无资质来确定装饰装修合同的效力。

案例索引 最高人民法院(2014)民申字第938号民事裁定书

3. BT 合同[①]未经招投标无效

▶案情简介

中冶公司与国资公司就徐州市新城区道路工程与惠民花园安置房工程签订 BT 合同,约定由中冶公司承建案涉工程。现因工程款支付问题引发纠纷诉至法院,诉讼中就案涉合同效力认定问题发生争议。

最高人民法院裁判观点

《招标投标法》第三条规定,在中华人民共和国境内进行下列工程建设项目包括项目的勘察、设计、施工、监理以及与工程建设有关的重要设备、材料等的采购,必须进行招标:(一)大型基础设施、公用事业等关系社会公共利益、公众安全的项目;(二)全部或者部分使用国有资金投资或者国家融资的项目;(三)使用国际组织或者外国政府贷款、援助资金的项目。前款所列项目的具体范围和规模标准,由国务院发展计划部门会同国务院有关部门制订,报国务院批准。法律或者国务院对必须进行招标的其他项目的范围有规定的,依照其规定。《建设工程司法解释》第一条规定,建设工程施工合同具有下列情形之一的,应当根据《合同法》第五十二条第(五)项的规定,认定无效:(一)承包人未取得建筑施工企业资质或者超越资质等级的;(二)没有资质的实际施工人借用有资质的建筑施工企业名义的;(三)建设工程必须进行招标而未招标或者中标无效的。经审理查明,本案讼争工程系徐州市新城区道路工程与惠民花园安置房工程,关系社会公共利益及公众安全,根据《招标投标法》的上述规定,属于必须进行招标投标的建设工程项目。因中冶公司与国资公司签订讼争 BT 合同未履行招标投标程序,据此原判决认定 BT 合同因违反法律强制性规定而无效,认定事实及适用法律并无不

① BT 合同是建设(Build)—移交(Transfer)合同的简称。

当。中冶公司关于《招标投标法》第三条第一款第(一)项属管理性法律规范,案涉 BT 合同应为有效的再审申请理由不能成立。

综上,中冶公司的再审申请不符合《民事诉讼法》第二百条第(二)项、第(六)项规定的情形。本院依照《民事诉讼法》第二百零四条第一款之规定,裁定驳回中冶公司的再审申请。

法律评析

《招标投标法》和《工程建设项目招标范围和规模标准规定》明确规定了必须进行招标的工程建设项目的具体范围和规模标准。同时也规定依法必须进行招标的项目,全部使用国有资金投资或者国有资金投资占控股或者主导地位的,应当公开招标。根据上述规定,应当招投标而未招投标的合同无效,这在司法界几乎没有异议。但 BT 合同是否适用上述法律法规?

部分律师和司法人员认为,BT 合同可以不进行招投标程序。理由有如下两点:

1. 根据《招标投标法》的规定,与工程建设项目有关的勘察、设计、施工、监理以及与工程建设有关的重要设备、材料等的采购必须进行招标。而 BT 合同不属于上述合同的范畴之列。

2. BT 合同也不是施工合同,BT 合同的主要特点体现在投资和回购上。BT 是英文 Build(建设)和 Transfer(移交)的缩写形式,意即“建设—移交”,是政府利用非政府资金来进行基础设施建设项目的一种融资模式。BT 模式是 BOT① 模式的一种变换形式,指一个项目的运作通过项目公司总承包,融资、建设验收合格后移交给业主,业主向投资方支付项目总投资加上合理回报的过程。

笔者认为,BT 合同的实质就是一个全垫资的施工合同。此处 BT 合同中的“T”和 BOT 合同中的“T”有本质的区别。BT 合同中的“T”是指回购,需要支付对价,而 BOT 合同中的“T”是指移交,无须支付对价,两者不可混为一谈。

---

① BOT 是对 Build-Operate-Transfer(建设—经营—转让)形式的简称。

最高人民法院的案例也进一步证明了BT合同应当适用《招标投标法》和《工程建设项目招标范围和规模标准规定》的相关规定，否则，BT合同为无效合同。

案例索引 最高人民法院(2015)民申字第139号民事裁定书

4. 倒签施工合同的签署日期不影响合同和招投标文件的效力

►案情简介

案涉工程最初由东方建设公司于2006年10月中标，之后，东方建设公司与故县村委会签订《建设工程施工合同》。施工过程中，东方建设公司于2007年8月8日在报纸上发表声明，认为他人冒用东方建设公司名义进行施工，施工行为与东方建设公司无任何关系，案涉工程因此无法继续施工。后故县村委会进行二次招标，建力公司投标并于2007年11月6日中标。建力公司与故县村委会签订的《建设工程施工合同》中约定，由建力公司承建案涉工程，并将合同中的日期倒签至2006年，同时进行了备案登记。嗣后，建力公司就工程款提起诉讼，诉讼中就合同效力认定问题发生争议。

最高人民法院裁判观点

对于本案双方签订的《建设工程施工合同》，从时间演变过程上分析，应是东方建设公司退出该项目后，建力公司投标并中标后与故县村委会签订的《建设工程施工合同》更符合常理。在一审中，建力公司也认可《建设工程施工合同》为倒签合同，只是认为招标文件为后补的。对于建力公司一审已经认可的内容，二审中建力公司也没有提供其他证据来证明施工合同签订于2006年11月26日，也没有提供故县村委会与建力公司在招投标过程中存在违反招投标法相关规定而导致招投标文件无效的相关证据，因此，二审法院认定案涉《建设工程施工合同》是一份倒签合同有事实依据，对建力公司提出的《建设工程施工合同》签订于2006年11月26日、招投标文件无效的主张不予支持，符合法律规定。

法律评析

当事人为达到某种目的而倒签合同日期，在司法实践中较为常见。倒签日期的合同是否违反法律强制性规定？倒签合同日期的合同效力应当如何认定？《合同法》第三十二条明确规定：“当事人采用合同书形式订立合同的，自双方当事人签字或者盖章时合同成立。”第四十四条明确规定：“依法成立的合同，自成立时生效。”也就是说，采用书面形式订立的合同在一般情形下，合同在签章的时候才成立生效。那是否意味着倒签合同日期的合同就必定无效呢？笔者认为，以合同自由为代表的意思自治是民商法的基石，应当充分尊重当事人对合同的自由权利，如合同系当事人的真实意思表示，且不违反法律的相关规定，就不应否定合同效力。在上述案件中，最高人民法院明确认定，合同签署日期的倒签不影响招投标文件的效力，也不应当影响上述施工合同的效力。

案例索引　最高人民法院(2015)民申字第1526号民事裁定书

5. 实际施工人借用资质签订施工合同，施工合同无效

▶案情简介

2009年10月10日、2010年10月15日，没有建设工程施工资质的刘某某通过虞某某借用云阳公司资质与合发公司签订两份《建设工程施工合同》。随后，刘某某进场施工。嗣后，刘某某以拖欠工程款为由，以云阳公

司、合发公司为被告提起诉讼,要求云阳公司、合发公司按照上述合同约定支付工程价款及利息。诉讼中就案涉合同效力认定的问题发生争议。

最高人民法院裁判观点

根据一、二审查明的事实,刘某某没有建设工程施工资质,其通过虞某某借用云阳公司资质与合发公司签订建设工程施工合同。一、二审法院根据《建设工程司法解释》第一条第(二)项的规定,认定合发公司与云阳公司2009年10月10日、2010年10月15日签订的两份施工合同无效合法有据。由于无建设工程施工资质的人借用他人资质签订合同进行施工建设的行为,违反法律的禁止性规定,损害社会公共利益和公共安全,国家行使公权力确认合同无效,不受当事人主观上是否知情、合同是否经过招投标或者备案程序的影响,故合发公司关于合同有效的再审理由不成立。

法律评析

《建设工程司法解释》第一条明确规定,没有资质的实际施工人借用有资质的建筑企业名义的,建设工程施工合同应当根据《合同法》第五十二条第(五)项的规定,认定无效。那么,应如何理解"没有资质的实际施工人借用有资质的建筑企业名义"呢?所谓借用资质,就是没有资质或者资质等级不符合建设工程资质标准的企业或者个人,以有资质或者资质等级标准与承包工程相符的施工企业的名义签订建设工程施工合同。合同签订后,工程承包人并不实际组织施工,而是交由无资质或者资质等级低的企业或者个人组织施工作业,工程承包人仅收取一定数额的管理费作为出借资质的对价。在司法实践中,较为常见的借用资质承揽工程的情形主要有:挂靠、内部假承包、将包工头聘为承包人的项目经理等。因此,本案中的刘某某借用云阳公司资质与合发公司签订的《建设工程施工合同》应属无效。

案例索引 最高人民法院(2015)民申字第1232号民事裁定书

---

6. 承包人无法证明其合同价格低于其个别成本，合同不应认定无效

▶案情简介

东太湖公司就东太湖综合整治工程——围垦区团结圩取土工程于2009年5月8日与百盛市政公司签订《建筑工程施工合同》，合同签订后，百盛市政公司组织人员、机械进场施工。嗣后，百盛市政公司主张案涉合同约定价格低于其成本价应属无效。双方就合同效力发生争议。

最高人民法院裁判观点

《招标投标法》第三十三条所称的“低于成本”，是指低于投标人为完成投标项目所需支出的个别成本。每个投标人的管理水平、技术能力与条件不同，即使完成同样的招标项目，其个别成本也不可能完全相同，个别成本与行业平均成本存在差异，这是市场经济环境下的正常现象。实行招标投标的目的，正是通过投标人之间的竞争，特别在投标报价方面的竞争，择优选择中标者。因此，只要投标人的报价不低于自身的个别成本，即使是低于行业平均成本，也是完全可以的。本案中，苏州市姑苏工程造价事务所出具的鉴定结论书系依据建筑行业主管部门颁布的工程定额标准和价格信息编制的，反映的是建筑市场的社会平均成本，不能等同于百盛市政公司的个别成本，百盛市政公司也没有证据证明合同约定价格低于其个别成本，故百盛市政公司所称合同约定价格低于其成本价无事实依据，其主张案涉《建筑工程施工合同》因此而无效没有事实和法律依据。

法律评析

对于低于成本价的施工合同的效力问题，一直存在争议。很多律师认

为低于成本价的合同属于无效合同。主要理由有两点:一是《招标投标法》第三十三条规定,投标人不得以低于成本的报价竞标;二是《建设工程质量管理条例》第十条规定,建设工程发包单位不得迫使承包方以低于成本的价格竞标。笔者不赞成上述观点,理由有二:一是《招标投标法》和《建设工程质量管理条例》仅规定了不得低于成本价竞标,并没有规定低于成本价竞标的法律后果是无效的;二是低于成本价无法判定,此成本到底是指个别成本还是行业平均成本无法判断。在上述案例中,最高人民法院认定《招标投标法》第三十三条所称的“低于成本”,是指低于投标人为完成投标项目所需支出的个别成本,本案中鉴定结论书系依据建筑行业主管部门颁布的工程定额标准和价格信息编制的,反映的是建筑市场的社会平均成本,不能等同于百盛市政公司的个别成本,百盛市政公司也没有证据证明合同约定价格低于其个别成本,故百盛市政公司所称合同约定价格低于其成本价无事实依据,其主张案涉《建筑工程施工合同》因此而无效没有事实和法律依据。

案例索引 最高人民法院(2015)民申字第884号民事裁定书

7.建设工程项目未取得建设工程规划许可证,施工合同无效

▶案情简介

王远兴与华都公司签订《建筑安装施工合同》,约定由华都公司承建案涉工程。嗣后,华都公司就工程款提起诉讼,因王远兴作为工程发包方,既不具备房地产开发资质,又未取得案涉工程建设用地许可证,还未取得建设工程规划许可证和建设工程施工许可证,诉讼中就如何认定案涉合同效力发生争议。

最高人民法院裁判观点

根据查明事实,讼争工程项目未取得建设工程规划许可证。根据《城乡

规划法》第四十条规定，“在城市、镇规划区内进行建筑物、构筑物、道路、管线和其他工程建设的，建设单位或者个人应当向城市、县人民政府城乡规划主管部门或者省、自治区、直辖市人民政府确定的镇人民政府申请办理建设工程规划许可证”。作为建设工程发包方的王远兴因违反该强制性规定，其与华都公司签订的《建筑安装施工合同》应认定无效，原判对此认定正确。根据《合同法》第五十八条“合同无效或者被撤销后，因该合同取得的财产，应当予以返还；不能返还或者没有必要返还的，应当折价补偿。有过错的一方应当赔偿对方因此所受到的损失，双方都有过错的，应当各自承担相应的责任”的规定，华都公司为履行《建筑安装施工合同》，进行了地基基础工程的施工，并为此投入了大量资金，其投入的劳务及建筑材料已物化于地基基础工程中，该部分投入应作为华都公司因合同无效而受到的损失，由双方按过错大小分担。本院认为，王远兴作为工程发包方，既不具备房地产开发资质又未取得案涉工程建设用地许可证，还未取得建设工程规划许可证和建设工程施工许可证，其对于合同无效应当承担主要责任，华都公司作为建设工程承包方未尽到审查义务，应承担次要责任，原判按照90%与10%的比例划分王远兴与华都公司对于案涉建设工程施工合同无效责任并无不当。

法律评析

建设工程在施工之前必须取得相应的行政许可，一般称“四大证”，即《国有土地使用证》、《建设用地规划许可证》、《建设工程规划许可证》和《建设工程施工许可证》。上述证件的取得与否是否影响合同的效力，相关法律法规和司法解释没有明确予以规定。在一些地方法院的审判实务或意见中，已经明确《建设工程施工许可证》的取得与否与施工合同的效力没有关系。最高人民法院在上述案例中明确认定，作为建设工程发包方的王远兴因违反《城乡规划法》第四十条的强制性规定，其与华都公司签订的《建筑安装施工合同》应认定无效，原判对此认定正确。

案例索引 最高人民法院(2014)民申字第2022号民事裁定书

8. 违法分包的施工合同属于无效合同

▶案情简介

2004年2月20日,十三冶作为案涉工程的总承包方就黄延高速公路第八标段k202+600—k211+300段十一座桥梁的空心板梁及箱梁的预制、运输及安装工程与金鑫公司签订《协议书》,约定由金鑫公司承建该路段。嗣后,金鑫公司就工程款提起诉讼,因十三冶与业主签订的工程施工合同明确约定"绝不分包",现就该案涉协议是否因违法分包而无效引发争议。

最高人民法院裁判观点

十三冶与金鑫公司签订的《协议书》无效。2004年2月20日,十三冶与金鑫公司签订的《协议书》约定,由金鑫公司承包黄延高速公路第八标段k202+600—k211+300段十一座桥梁的空心板梁及箱梁的预制、运输及安装工程。国务院于2000年1月30日公布并施行的《建设工程质量管理条例》第七十八条第二款规定,本条例所称违法分包,是指建设工程总承包合同中未有约定,又未经建设单位认可,承包单位将其承包的部分建设工程交由其他单位完成的;施工总承包单位将建设工程主体结构的施工分包给其他单位的。本案十三冶与业主签订的工程施工合同明确约定"绝不分包",同时案涉转包的空心板梁及箱梁属于桥梁主体结构,此两种情形均是该条例规定的违法分包行为。因此,陕西省高级人民法院依据《建设工程司法解释》第四条的规定认定《协议书》无效,并无不当。

法律评析

根据《建设工程质量管理条例》的规定,违法分包行为有四种:一是总承包单位将建设工程分包给不具备相应资质条件的单位的;二是建设工程总承包合同中未有约定,又未经建设单位认可,承包单位将其承包的部分建设工程交由其他单位完成的;三是施工总承包单位将建设工程主体结构的施工分包给其他单位的;四是分包单位将其承包的建设工程再分包的。而转包是指承包单位承包建设工程后,不履行合同约定的责任和义务,将其承包的全部建设工程转给他人或者将其承包的全部建设工程肢解以后以分包的名义分别转给其他单位承包的行为。对于转包合同属于无效合同,在司法实践中几乎没有争议。争议最大的就是违法分包的第二种情形即建设工程总承包合同中未有约定,又未经建设单位认可,承包单位将其承包的部分建设工程交由其他单位完成的分包合同是否属于无效合同?对某些专业工程,总承包人并没有相应的施工资质,且总包合同对此专业分包也没有约定,总承包人未经发包人同意直接进行分包,此类分包合同的效力到底如何?很多人认为,应当依据《建筑法》第二十九条的规定,除非合同约定明确分包必须经发包人同意,否则承包人有权决定分包,因此,此类分包合同不应无效。此问题进一步延伸,依据上述规定,承包人是有权决定是否分包,还是有权进一步决定分包商?笔者根据上述规定也无法得出一个确定的答案。最高人民法院在上述裁判中,明确认定依据《建设工程司法解释》的规定违法分包、非法转包的分包合同应为无效合同。

案例索引 最高人民法院(2014)民申字第777号民事裁定书

9. 案涉工程是否办理建筑工程施工许可证并不影响案涉合同的效力

▶案情简介

大庆建安公司与今一公司签订施工合同,约定大庆建安公司承建今一公司的案涉工程项目,大庆建安公司将该项目交由其淮北分公司施工。该案涉工程直至争议发生时，未取得施工许可证。嗣后，双方因工程款欠付问题发生纠纷，诉至法院。

最高人民法院裁判观点

对于案涉合同效力及其与工程款结算的关系，《建筑法》第七条虽然规定建设单位在开工前应当向有关主管部门申请领取施工许可证，但该规范系管理性强制性规定，因此，案涉工程是否办理建筑工程施工许可证并不影响案涉合同的效力。

法律评析

《合同法》第五十二条规定，违反法律、行政法规强制性规定的合同属于无效合同。《最高人民法院关于适用〈中华人民共和国合同法〉若干问题的解释(二)》对上述强制性规定作出了进一步的解释，《合同法》第五十二条第(五)项规定的“强制性规定”，是指效力性强制性规定。在此案例中，最高人民法院显然认为《建筑法》要求建设单位在开工之前必须取得施工许可证属于管理性强制性规定，因此，不应以案涉工程是否办理建筑工程施工许可证来决定案涉合同的效力。

案例索引　最高人民法院(2013)民申字第1615号民事裁定书

10. 不论当事人是否诉请，法院应依职权对合同的效力进行审查并认定

▶案情简介

2008年4月，在工程招投标之前，承包方昌建公司已进行了施工，发包

方金成房产昌吉分公司按照双方的约定支付了工程进度款,后经招标程序双方签订《施工合同》。现因金成房产昌吉分公司未足额支付工程款,昌建公司诉至法院。诉讼中,昌建公司认为,确认合同无效超越了当事人的诉讼请求,违反了"不告不理原则"。

最高人民法院裁判观点

关于昌建公司主张二审判决认定事实不清,确认合同无效超越诉讼请求的问题,分析如下:首先,根据双方无争议的一、二审查明的事实,在2008年4月案涉工程招投标之前,昌建公司已进行了施工,金成房产昌吉分公司按照双方的约定支付了工程进度款,双方当事人在招标之前进行了实质性的接触。同时,昌建公司投标报价中的工程项目和工程量与招标文件中的图纸大量不符。结合上述两方面事实,二审判决认定昌建公司在案涉工程中标属于弄虚作假中标,并无不当。其次,人民法院确认合同的效力系依职权进行,并不以当事人的申请为依据。本案二审判决确认合同的效力不存在超越诉讼请求的问题。昌建公司该项再审申请理由不能成立。

法律评析

在当事人没有诉请的情形下,法院是否有职权对合同的效力进行审查?笔者认为,对于这个问题首先要明白合同效力是一个法律问题而非简单的事实问题。法院的首要职责就是法律适用,因此法院理应就合同的效力依职权进行审查和认定,而不论当事人是否对合同效力问题提起了诉请。此种方式的审查和认定并没有违反民事诉讼"不告不理"的基本原则,因为无效合同大多都是合谋串通侵犯了国家、第三人或社会的合法权益,人民法院应当依职权进行审查。在上述案例中,最高人民法院认定,虽然当事人在诉请中没有要求确定合同无效,但人民法院确认合同的效力系依职权进行,并不存在超越诉讼请求的问题。

案例索引 最高人民法院(2013)民申字第599号民事裁定书

11.《建设工程施工合同》无效，《建设工程施工合同补充协议》并非一定无效

▶案情简介

广佳欣公司与博坤公司签订《建设工程施工合同》，由博坤公司承包建设案涉工程。2013 年 4 月 30 日双方签订《补充协议二》，约定由于广佳欣公司未按双方约定支付工程进度款，为确认博坤公司已完成工程范围及价值、明确欠款数额及广佳欣公司所应承担的逾期付款补偿责任、逾期付款违约金责任，由管某某提供连带责任保证。现双方因工程款问题诉至法院，诉讼中双方对《补充协议二》效力认定问题发生争议。

最高人民法院裁判观点

关于案涉合同及补充协议效力的问题，根据前述法律及司法解释规定，案涉《建设工程施工合同》应为无效。《补充协议一》主要涉及案涉工程施工进度等事项，因《建设工程施工合同》无效，故《补充协议一》亦应认定无效。一审判决认定案涉施工合同有效，并判决解除该合同属适用法律错误，应予以纠正。《补充协议二》在形式上为《建设工程施工合同》之补充协议，但该协议具有独立性。首先，从该协议的订立背景看，截至 2013 年 4 月 30 日，广佳欣公司未按双方约定支付工程进度款、退还履约保证金和支付利息。其次，从该协议的订立目的和内容上看，是确认博坤公司已完成工程范围及价值、明确欠款数额及广佳欣公司所应承担的逾期付款补偿责任、广佳欣公司所应承担的逾期付款违约金责任以及管某某同意提供连带责任保证。《补充协议二》在性质上属于广佳欣公司和博坤公司对双方之间既存债权债务关系的结算和清理，确认《补充协议二》在法律效力上的独立性和约束力，不违反法律、行政法规的效力性强制性规定。据此，认定《补充协议二》合法有效。

法律评析

补充协议是否因为主合同的无效而必然无效呢？在实践中，经常会碰到一个《建设工程施工合同》身后有多个补充协议，如何认定补充协议的效力呢？笔者认为，不能机械地认定因主合同无效而补充协议就必然无效，补充协议是否有效，主要应当从补充协议约定的内容进行分析和评判。在最高人民法院(2015)民申字第834号民事裁定书中，最高人民法院明确认定即使《协议》无效，金渝公司亦应赔偿其给倪兴荣造成的损失。法律并不禁止当事人就损失的金额进行约定，此为当事人对自己权利作出的处分。同样在本案中，最高人民法院明确认定《补充协议二》在性质上属于广佳欣公司和博坤公司对双方既存债权债务关系的结算和清理，其在法律效力上有独立性和约束力，认定《补充协议二》合法有效。

案例索引 最高人民法院(2014)民一终字第61号民事判决书

12.《总代建协议》未经过招标投标程序，应认定无效

▶案情简介

2002年11月1日，刿界岭公司与阿尔皮内公司解除了总承包协议并签订了《总代建协议》。2004年12月1日，刿界岭公司又与阿尔皮内公司签订了《总代建协议的补充协议》，该补充协议约定对阿尔皮内公司的代建费进行变更。现双方因工程款问题提起诉讼，诉讼中就该代建协议的效力认定问题发生争议。

最高人民法院裁判观点

本案中，案涉《总代建协议》及其补充协议是当事人的真实意思表示，但

上述协议因违反我国相关法律和行政法规的强制性规定,应当认定无效。由于案涉工程是必须进行招标投标的涉及社会公共利益和公众安全的大型基础设施建设项目,而《总代建协议》及其补充协议是与案涉工程有关的代建服务合同,必须经过招标投标程序才能签订。但是,案涉《总代建协议》及其补充协议的签订均未经过招标投标程序,根据相关法律、行政法规的规定并参照有关司法解释的规定,案涉《总代建协议》及其补充协议因违反法律、行政法规的强制性规定,应认定无效。

法律评析

项目代建合同不是施工类合同,而是服务类合同。项目代建是指建设单位通过招标等方式,选择专业化的工程项目管理单位(简称代建单位),委托其负责项目的组织实施,严格控制项目投资、质量和工期,建成后再移交。实行代建制的项目,原有的建设程序和要求不变。《招标投标法实施条例》第二条规定,《招标投标法》第三条所称工程建设项目,是指工程以及与工程建设有关的货物、服务。所称与工程建设有关的服务,是指为完成工程所需的勘察、设计、监理等服务。《工程建设项目招标范围和规模标准规定》[①]第七条规定,勘察、设计、监理等服务的采购,单项合同估算价在50万元人民币以上的,必须进行招标。在上述案例中,最高人民法院明确认定由于案涉工程是必须进行招标投标的涉及社会公共利益和公众安全的大型基础设施建设项目,而《总代建协议》及其补充协议是与案涉工程有关的代建服务合同,必须经过招标投标程序才能签订。但是,案涉《总代建协议》及其补充协议的签订均未经过招标投标程序,应认定无效。

案例索引 最高人民法院(2013)民四终字第12号民事判决书

---

① 本规定已于2018年3月8日失效。

13. 施工合同无效，但施工合同中涉及质量保证期和保证金条款不应认定无效

▶案情简介

南通三建公司经招投标程序中标后，与发包方兴宁投资公司签订的《建设工程施工合同》明确约定由南通三建公司承建案涉工程。随后，于某与南通三建公司签订《补充协议》，约定由南通三建公司承包案涉工程后将工程交由于某进行施工。在工程竣工后，于某要求南通三建公司退还工程质量保证金。

最高人民法院裁判观点

关于工程质量保证金的退还问题，一、二审判决认为，于某与南通三建公司之间签订的《补充协议》虽然为无效的工程施工分包协议，但是协议中关于质量保证期及质量保证金的约定，对双方当事人仍然具有法律约束力，作为施工人于某对案涉工程仍应承担维修义务。因二审期间于某施工工程的质量保证期尚未届满，故对于某要求返还质量保证金的诉讼请求未予支持，并无不当。于某申请再审称案涉工程到2013年5月26日工程竣工验收已满三年，按照约定应当返还60%质量保证金，该主张不能成立。且对于案涉工程质保金的问题，于某已另案提起诉讼。因此，于某在本案中要求南通三建公司返还工程质量保证金，没有事实和法律依据。

法律评析

施工合同无效，在工程质量合格的情况下仍应当按照合同的约定进行工程价款的结算，这已经成为处理无效施工合同结算问题的基本原则。但是，在施工合同无效的情形下，对于质量保证条款应当如何处理？有人认

为，施工合同无效，质量保证条款当然无效。基于此，发包人就无权要求承包人承担质量保修义务，亦无权扣留承包人的质量保证金。客观上，质量保证不仅仅是双方在合同中约定的内容，也是法定的。《建设工程质量管理条例》第二十六条规定施工单位对建设工程的质量负责。这也就是说，不论施工合同有效或无效，施工单位都应当对工程的质量承担相应责任。在上述案例中，最高人民法院明确认定，虽然工程施工分包协议为无效，但是协议中关于质量保证期及质量保证金的约定，对双方当事人仍然具有法律约束力，所以施工人于某对案涉工程仍应承担维修义务。

案例索引 最高人民法院(2012)民申字第1332-1号民事裁定书

14. 以介绍工程为由收取所谓“信息费”的行为为无效行为，法律不予保护

▶案情简介

2004年7月11日和7月15日，经王某某介绍，金鑫公司与黑龙江顶豪房地产开发有限公司签订《建筑工程承包协议书》及《建筑工程施工合同》，约定由金鑫公司承建案涉工程。2004年7月27日，金鑫公司为王某某出具《承诺书》，约定金鑫公司分期给付工程信息费46万元，工程完工后付清。之后，金鑫公司按约定给付王某某一张20万元的现金支票，但没有承兑。王某某将金鑫公司诉至法院，要求其支付工程信息费。

最高人民法院裁判观点

案涉工程为造价1044.4万元的商业服务和住宅楼，属于按规定必须进行招标而未招标的工程。王某某介绍案涉工程，金鑫公司承诺付给其46万元工程信息费，直接规避了建设工程的招投标程序，双方的行为不仅违反了

建设部、国家工商行政管理局《建筑市场管理规定》①第五条关于“任何单位和个人都不得在承发包活动中行贿受贿或收受‘回扣’，不得以介绍工程任务为手段收取费用”的规定，而且违反了《招标投标法》第四条关于“任何单位和个人不得将依法必须进行招标的项目化整为零或者以其他任何方式规避招标”的规定。根据《建设工程司法解释》第一条的规定，建设工程必须进行招标而未招标所签订的建设工程施工合同为无效合同。本案中因王某某非法介绍工程，规避行政主管部门对招投标的监管，导致本案建设工程施工合同无效，其与金鑫公司约定借此收取工程信息费，不受法律保护。否则，如果认定规避招标行为有效，允许从非法行为中获得利益，那将会使不法行为合法化，不仅有损法律的权威，而且客观上会鼓励这种行为发生，扰乱建筑市场秩序，损害建筑工程质量，危害购房人的安全。建筑行业为特许经营的行业，任何机构和个人都不得通过提供有偿中介服务而规避招投标。本案中王某某、金鑫公司规避招投标的行为，违反了法律的强制性规定，根据《合同法》第五十二条第(五)项的规定，应认定《承诺书》无效。对于王某某关于其行为不违反法律的强制性规定，因而《承诺书》有效的主张，本院不予支持。

法律评析

在建设工程领域，经常存在一些以介绍工程为由索要中介费、介绍费或信息费用的行为。此等行为是否有效？有人认为，以介绍工程收取信息费只有减少施工方利润的可能，而不必然导致损害公共利益。建设部、国家工商行政管理局《建筑市场管理规定》不属于《合同法》第五十二条第(五)项规定所包含的行政法规。因此，上述中介行为应当合法有效。在上述案例中，最高人民法院明确认定非法介绍工程，规避行政主管部门对招投标的监管，导致本案建设工程施工合同无效，借此收取工程信息费，不受法律保护。

案例索引 最高人民法院(2013)民提字第92号民事判决书

① 本规定已于2011年1月26日失效。

15. 施工合同无效后赔偿责任的认定问题

▶案情简介

2005年8月20日，广厦公司与联华公司未进行招投标活动即签订《施工合同》，约定由广厦公司承包建设联华公司开发的案涉商业大厦项目。合同签订后，广厦公司进场施工，2006年4月24日，联华公司取得《建设工程规划许可证》。2006年9月13日，联华公司取得商业大厦5号楼、6号楼的施工许可证。2006年7月26日，广厦公司给联华公司出具《承诺书》，确定在此《承诺书》载明的时间点内完成相应的工程量。此时，联华公司未办理7号楼的施工许可证，且联华公司仍在变更施工图纸，给广厦公司签发设计变更联系单。在联华公司取得商品房预售许可证前，联华公司与第三方签订了商铺买卖合同。因商铺迟延交付，联华公司向购房户支付了465.24万元违约金及返租租金。现联华公司起诉广厦公司，要求广厦公司赔偿因逾期竣工导致的损失。

最高人民法院裁判观点

案涉《施工合同》违反《招标投标法》效力性强制性规定，应认定无效。《合同法》第五十八条规定，合同无效时“有过错的一方应当赔偿对方因此所受到的损失；双方都有过错的，应当各自承担相应的责任”。联华公司主张广厦公司赔偿已向购房户支付的465.24万元违约金及返租租金能否予以支持，需要从三个方面进行审查：一是导致《施工合同》无效的过错；二是在履约中当事人诚实信用义务违反的程度；三是所主张款项能否列入无效合同过错赔偿范围。

第一，导致《施工合同》无效的过错。案涉建设工程应属强制招标，即法律规定必须通过招标进行，否则建设单位要承担法律责任，而本案中联华公司并未就案涉工程进行招标。另外，《招标投标法》第九条规定，招标项目按照国家有关规定需要履行项目审批手续的，应当先履行审批手续，取得批准。就本案而言，签订《施工合同》时间为2005年8月20日，而建设单位联华公司取得《建设工程规划许可证》的时间为2006年4月24日，即签订合同时联华公司并未完全履行项目审批手续，亦不符合《招标投标法》规定的条件。所以，案涉《施工合同》招标主体为建设单位联华公司，合同因违反《招标投标法》被确认无效，联华公司应当承担主要过错。

第二，当事人在履约过程中诚实信用原则的违反程度。开工之前建设单位依法办理施工许可证是其法定义务，也是保证建设工程质量和安全的必要手段，联华公司在开工一年之后才取得施工许可证，存在明显过错。先设计、后施工，是《建设工程质量管理条例》规定的基本建设程序，案涉建设工程建设单位联华公司逾期提供施工图并不断变更，既违反行政法规规定，又不符合保证建设工程质量和安全的需要，存在明显过错。建设单位在开工前取得施工许可证、提供施工图纸是其法定义务，以施工单位未提出延期报告为由不相应扣除工期并不妥当，且《施工合同》已被确认无效，依据《施工合同》约定计算工期依据并不充分，故联华公司该项主张没有法律依据，不予支持。一审法院对此认定存在适用法律错误，应予纠正。在案涉《施工合同》被确认无效前提下，联华公司以广厦公司未按《承诺书》约定完成工程事实依据和法律依据不足，不予支持。

第三，联华公司主张款项能否列入无效合同过错赔偿范围。联华公司以取得预售许可证之前的商铺买卖合同主张损失赔偿，依据不足，应不予支持。如前所述，《施工合同》的签订及履行过程中，联华公司具有主要过错，其要求广厦公司赔偿依据不足，应不予支持。一审法院认为广厦公司工期违约，因广厦公司与联华公司均有过错而判令广厦公司赔偿联华公司实际损失465.24万元的60%的事实依据和法律依据不足，予以纠正。

法律评析

《合同法》第五十八条规定，合同无效的，有过错的一方应当赔偿对方因此所受到的损失；双方都有过错的，应当各自承担相应的责任。如果施工合同被认定无效，如何认定各方赔偿责任？认定赔偿责任的前提是必须确定各方对于合同无效的过错程度以及因合同无效所导致的损失程度。在本案中,导致合同无效的原因是施工合同未经招投标程序,而施工合同的招投标程序应当是由发包人启动和发起的,如果发包人不启动和发起招投标程序,承包人也无法发起。因此,对于合同的无效发包人应当承担相应的责任。另外,对于因合同无效所导致的损失如何认定,笔者认为因合同无效所产生的损失与因履行无效合同所产生的损失不是同一个概念。比如,无效合同中工期延误的损失,合同无效并不必然导致工期的延误,工期延误不是无效合同的必然结果。还有,确定无效合同的工期延误损失,就必须确定原合同约定的工期到底是多少,与实际工期进行对比才能确定工期是否延误。但是,由于合同无效,原合同约定的工期是否还对双方有法律约束力呢?如果合同无效导致其所约定的工期对双方没有约束力,无效合同中的工期延误损失也就无从谈起。在上述案例中,最高人民法院明确认定《施工合同》已被确认无效,依据《施工合同》约定计算工期依据并不充分,故联华公司该项主张没有法律依据,不予支持。

案例索引 最高人民法院(2013)民一终字第1号民事判决书

16. 对于应当履行招投标程序的工程,施工合同签订后补办招投标程序,不影响合同的无效认定

▶案情简介

2005年年初,嘉和泰公司就案涉工程与南通六建签订《建设工程施工合同》,约定由南通六建承建案涉工程。2005年10月15日,双方再次签订《百桐园小区二期工程建设工程施工合同》前,补办了招投标手续,南通六建中标。嗣后,南通六建就工程款提起诉讼,诉讼中就案涉合同效力认定、鉴定机构超越其资质出具的鉴定报告效力认定发生争议。

最高人民法院裁判观点

案涉工程属于应当履行招投标程序的工程。嘉和泰公司未事先履行公开招标程序,即与南通六建签订案涉《建设工程施工合同》。南通六建于2005年3月进场施工。2005年10月15日,双方再次签订《百桐园小区二期工程建设工程施工合同》前,虽然补办了招投标手续,南通六建中标,但该招投标程序未向社会公开,系属于《招标投标法》禁止的"明招暗定"的串标行为,故一、二审认定案涉《百桐园小区二期工程建设工程施工合同》无效正确。

法律评析

《建设工程司法解释》第一条明确规定,建设工程必须招标而未招标的,建设工程施工合同应认定无效。对于哪些工程属于必须招标的范畴,《招标投标法》第三条采取授权性的规定,即规定必须招标项目的具体范围和规模标准由国务院发展计划部门会同国务院有关部门制定,报国务院批准。2000年5月1日国家发展计划委员会发布了经国务院批准的《工程建设项目招标范围和规模标准规定》,[①]进一步明确了应当进行招标的范围和规模标准。其中明确规定商品住宅,包括经济适用住房属于关于社会公共利益、公众安全的公用事业项目。在本案中,嘉和泰公司未事先履行公开招标程序即与南通六建签订的案涉《建设工程施工合同》理应无效。虽然双方当事人在施工合同签订后又补办了招投标程序,也不影响合同的无效认定。

案例索引 最高人民法院(2015)民申字第542号民事裁定书

---

① 本规定已于2018年3月8日失效。

17. 以确保承包人中标为条件收取所谓技术咨询费的行为属于无效行为

▶案情简介

2002 年 4 月 23 日，中铁二十三局一公司与长鸿公司签订《合作协议书》，约定长鸿公司负责投标工作，若中标后由长鸿公司承担(除隧道洞口段、桥头段、互通土石方外)全部土石方施工，其余工程由中铁二十三局一公司组织施工。同时，还约定中标后中铁二十三局一公司支付给长鸿公司 200 万元技术咨询费。合同签订后，长鸿公司中标案涉工程。嗣后，长鸿公司起诉，要求中铁二十三局依据《合作协议书》的规定支付 200 万元技术咨询费。

最高人民法院裁判观点

长鸿公司认为，双方约定中标后中铁二十三局一公司支付给长鸿公司 200 万元技术咨询费，是对长鸿公司前期投入的对价回报，这与靠行贿等不正当关系介绍中标而收取介绍费有着本质的区别。即使不考虑 200 万元技术咨询费与前期费用的关联问题，单从合作协议第四条第七款的文义分析，该条款属于附条件的民事行为，即只要工程中标的条件成就，中铁二十三局一公司就应从工程预付款中支付 200 万元给长鸿公司。《招标投标法》第五条规定，投标过程中应该遵循公平、公开、公正的原则。本案中，双方签订的《合作协议书》中关于长鸿公司协调各方关系确保中标及中标后中铁二十三局一公司支付给长鸿公司 200 万元技术咨询费的条款，无论是否属于附条件的民事行为，皆因违反了该法中的禁止性规定，应当认定为无效。加之长鸿公司主张该 200 万元系其前期投标工作中的实际支出费用，但其未能提交相应票据据以证明。据此，二审法院对长鸿公司要求中铁二十三局一公司支付该 200 万元技术咨询费不予支持并无不妥。长鸿公司该申请再审理由不能成立。

法律评析

在建设工程招投标领域“明招暗定”、标前接触、围标等乱象丛生，特别是在政府公开招投标项目中的一些第三方，以能够确保投标人中标来收取一定的中介费或咨询服务费用或前期开支等。客观上，《招标投标法》确实没有明确规定在公开招投标的项目中禁止居间或中介服务，但该法第五条规定，投标过程中应该遵循公平、公开、公正的原则，而上述中介行为显然是对公平、公开、公正原则的背离，司法机关理应对此行为予以否定。在上述案例中，最高人民法院明确认定双方签订的《合作协议书》中关于长鸿公司协调各方关系确保中标及中标后中铁二十三局一公司支付给长鸿公司200万元技术咨询费的条款，无论是否属于附条件的民事行为，皆因违反了该法中的禁止性规定，应当认定为无效。

案例索引　最高人民法院(2013)民再申字第11号民事裁定书

18. 不能以施工主合同无效为由否认补充协议或其他来往函件的效力

▶案情简介

融富海湾公司与浦朝公司签订《建设工程施工合同》，约定由浦朝公司承包建设融富海湾公司的案涉工程项目。2009年7月27日，浦朝公司完成700根抗拔桩的工程量。7月28日开始停工至次年1月11日。2010年1月11日，双方签订《协议书》，约定融富海湾公司在该协议签字盖章后立即向浦朝公司支付300万元。同年4月6日，浦朝公司向融富海湾公司发出《联系函》，就已经完成的桩工程量、停工损失、现场材料费等内容予以确认；融富海湾公司签收了该函件，并复函确认工程款结算事宜。嗣后，融富海湾公司一直未付款，浦朝公司遂提起民事诉讼。融富海湾公司认为施工合同无效，之后签订的协议书、联系函等亦无效，不能作为工程款的结算依据。

最高人民法院裁判观点

上述系列协议、函件是当事人为终止履行案涉《建设工程施工合同》并解决遗留问题达成的合意，独立于《建设工程施工合同》，当事人之间意思表示真实，应认定为合法有效。同时，融富海湾公司以自己的行为反复确认已完成的工程量及所欠的工程款，实际认可了工程质量合格；且该公司主张工程存在严重质量问题，但未提供相关的有效证据予以证明，本院不予采信。因此，二审判决认定该工程质量合格，要求融富海湾公司承担给付工程款的义务，符合《建设工程司法解释》第二条"建设工程施工合同无效，但建设工程经竣工验收合格，承包人请求参照合同约定支付工程价款的，应予支持"之规定，并无不当。

法律评析

《担保法》第五条规定，担保合同是主合同的从合同，主合同无效，担保合同无效。这就是主从合同的相关效力性规定，《合同法》和《民法通则》并没有上述类似规定，且上述规定的适用范围也仅是担保法律事务。就施工合同而言，能否适用上述规定呢？客观上，建设工程施工合同补充协议有两种：一种是依附性补充协议，此类补充协议主要是对工期、工程款支付等事宜进行变更约定；另一种是独立性补充协议，此类补充协议主要是对施工合同的善后处理、结算等事宜进行约定。在上述案例中，最高人民法院明确认定上述系列协议、函件是当事人为终止履行案涉《建设工程施工合同》并解决遗留问题达成的合意，独立于《建设工程施工合同》，当事人之间意思表示真实，应认定为合法有效。

案例索引　最高人民法院(2012)民申字第719号民事裁定书

二

实际施工人相关问题

1. 实际施工人不能按照总承包合同的约定向发包人主张权利

▶案情简介

2007年5月11日，倪黄庄村委会作为招标人就诉争工程招标，华北建设公司中标，倪黄庄村委会与华北建设公司成立建设工程施工预约合同关系。同年8月8日，华北建设公司就诉争工程与诚益投资公司签订《施工合同》，将其承包的建设工程转给诚益投资公司承包。同年9月11日，诚益投资公司、华北建设公司、林州采桑公司签订《协议书》，将完成少量施工任务的诉争工程再次转包给林州采桑公司。现林州采桑公司以实际施工人身份提起本案诉讼，诉讼中就结算依据认定发生争议。

最高人民法院裁判观点

本案争议焦点为诉争工程结算的依据。

《招标投标法》第四十五条第二款规定，中标通知书对招标人和中标人具有法律效力。2007年5月11日，倪黄庄村委会作为招标人就诉争工程招标，华北建设公司中标，倪黄庄村委会与华北建设公司成立建设工程施工预约合同关系并已发生法律效力。同年8月8日，华北建设公司就诉争工程与诚益投资公司签订《倪黄庄村民公寓20号21号24号25号28号29号楼工程施工合同》。该合同为转包合同，即华北建设公司作为诉争工程总承包人取得承包建设合同权利后，不履行约定的责任和义务，将其承包的建设工程转给诚益投资公司承包。同年9月11日，诚益投资公司、华北建设公司、林州采桑公司签订《协议书》，将完成少量施工任务的诉争工程再次转包给林州采桑公司。三对法律关系各自独立又相互关联，《倪黄庄村民公寓20号21号24号25号28号29号楼工程施工合同》和《协议书》因违反《合同法》《招标投标法》《建筑法》《建设工程质量管理条例》《建设工程司法解释》等法律、法规、司法解释规定而无效。二审判决未就合同效力作出认定，存在瑕疵。现实际施工人林州采桑公司主张按照一手合同即业主与诉争工程总承包人订立的施工合同约定结算工程款，因诉争工程总承包合同、转包合同、再次转包合同各手法律关系相对独立存在，林州采桑公司不是诉争工程总承包合同当事人，无权依此合同主张权利。据此，林州采桑公司主张按照招投标文件、中标通知书等结算工程款，法律依据不足，不予支持。

法律评析

工程建设领域中违法分包、转包的行为屡禁不止，由违法分包、转包所引发的诉讼日益增多。按照合同相对性原则，对于分包或转包所引起的诉讼案件，实际施工人或分包人只能起诉其合同相对人即总承包人。但是，《建设工程司法解释》第二十六条明确规定，实际施工人以发包人为被告主张权利的，发包人只在尚欠工程价款的范围之内对实际施工人承担责任。因此，在因转包或违法分包所引起的法律纠纷过程中，实际施工人往往都是连同发包人、承包人一起作为被告主张权利。客观情况是实际施工人与发包人没有签订相应的施工合同，实际施工人与承包人签订有相关的分包合同，承包人和发包人签订有相关的总承包合同。在很多情形下，分包合同和总承包合同对合同的计价方式和结算方式是不一致的，对同一个工程项目分别以分包合同或总承包合同可能得出两个完全不同的造价结果。实际施工人能否以总承包合同的约定和中标通知书向发包人主张工程价款呢？笔者认为不能以总承包合同和中标通知书作为向实际承包人计付工程价款的依据。理由是：

1. 笔者认为对于《建设工程司法解释》规定的发包人在尚欠工程价款的范围内承担责任的正确理解应当是：首先，应当确定发包人和承包人的结算数额，即依据招投标文件、中标通知书和总承包合同确定发包人应当支付给承包人的工程价款，在此过程中就应当扣除承包人应承担的违约责任、应扣除的质保金等。其次，应当确定承包人支付给实际施工人的工程价款，即依据承包人与实际施工人所签订的分包或转包合同确定承包人应当支付给实际施工人的工程款。也就是说，在诸如此类的纠纷案件中应当有两个结算数额，一个是发包人与承包人的结算数额，另一个是承包人与实际施工人之间的结算数额。但是，在现实的工程造价鉴定过程中，造价公司往往只出具一个造价鉴定结果。

2. 违法分包和转包不是合同履行主体的变更，因为合同履行主体的变更属于合同变更的一种，应当取得合同当事人的同意。但是，在违法分包和转包过程中，承包人就违法分包或转包并没有取得发包人的同意，并且实际施工人与发包人没有直接的合同关系。因此，实际施工人不能直接取代承包人的地位以总承包合同为依据向发包人主张权利。

因此，最高人民法院在该案例中认为，实际施工人不是总承包合同的当事人，不能依据总承包合同向发包人主张权利。

案例索引　最高人民法院(2014)民申字第952号民事裁定书

2. 实际施工人不得依据《建设工程司法解释》第二十六条规定，要求承包人承担工程款支付责任

▶案情简介

惠邑公司就案涉工程与北京城建公司签订《建设工程施工合同》，约定由北京城建公司承建案涉工程。随后，北京城建公司将工程全部转包给宏利公司，宏利公司又将其分包给军海公司和浙江有色建设工程有限公司，其中的安装部分原系由军海公司再行分包给重庆环水经营部，后在履行过程中变更为由宏利公司和重庆环水经营部直接发生分包关系，重庆环水经营部又将该部分工程交予赵某、母某实际施工。嗣后，赵某、母某就工程款提起诉讼，诉讼中就北京城建公司应否在工程欠款范围内承担连带责任发生争议。

最高人民法院裁判观点

连带责任的承担，属于对当事人的不利负担，除法律有明确规定或者当

事人有明确约定外，不宜径行适用。合同相对性原则，亦属合同法的基本原理，须具备严格的适用条件方可有所突破。在本案中，北京城建公司与赵某、母某之间未就工程施工签订任何合同，北京城建公司亦非案涉工程的发包人，不属于《建设工程司法解释》第二十六条规定的应在欠付工程款范围内对实际施工人承担连带责任的主体。赵某、母某申请再审依据其他地方法院规范性文件以及另案生效判决，主张应按照“举轻以明重”和权责一致原则判令北京城建公司承担连带责任，属于对合同相对性原则突破的不当扩大，于法无据，不予支持。

法律评析

《建设工程司法解释》第二十六条规定，实际施工人以转包人、违法分包人为被告起诉的，人民法院应当依法受理。实际施工人以发包人为被告主张权利的，人民法院可以追加转包人或违法分包人为本案当事人。发包人只在尚欠工程价款的范围内对实际施工人承担责任。根据此规定，发包人在尚欠工程价款的范围内对实际施工人承担连带责任已经毋庸置疑。但承包人应当如何承担责任，承包人是否也参照发包人的责任，也应当在尚欠工程价款的范围内对实际施工人承担责任，还是不论承包人是否已经向转包人或违法分包人付清工程价款，承包人均应当对尚欠实际施工人的工程价款承担连带责任？本案生效裁定书明确认定，北京城建公司与赵某、母某之间未就工程施工签订任何合同，北京城建公司亦非案涉工程的发包人，不属于上述司法解释第二十六条规定的应在欠付工程款范围内对实际施工人承担连带责任的主体。赵某、母某申请判令北京城建公司承担连带责任，属于对合同相对性原则突破的不当扩大，于法无据，不予支持。

案例索引 最高人民法院(2015)民申字第1504号民事裁定书

3. 发包人明知实际施工人借用承包人资质承揽工程的，发包人与承包人签订的《结算协议》对实际施工人没有约束力

▶案情简介

堂宏集团公司与鑫玛建设公司签订《建设工程施工合同》，约定由鑫玛建设公司承建案涉工程。合同签字人为牟某，而牟某非鑫玛建设公司员工。嗣后，牟某就工程款提起诉讼，诉讼中就牟某、堂宏集团公司、鑫玛建设公司之间的法律关系及堂宏房地产分公司与鑫玛建设公司所签《建设工程施工合同》的效力问题、工程结算方式发生争议。

最高人民法院裁判观点

虽然《建设工程施工合同》约定承包方为鑫玛建设公司并加盖鑫玛建设公司的印章，但在承包方处签字的是牟某，而牟某不是鑫玛建设公司的员工。《建设工程施工合同》签订后，牟某与鑫玛建设公司签订《项目工程承包合同》，约定从投标报名到竣工交付验收的相关手续均由牟某自行办理，所需费用由牟某自行承担，鑫玛建设公司向牟某提供相应的企业经营和资质证明并收取一定的管理费。此后，牟某直接与堂宏房地产分公司、堂宏集团公司联系并交付工程，堂宏集团公司及堂宏房地产分公司也直接向牟某提出要求并支付款项。由上述事实可以得出，表面上是鑫玛建设公司将涉诉工程转包给牟某，实质上是牟某借用鑫玛建设公司资质承揽堂宏集团公司的工程，鑫玛建设公司向牟某收取一定管理费，因此鑫玛建设公司与牟某之间不是转包关系，而是牟某借用鑫玛建设公司资质承建工程，即鑫玛建设公司与牟某为挂靠关系。而在签订合同及施工过程中，堂宏集团公司、堂宏房地产分公司知晓牟某借用鑫玛建设公司资质承建工程，且认可由牟某完成案涉工程施工任务，因此堂宏集团公司与牟某之间直接形成权利义务关系，而堂宏集团公司与鑫玛建设公司之间不存在建设工程施工合同关系。根据

《建设工程司法解释》第一条第(二)项规定,二审判决认定牟某借用鑫玛建设公司资质与堂宏房地产分公司签订的《建设工程施工合同》无效,并无不当。如上所述,堂宏集团公司与牟某之间直接形成权利义务关系,而与鑫玛建设公司之间不存在建设工程施工合同关系,因此工程款结算应当在牟某与堂宏集团公司之间进行。堂宏集团公司、堂宏房地产分公司主张按照其与鑫玛建设公司诉讼前签订的《结算协议》进行结算,但牟某与鑫玛建设公司仅是借用资质关系,而非转包关系,鑫玛建设公司无权代表牟某与堂宏集团公司进行结算,该二公司签订的《结算协议》对牟某不具有约束力。由于牟某与堂宏集团公司没有结算,故一、二审法院参照《建设工程施工合同》的约定,结合鉴定机构的鉴定意见确认工程价款,并无不当。

法律评析

《建设工程司法解释》第一条第(二)项规定,没有资质的实际施工人借用有资质的建筑施工企业名义的,建设工程施工合同无效。此条款仅仅涉及了合同的效力问题,但并没有解决实际施工人与发包人之间的法律关系问题、发包人与承包人之间的法律关系问题,以及实际施工人、承包人和发包人之间的结算问题。还有,借用资质与转包在法律后果上有何不同?在上述案例中,最高人民法院明确认定,发包人知晓牟某借用承包人资质承建工程,且认可由牟某完成案涉工程施工任务,因此发包人与牟某之间直接形成权利义务关系,而发包人与承包人之间不存在建设工程施工合同关系。因此工程结算应当在牟某与发包人之间进行。发包人主张按照其与承包人诉讼前签订的《结算协议》进行结算,但牟某与承包人仅是借用资质关系,而非转包关系,承包人无权代表牟某与发包人进行结算,签订的《结算协议》对牟某不具有约束力。

案例索引 最高人民法院(2015)民申字第581号民事裁定书

4. 实际施工人借用承包人资质承揽工程的，实际施工人应直接向发包人主张工程价款，而不应向承包人主张工程价款

▶案情简介

2008年东辉公司指定秦某为实际施工人，昆建公司、东辉公司、秦某据此签订《三方合作协议》和《补充协议》。从上述协议内容看，秦某系东辉公司指定，秦某直接向东辉公司负责工程质量和进度，并直接与东辉公司进行工程结算，东辉公司也保证秦某工程款项的支付，昆建公司仅承担配合工程款走账、工程资料的收集整理及代付工程款等义务。嗣后，秦某就工程款提起诉讼，诉讼过程中，就昆建公司是否系工程款给付责任主体而产生争议。

最高人民法院裁判观点

关于一、二审判决认定秦某系借用昆建公司的企业资质是否错误的问题论述如下：一方面，根据本案案情，昆建公司在案涉施工合同履行过程中主要体现为出借建设工程施工企业资质给秦某。故一、二审法院认定秦某借用昆建公司企业资质，符合《三方合作协议》和《补充协议》所约定的内容。另一方面，从合同实际履行情况来看，在实际施工中，秦某亦是以昆建公司项目部名义施工，并以昆建公司名义办理工程竣工验收及备案手续，再以昆建公司项目部名义提交竣工结算报告。这说明在实际施工过程中，秦某也是以实际施工人的名义进行案涉工程的施工，而案涉工程并非由昆建公司施工。秦某主张与昆建公司之间系分包关系缺乏事实和法律依据，不予认可。从《三方合作协议》和《补充协议》的约定可见，秦某系借用昆建公司的施工资质与东辉公司之间形成直接的合同关系，而对于秦某与东辉公司所结算的工程款，昆建公司则依据结算总额收取8%的管理费，该管理费的实质系出借资质所收取的费用。在上述法律关系中，秦某享有直接与东辉公司进行结算工程款的权利，而昆建公司对工程款结算仅享有知情权，并不存

在东辉公司与昆建公司的承包关系及昆建公司与秦某的转包关系，故秦某完成施工义务后应当向东辉公司主张工程款。二审判决东辉公司对秦某承担工程款的给付责任而免除昆建公司的给付责任，并无不当。秦某关于二审上述判决认定错误的再审申请理由，无事实及法律依据，本院不予支持。

法律评析

在牟某、鑫玛建设公司与四川堂宏集团公司施工合同纠纷一案再审裁定书[最高人民法院(2015)民申字第581号]中，最高人民法院明确认定牟某作为实际施工人借用鑫玛建设公司(合同承包人)资质承揽堂宏集团公司(合同发包人)的工程，牟某借用鑫玛建设公司资质承建工程，鑫玛建设公司与牟某为挂靠关系。堂宏集团公司与牟某之间直接形成权利义务关系，而堂宏集团公司与鑫玛建设公司之间不存在建设工程施工合同关系。在上述挂靠的情形下，实际施工人能否依据挂靠或资质借用关系要求承包人承担工程款的支付义务呢？在上述案件中，由于牟某在一审阶段并没有将鑫玛建设公司列为被告，而是列为第三人，因此，最高人民法院并没有对承包人是否应当对实际施工人承担工程款的支付义务作出认定和判决。但是在本案中，最高人民法院认定秦某作为实际施工人享有直接与发包人东辉公司进行工程款结算的权利，而昆建公司作为承包人对工程款结算仅享有知情权，并不存在东辉公司与昆建公司的承包关系及昆建公司与秦某的转包关系，故秦某作为实际施工人完成施工义务后应当向发包人东辉公司主张工程款。二审判决发包人东辉公司直接对实际施工人秦某承担工程款的给付责任而免除承包人昆建公司的给付责任，并无不当。也就是说，如果实际施工人借用或挂靠承包人的资质承揽工程的，实际施工人应当直接向发包人主张工程价款，而不应当向承包人主张工程价款。

案例索引 最高人民法院(2015)民申字第721号民事裁定书

5. 承包人有权依据《建设工程司法解释》第二十六条抗辩与其不存在合同关系的实际施工人向其主张权利

▶案情简介

2009年12月30日，中太公司与余某、黄某签订《工程施工承包协议》，约定将承包建设的工程转包给余某、黄某施工，余某、黄某按工程实际结算总价的22%向中太公司缴纳工程管理费、税金。现余某、黄某就已完工程量提起诉讼，请求支付工程款。

最高人民法院裁判观点

工程建设方与中太公司签订的合同性质为施工总承包合同，中太公司与余某、黄某签订的合同性质为工程转包合同，余某、黄某与案外人签订部分工程分包合同性质为转包或违法分包合同。三手法律关系各自独立，指向标的是同一的，即本案诉争工程，各手法律关系间具有关联。《建设工程司法解释》第二十六条第一款规定，实际施工人以转包人、违法分包人为被告起诉的，人民法院应当依法受理。此条规定表明，多手转包、违法分包合同关系中，后手实际施工人应当依据合同关系以上一手转包人、违法分包人为被告提起以不突破合同相对性为原则的诉讼；原则上讲，后手实际施工人不能突破合同相对性提起以与其没有合同关系的总承包人、业主为被告的民事诉讼。该条第二款规定，实际施工人以发包人为被告主张权利的，人民法院可以追加转包人、违法分包人为本案当事人。发包人只在欠付工程价款范围内对实际施工人承担责任。依据此规定，即使在欠付劳务分包工程款等特定条件下，适用突破合同相对性的第二款规定时，发包人也只是在欠付工程价款范围内承担民事责任。中太公司有权依据该司法解释规定，抗辩余某、黄某与案外人签订的转包或违法分包合同的实际施工人针对其提出的索要工程尾款的诉讼请求，也有权另行主张权利。

法律评析

合同的相对性原则是合同的基本原则，是指合同只能约束合同当事人，不能约束合同以外的第三人，也就是第三人不得依据合同向合同当事人主张权利。但《建设工程司法解释》第二十六条第二款规定，实际施工人以发包人为被告主张权利的，人民法院可以追加转包人、违法分包人为本案当事人。发包人只在欠付工程价款范围内对实际施工人承担责任。这条规定是对合同相对性原则的突破，但仅仅是有限突破并非全面突破。此规定仅仅是允许实际施工人向发包人主张权利，并没有允许实际施工人向其他与其没有合同关系的当事人主张权利。最高人民法院在上述案例中明确认定，即使在欠付劳务分包工程款等特定条件下，适用突破合同相对性原则的第二款规定时，发包人也只是在欠付工程价款范围内承担民事责任。中太公司有权依据该司法解释规定，抗辩余某、黄某与案外人签订的转包或违法分包合同的实际施工人针对其提出的索要工程尾款的诉讼请求。

案例索引 最高人民法院(2014)民申字第861号民事裁定书

6. 工程建设中实际施工人的认定标准问题

▶案情简介

华隆基公司与华鹏公司签订《建设工程施工合同》，约定由华鹏公司承建案涉工程，佟某为华鹏公司的项目经理。嗣后，佟某向法院提交案涉项目的账目明细，就工程款提起诉讼，主张其系案涉工程的实际施工人。随之，各方就佟某是否是实际施工人发生争议。

最高人民法院裁判观点

佟某主张其系案涉工程实际施工人证据不足。首先,实际施工人出现的前提要件是建设工程施工合同存在非法转包、违法分包及借用有施工资质的企业名义承揽建设工程等无效情形,但佟某并未证明其与华鹏公司之间存在违法分包、非法转包的法律关系,或者其借用华鹏公司资质承建案涉工程,故佟某认为其属于案涉工程实际施工人没有依据。其次,佟某所提交的《汇宝国际花园20#、21#楼账目明细》及其他证据亦不能证明其为案涉工程的实际施工人。从账目明细来看,其中甲方、乙方所指何人并不明确,相关费用具体内容也不明确,账目明细是否具有结算属性也不明确。虽然通过该明细可以看出除人工费外还包括其他的费用,但是,华鹏公司否认该明细系其出具,认为是佟某单方制作,仅承认在该明细上同意按照每平方米850元进行结算,对其他内容不予认可。而佟某又"不同意每平方米按850元结算……"因此,该账目明细不能认为双方达成一致意见,也就不能证明双方就佟某所施工内容达成一致意见。同时,佟某原审中虽提供了工程结算书、工程款收据及复印于沈阳市城市建设档案馆的竣工报告以证明其施工的事实,但工程结算书、工程款收据上并无建设单位、施工单位的签字及盖章,而竣工报告中载明的施工单位均为华鹏公司,佟某为华鹏公司的项目经理,佟某主张其系实际施工人与证据显示其系项目经理相矛盾,不予支持。再次,建设工程施工过程中,一个建设工程由多家施工队伍完成也较为普遍。对于每一个参与施工的施工队伍而言,其很容易提供如租赁机械设备协议、材料买卖协议、人工费等证据用于证明其实际参与工程的施工。但并不能得出其中的某一个施工队伍是全部工程的实际施工人。具体到本案而言,佟某并无证据证明其对案涉工程价款享有排他性的权利,所以,原审法院没有支持其诉讼请求并无不当。最后,《合同法》第二百七十条规定:"建设工程合同应当采用书面形式。"佟某主张案涉工程价款总造价达31 971 164元,对于如此规模的建设工程而言,双方当事人之间理应签订书面合同。但佟某既无书面承包协议,又无口头协议对相关事项进行约定,此与常理显然不符。故佟某将面临并承担由此产生的法律风险。综上,佟某主张其系案涉工程的实际施工人证据不足,不予支持。

法律评析

《合同法》、《建筑法》和《建设工程质量管理条例》中表述承包人时通常使用承包人、建筑施工企业、施工人、承包建筑工程的单位等。“实际施工人”出现于《建设工程司法解释》第一条、第四条、第二十五条、第二十六条。“实际施工人”旨在描述无效施工合同中实际承揽工程的低于法定资质的施工企业、非法人单位、农民工个人等,包括借用建筑企业的名义或者资质证书承接建设工程的承包人、非法转包中接受建设工程转包的承包人、违法分包中接受建设工程分包的分包人等情形。对于实际施工人的认定标准上,相关的法律法规并没有明确的规定,各个高级人民法院对此也没有统一的意见予以颁布。但笔者代理的施工合同纠纷案件几乎都牵扯到了实际施工人,这也与我国建筑市场层层转包的乱象有关。如何认定是否属于实际施工人?笔者认为在认定实际施工人的标准问题上存在一个从宽或从紧问题。但在最高人民法院的上述裁判中,显然采取了从紧的认定标准。其认为对于实际施工人的认定应当主要从合同、施工图纸、工程洽商记录、设计变更、工程质量签认、施工日志、工程量报表、建筑设备、材料、人工投入等施工资料来进行认定。其中处于核心地位的就是合同,依据《合同法》第二百七十条规定,建设工程合同应当采用书面形式。对于合同金额动辄上百万元、上千万元的建设工程项目,双方当事人之间理应签订书面合同。对于既无书面承包协议,又无口头协议对相关事项进行约定的情形,仍要求主张其是实际施工人,难度较大。

案例索引 最高人民法院(2014)民申字第737号民事裁定书

---

7. 合法分包人不得以实际施工人的名义依据《建设工程司法解释》第二十六条向发包人主张权利

▶案情简介

贵广铁路公司就案涉贵阳至广州铁路站前工程标段整体发包给水电路桥公司进行施工建设，双方就此签订了《施工总价承包合同协议书》《劳务协议》。随后，水电路桥公司作为承包方，将该工程中路基部分的劳务作业分包给博宇公司。博宇公司承包水电路桥公司所承建一部分工程的劳务作业。现博宇公司称其系实际施工人，就工程款支付问题以发包人、承包人为被告提起诉讼，诉讼中就博宇公司是否属于实际施工人的问题产生争议。

最高人民法院裁判观点

本案争议焦点为博宇公司是否属于《建设工程司法解释》规定的实际施工人，一审裁定驳回博宇公司起诉是否正确。根据上述司法解释第一条、第四条、第二十五条及第二十六条有关“实际施工人”的表述，其规定的实际施工人，系针对承包人非法转包、违法分包建设工程，或者没有资质的施工主体借用他人名义签订建设工程施工合同的情形。根据本案《施工总价承包合同协议书》《劳务协议》约定，案涉贵阳至广州铁路站前工程由贵广铁路公司整体发包给水电路桥公司进行施工建设；水电路桥公司作为承包方，将该工程中路基部分的劳务作业分包给博宇公司。博宇公司承包水电路桥公司所承建一部分工程的劳务作业，符合《建筑法》第二十四条关于建筑工程发包、承包范围及方式的规定，不属该法规定的违法分包情形，亦不涉及承包人转包工程或博宇公司借用水电路桥公司名义与贵广铁路公司签订建设工程施工合同的问题。故《劳务协议》约定的分包关系，不符合《建设工程司法解释》关于实际施工人规定的情形。

《工程量结算单》并未突破双方《劳务协议》关于博宇公司作业范围的约

定，亦不违反《建筑法》第二十四条关于建设工程分包方式的规定，故该结算单并未变更博宇公司与水电路桥公司之间劳务分包的法律关系。博宇公司以该结算单上述约定为由，主张双方《劳务协议》未履行、其为案涉工程实际施工人的理由亦不成立。

博宇公司所主张的其参与案涉工程施工的细节，不是《建设工程司法解释》所规定的构成实际施工人的充分条件。如前所述，《劳务协议》约定的劳务分包内容不属于违法分包且获实际履行情形，本案不符合关于实际施工人规定的适用情形。在此情况下，对博宇公司以参与案涉工程施工的具体过程认定其为实际施工人的主张，不予支持。故驳回上诉，维持原裁定。

法律评析

《建设工程司法解释》对于实际施工人没有一个明确的概念。根据其第一条、第四条、第二十五条及第二十六条有关"实际施工人"的表述可以得出，实际施工人主要存在于如下几种情形：一是没有资质借用资质施工的个人或其他组织；二是工程非法转包，实际从事施工的个人或其他组织；三是工程违法分包，实际从事施工的个人或其他组织。这也就是说，实际施工人存在于挂靠、非法转包和违法分包之中。那么，合法的专业分包人或合法的劳务分包人是否属于实际施工人的范畴，他们能否以实际施工人的名义依据上述司法解释第二十六条向发包人主张权利呢？对此，最高人民法院在上述案例中明确认定，博宇公司承包水电路桥公司所承建一部分工程的劳务作业，符合《建筑法》第二十四条关于建筑工程发包、承包范围及方式的规定，不属于该法规定的违法分包情形，亦不涉及承包人转包工程或博宇公司借用水电路桥公司名义与贵广铁路公司签订建设工程施工合同的问题。故《劳务协议》约定的分包关系，不符合上述司法解释关于实际施工人规定的情形。即，合法的劳务分包人不属于实际施工人的范畴。也就是说，对于合法的劳务分包或专业分包人以实际施工人的名义向发包人主张权利的，不应得到支持。

案例索引 最高人民法院(2014)民一终字第84号民事裁定书

8. 实际施工人不得依据承包人与发包人的仲裁条款提起仲裁

▶案情简介

荣盛公司与华星公司签订《建设工程施工合同》，约定由华星公司承包案涉建设工程，同时约定了发生争议由蚌埠仲裁委员会管辖。随后，华星公司将案涉工程交由王某某组织施工，但没有争议管辖的约定。王某某就已完工程量以荣盛公司、华星公司为被告提起诉讼，诉讼中就王某某能否依据荣盛公司与华星公司之间的仲裁条款向蚌埠仲裁委员会对荣盛公司提起仲裁申请而产生争议。

最高人民法院裁判观点

荣盛公司向安徽省阜阳市中级人民法院提出管辖权异议，请求将案件移送安徽省蚌埠市中级人民法院审理，随后向安徽省高级人民法院上诉的请求亦是要求将案件移送安徽省蚌埠市中级人民法院审理。荣盛公司只是对案件的地域管辖有异议，从未就人民法院对案件的主管权力提出过异议。根据《最高人民法院关于适用〈中华人民共和国民事诉讼法〉审判监督程序若干问题的解释》第三十三条规定，人民法院应当在具体的再审请求范围内或在抗诉支持当事人请求的范围内审理再审案件。当事人超出原审范围增加、变更诉讼请求的，不属于再审审理范围，荣盛公司再审提出其与华星公司之间存在仲裁条款，故王某某亦应受该条款的约束，并请求人民法院驳回王某某对其起诉的主张，超过了原审的范围，本院不予审理。

需要指出的是，存在于双方当事人之间的、合法有效的仲裁协议，是当事人排除人民法院主管采取仲裁方式解决纠纷的必要条件。《建设工程司法解释》第二十六条第二款规定，实际施工人在一定条件下可以向与其没有合同关系的发包人主张权利。该规定是一定时期及背景下为解决拖欠农民工工资问题的一种特殊制度安排，其不等同于代位权诉讼，不具有代位请求的性质。同时,该条款规定发包人只在欠付工程价款范围内对实际施工人承担责任,目的是防止无端加重发包人的责任,明确在工程价款数额方面,发包人仅在欠付承包人的工程价款范围内承担责任,这不是对实际施工人权利范围的界定,更不是对实际施工人程序性诉讼权利的限制。实际施工人向发包人主张权利,不能简单地理解为是对承包人权利的承继,也不应受承包人与发包人之间仲裁条款的约束。事实上,王某某也无权依据荣盛公司与华星公司之间的仲裁条款向蚌埠仲裁委员会对荣盛公司提起仲裁申请。

法律评析

《建设工程司法解释》第二十六条第二款规定,实际施工人以发包人为被告主张权利的,发包人只在尚欠工程价款的范围内对实际施工人承担责任。客观上讲,实际施工人与发包人并没有直接的施工合同关系,本不应以发包人为被告提起诉讼。上述规定是在不增加发包人额外负担的情形下,从保护农民工利益的角度出发的一种特殊的制度安排。有人认为,依据《合同法》第七十三条规定,上述制度就是一种典型的代位权诉讼。即由于承包人怠于向发包人行使工程价款的请求权,因此实际施工人有权以自己的名义直接向发包人主张工程价款,依据《最高人民法院关于适用〈中华人民共和国合同法〉若干问题的解释(一)》第十六条第一款的规定应列承包人为第三人。但最高人民法院在上述案例中明确认定,该规定是一定时期及背景下的一种特殊制度安排,不等同于代位权诉讼,不具有代位请求的性质。同时,该条款规定发包人只在欠付工程价款范围内对实际施工人承担责任。实际施工人向发包人主张权利,不能简单地理解为是对承包人权利的承继,也不应受承包人与发包人之间仲裁条款的约束。

案例索引 最高人民法院(2014)民申字第1575号民事裁定书

9. 借用资质的实际施工人有权直接与发包人进行工程价款的结算

▶案情简介

王某以圣达科建公司圣信分公司的名义向冶金机械厂出具《投标书》，以圣达科建公司委托代理人的身份签订施工合同，并自行组织人员、筹集资金垫款施工。嗣后，圣达科建公司认为，其是案涉工程施工合同的相对人及实际施工人，并以与冶金机械厂之间签订的《建设工程施工合同》为依据诉请冶金机械厂向其支付工程款。

最高人民法院裁判观点

圣达科建公司主张第三人王某系圣达科建公司圣信分公司负责人，本案工程施工主体实际为圣达科建公司，但其未能提供对案涉工程进行实际施工的证据，亦不能提供聘用任免、社保关系、工资关系等证据证明王某系其单位员工。根据本案查明的事实，第三人王某以圣达科建公司圣信分公司的名义向冶金机械厂出具《投标书》，以圣达科建公司委托代理人的身份签订施工合同，自行组织人员、筹集资金垫款施工，从竞标投标、组织人员到实际施工的各个环节均实际参与，可以认定案涉工程系王某借用圣达科建公司企业施工资质承揽并进行施工，王某是工程实际施工人。根据《建设工程司法解释》第一条第（二）项没有资质的实际施工人借用有资质的建筑施工企业名义签订的建设工程施工合同，应当根据《合同法》第五十二条第（五）项认定无效的规定，圣达科建公司与冶金机械厂之间签订的《建设工程施工合同》为无效合同，王某作为实际施工人有权与发包方结算。退一步讲，即使合同有效，王某作为圣达科建公司的委托代理人，全程参与了工程投标、合同签订、组织施工等过程，冶金机械厂与其进行结算亦无不当。

法律评析

在工程实践中经常发生因承包人否认实际施工人的法律地位引发的争议。特别在实际施工人借用资质的情形下，最高人民法院(2015)民申字第581号民事裁定书中已经明确认定其与发包人存在直接的施工合同关系，承包人与发包人不存在实际施工合同关系，实际施工人与承包人仅存在借用资质的关系，亦不存在施工合同关系。在此情形下，就应当由实际施工人直接与发包人进行工程结算，承包人不应与发包人进行工程价款的结算。在上述案例中，王某以圣达科建公司委托代理人的身份签订施工合同，自行组织人员、筹集资金垫款施工，从竞标投标、组织人员到实际施工的各个环节均实际参与，可以认定案涉工程系王某借用圣达科建公司企业施工资质承揽并进行施工，王某是工程实际施工人，有权与发包方结算。

案例索引　最高人民法院(2013)民申字第1111号民事裁定书

10. 发包人与承包人的结算书对借用资质的实际施工人没有法律约束力，实际施工人有权直接向发包人主张工程价款

▶案情简介

2008年，发包人中远公司与瑞恒公司签订《建设工程施工合同》，瑞恒公司在与中远公司签订正式的《建设工程施工合同》之前已经与孔某某签订了《承包合同》，并约定将案涉工程承包给孔某某施工，由其自行组建项目部，实行独立核算自负盈亏。债权债务等经济法律责任由孔某某自行承担。孔某某在与瑞恒公司签订该《承包合同》之前就已经实际进入工地开始施工。现孔某某主张其系实际施工人，要求中远公司与瑞恒公司承担支付工程款的责任。中远公司与瑞恒公司主张双方之间已经结算并拒绝向孔某某支付

工程款。法院认定孔某某在诉讼中有权直接向中远公司主张权利。

最高人民法院裁判观点

虽然本案涉诉工程的《建设工程施工合同》是由中远公司与瑞恒公司签订的,但瑞恒公司在与中远公司签订正式的《建设工程施工合同》之前已经与孔某某签订了《承包合同》,并约定将案涉工程承包给孔某某施工,由其自行组建项目部,实行独立核算自负盈亏,债权债务等经济法律责任由孔某某自行承担。而孔某某在与瑞恒公司签订该《承包合同》之前就已经实际进入工地开始施工,原审中孔某某提供了工程联系单、设计变更通知单等多份证据,证明在施工过程中均由孔某某与中远公司交涉。故二审判决认定孔某某以个人名义与瑞恒公司签订的《承包合同》实为资质借用合同,认定孔某某有权提起诉讼向中远公司主张权利并无不当。中远公司与瑞恒公司先后订立了两份合同对孔某某实体权利进行处分,其中关于工程价款的约定对实际施工人孔某某明显不公。在原审庭审中,孔某某始终否认知晓中远公司与瑞恒公司关于结算的约定,孔某某在对中远公司提交的建筑工程预算书进行质证的过程中提出,两份预算书封皮与里面内容不一致,且存在大量改动的痕迹,中远公司对此未能给出合理解释。因此从现有证据看,不能证明孔某某知晓中远公司与瑞恒公司之间的《建设工程施工合同》,二审判决认定该合同对孔某某不具有约束力,并无不当。之后,中远公司与瑞恒公司之间的结算损害了孔某某的利益,因此,二审判决认定中远公司与瑞恒公司所作的工程造价确认书对孔某某没有约束力,也无不当。

法律评析

借用资质的实际施工人与发包人之间存在直接的施工合同关系,承包人与发包人之间不存在施工合同关系,承包人与实际施工人之间亦不存在相应的施工合同关系,仅存在资质的借用关系。在实践中,由于承包人并没有参与施工和管理,承包人和发包人合谋故意大幅度降低工程结算数额并签订相关的结算书,此种做法严重损害了实际施工人的利益。那么,在承包人与发包人已经办理竣工结算的情形下,实际施工人能否另行向发包人主张工程价款？上述结算书对实际施工人有无法律约束力？最高人民法院认为，二审判决认定孔某某以个人名义与瑞恒公司签订的《承包合同》实为资质借用合同，认定孔某某有权提起诉讼向中远公司主张权利并无不当。同时，中远公司与瑞恒公司之间的结算损害了孔某某的利益，因此，它们所作的工程造价确认书对孔某某没有约束力。

案例索引 最高人民法院(2012)民申字第186号民事裁定书

11. 被挂靠施工单位对实际施工人不承担工程款的支付义务

▶案情简介

2007年2月2日，刘塘村委会对案涉工程进行招标，大港公司中标。2007年3月1日，刘塘村委会与大港公司签订《建设工程施工合同》，刘塘村委会将案涉工程交由大港公司承包建设。同年4月6日，双发公司借用大港公司的资质，以双发公司名义与安宝公司签订《工程施工协议书》将诉争工程交安宝公司施工。由于双发公司未按照合同约定支付工程欠款，安宝公司诉至法院，要求双发公司及刘塘村委会、大港公司承担工程欠款连带给付责任。诉讼中就大港公司应否对案涉工程款的支付承担连带责任发生争议。

最高人民法院裁判观点

本案再审审查的主要争议焦点为大港公司应否对案涉工程款的支付承担连带责任。安宝公司主张大港公司是诉争工程的承包方，应当对工程款的支付承担连带责任。根据一、二审法院查明的事实，大港公司虽然是诉争工程的中标方，并与刘塘村委会签订有《建设工程施工合同》，但其后来并未实际参与施工。诉争工程系双发公司以自己名义转包给安宝公司施工完成，大港公司与双发公司之间并无合同关系。尽管双发公司参与工程后，借用了大港公司的资质，与大港公司之间存在挂靠关系，但安宝公司并未提供证据证明大港公司从中分享了利润，而且，双发公司并未以大港公司的名义对外签订合同，安宝公司对此明知，故安宝公司在签订合同时信赖的主体是双发公司而非大港公司，安宝公司与大港公司不存在直接的法律关系。此外，大港公司虽出具过105万元施工发票等手续，但在一审庭审中，安宝公司亦承认系双发公司支付款项，仅从大港公司走账，这进一步佐证了大港公司并未参与讼争工程施工的事实。故一、二审法院对于安宝公司要求大港公司承担连带责任的主张不予支持于法有据。安宝公司关于二审判决适用法律错误的申请理由不能成立，不予支持。

法律评析

挂靠与被挂靠之间到底是何种法律关系，此等挂靠关系到底是资质借用关系还是施工合同关系，各自对外应当如何承担责任？根据最高人民法院的上述裁判和相关类似关系，笔者认为挂靠和被挂靠之间是一种资质借用关系而非施工合同关系。因此，实际施工人不应当要求被挂靠的施工单位承担承包人的相关义务，同时，被挂靠的施工单位也不应当享有承包人的相关权利。在上述案例中，最高人民法院明确认定，是双发公司借用了被挂靠人大港公司的资质，大港公司没有获取利润，其与实际施工人不存在直接的法律关系，因此要求大港公司承担连带责任于法无据。

案例索引 最高人民法院(2013)民申字第1538号民事裁定书

12. 实际施工人不得突破承包人与发包人之间的仲裁条款对发包人提起诉讼

▶案情简介

中交二局系西商高速公路的总承包人。中交二局承包该工程后，成立了项目经理部，该项目经理部于2009年10月29日与龙航公司签订《劳务合作协议》，约定将西商高速公路第二十三合同段路基填筑工程分包给龙航公司，同时约定双方发生争议时向西安市仲裁委员会提请仲裁。龙航公司于2009年11月8日与付某签订《承包协议书》一份，约定将龙航公司分包的西商高速公路第二十三合同段的全部工程交付某承包。现付某称其系实际施工人，因而提起诉讼要求中交二局、龙航公司、项目经理部支付工程款。现就实际施工人是否有权对发包人提起民事诉讼发生争议。

最高人民法院裁判观点

《建设工程司法解释》第二十六条规定，实际施工人以转包人、违法分包人为被告起诉的，人民法院应当依法受理。实际施工人以发包人为被告主张权利的，人民法院可以追加转包人或者违法分包人为本案当事人。发包人只在欠付工程价款范围内对实际施工人承担责任。该规定在明确实际施工人对发包人、转包人、违法分包人享有诉权的同时，也对实际施工人的权利作了限定，即发包人只在欠付工程价款范围内对实际施工人承担责任。由此可见，即使认定付某为实际施工人，其对中交二局享有的权利也限于龙航公司对中交二局享有的权利范围。鉴于付某向中交二局主张权利具有代位请求的性质，付某与中交二局之间的法律关系与龙航公司与中交二局、项目经理部之间的法律关系具有承继性。因此，无论付某是否为实际施工人，只要付某起诉中交二局，就须受项目经理部与龙航公司之间《劳务合作协议》中仲裁条款的约束，付某无权单方改变仲裁条款的约定；但付某若仅起诉龙航公司则可不受仲裁条款的约束。

法律评析

如果实际施工人与承包人之间解决争议之条款为诉讼，承包人与发包人之间解决争议之条款为仲裁，在此情形下，实际施工人能否依据《建设工程司法解释》第二十六条的规定向发包人提起诉讼呢？笔者认为在上述情形下，不应允许实际施工人向发包人提起诉讼。合同最基本的原则就是意思自治，发包人与承包人在合同中明确约定仲裁条款，且此约定完全符合法律规定，如果允许实际施工人起诉发包人，将严重破坏当事人的意思自治原则。在上述案例中，最高人民法院明确认定实际施工人无权改变仲裁条款，不能直接起诉发包人。

案例索引　最高人民法院(2013)民提字第148号民事裁定书

13. 承包人不应对实际施工人利用承包人项目资料章的借款行为承担还款责任

▶案情简介

中太公司和国本公司中标取得江峰公司发包的“星海·时代花苑”项目。嗣后，眭某某、徐某与陈某某签订《借款协议》，眭某某、徐某在该协议中加盖中太公司项目部资料专用章。现陈某某就该借款提起诉讼，诉讼中就实际施工人的确定，该借款债务应否由国本公司、中太公司承担连带责任发生争议。

最高人民法院裁判观点

本案的争议焦点为国本公司、中太公司是否应对眭某某、徐某的借款债务承担连带还款责任的问题。诉争《借款协议》是由出借人陈某某与借款人眭某某、徐某签订,协议落款处借款人栏由眭某某、徐某签字并加盖中太公司项目部资料专用章。中太公司项目部资料专用章具有特定用途,仅用在开工报告、设计图纸会审记录等有关工程项目的资料上。尽管诉争借款用于案涉工程,但借款合同与建设工程施工合同是两个不同的合同关系,实际施工人对外借款不是对案涉项目建设工程施工合同的履行,《借款协议》也不属于工程项目资料,故在《借款协议》上加盖中太公司项目部资料专用章的行为超越了该公章的使用范围,在未经中太公司追认的情况下,不能认定《借款协议》是中太公司的意思表示。再结合中太公司和国本公司未参与《借款协议》的签订,协议上未加盖国本公司公章以及出借人陈某某对眭某某、徐某借用国本公司和中太公司的资质施工的事实明知,应认定诉争借款是眭某某、徐某的个人债务,陈某某要求中太公司和国本公司对诉争借款承担连带还款责任缺乏依据。

法律评析

在工程实践中,经常发生实际施工人以承包人的名义进行借款融资或购买施工材料,对此行为承包人是否要承担相应的法律责任呢? 由于相关法律法规、司法解释对此并没有一个明确的规定,导致各级、各地法院均缺少一个统一的裁判尺度。在本案中,最高人民法院认定承包人不应对实际施工人的借款行为承担还款责任的主要理由有以下三点:一是实际施工人在借款合同上加盖的是项目资料专用章,这已经超出了项目资料专用章的适用范围,且此印章的适用最终也未得到承包人的追认。二是出借人对实际施工人借用承包人资质进行施工是明知的,由于在借用资质的情形下实际施工人和承包人之间的法律关系不是施工合同法律关系,而是资质借用法律关系,也就是说实际施工人应当明知其与承包人不存在施工合同关系,实际的借款人不应当是承包人。三是借款合同与施工合同属于性质不同的两类合同,借款行为与借款合同均不应认为是对施工合同的履行。最终,最高人民法院认定诉争借款是眭某某、徐某的个人债务，陈某某要求中太公司和国本公司对诉争借款承担连带还款责任缺乏依据。

案例索引 最高人民法院(2014)民申字第1号民事裁定书

14. 实际施工人以承包人的名义签订采购合同，符合表见代理情形的，承包人应当承担付款责任

▶案情简介

王某某以贵州五建公司的名义与聚富公司签订《买卖合同》，向聚富公司购买建材。因合同欠款，聚富公司将贵州五建公司、王某某等诉至法院。诉讼中，贵州五建公司否认王某某是其公司代理人，拒绝承担支付货款义务。

最高人民法院裁判观点

关于王某某与聚富公司签订案涉供货合同的行为是否构成表见代理，案涉合同对贵州五建公司是否具有法律约束力的问题论述如下：本案中，贵州五建公司委托王某某全权代理中谷公司粮库工程招投标工作，王某某接受委托后与中谷公司签订了《建设工程施工合同》，在合同承包人处盖有贵州五建公司公章，王某某也在承包人处签名。随后，王某某以贵州五建公司名义进行了实际施工，贵州五建公司应当知晓，但未作否认表示。王某某在以贵州五建公司名义与聚富公司签订买卖合同时出示了《建设工程施工合同》，并在供货合同上加盖了贵州五建公司中谷粮库项目资料章，且案涉建材亦送至案涉工地用于工程建设，并经王某某等人签收。聚富公司基于上述事实，有理由相信王某某具有贵州五建公司的授权，且在合同履行过程中，贵州五建公司对聚富公司向其承包的中谷粮库建设工程供货的行为不

可能不知情，但其并未提出异议，因此主张其与聚富公司从未建立任何关联不成立。综上，王某某参与案涉工程的招投标、签约及施工行为，以及贵州五建公司的默示行为在客观上具备了代理权的表象，聚富公司基于上述表象相信王某某具有代理权并没有违反合理注意义务，所以王某某与聚富公司签订案涉供货合同的行为构成表见代理，其与聚富公司签订合同及履行行为依法对贵州五建公司具有约束力。二审判决贵州五建公司承担偿还欠款责任，适用法律并无不当。

法律评析

表见代理是指行为人事实上虽无代理权，但由于某种情形，造成了足以使善意第三人相信其有代理权的表象，而与善意第三人进行的、由被代理人承担法律后果的代理行为。对于实际施工人在施工过程中以私刻的承包人印章或以承包人项目部的印章签订的采购合同，承包人是否应当承担责任？解决此问题的关键就在于实际施工人的行为是否构成表见代理行为。在上述案例中，最高人民法院认为王某某参与案涉工程的招投标、签约及施工行为，以及贵州五建公司的默示行为在客观上已经构成了表见代理，王某某与聚富公司签订合同及履行行为依法对贵州五建公司具有约束力。

案例索引 最高人民法院(2013)民申字第2185号民事裁定书

---

15. 实际施工人不得依据《建设工程司法解释》第二十六条规定要求发包人承担连带责任

▶案情简介

龙岗管理局作为案涉工程的发包方将案涉工程项目发包给宝龙公司施

工,并与其签订了《建设工程施工合同》。后宝龙公司又将部分工程转包给阳江建安深圳分公司施工。实际施工人阳江建安深圳分公司对案涉工程进行了施工,且工程经竣工验收合格。现阳江建安深圳分公司主张龙岗管理局、宝龙公司向其支付全部欠付工程款。

最高人民法院裁判观点

龙岗管理局作为案涉工程的发包方将案涉工程项目发包给宝龙公司,其与宝龙公司形成了建设工程施工合同关系。宝龙公司又将部分工程转包给阳江建安深圳分公司施工,双方形成了事实上的转包合同关系。虽然合同因非法转包而无效,但阳江建安深圳分公司作为实际施工人对案涉工程进行了施工,且工程经竣工验收合格,其可以请求参照合同约定支付工程价款。根据《建设工程司法解释》第二十六条之规定,实际施工人以发包人为被告主张权利的,发包人只在欠付工程价款范围内对实际施工人承担责任。据此,阳江建安深圳分公司和阳江建安公司可以向发包人龙岗管理局主张工程款,但是龙岗管理局仅在其欠付工程款范围内承担责任。虽然龙岗管理局与宝龙公司、阳江建安深圳分公司分别在1996年4月18日、1996年10月4日与1997年先后签订过三份三方协议,但上述协议均是龙岗管理局作为建设单位为确保工程进度,向施工单位拨付工程款而签订的。协议明确约定工程款仍由宝龙公司、阳江建安深圳分公司按照双方合同进行结算,且从宝龙公司的结算款中将上述拨付款予以扣除。因此,龙岗管理局与阳江建安深圳分公司并未因上述协议的签订形成直接的建设工程施工合同关系,阳江建安深圳分公司、阳江建安公司要求龙岗管理局对全部欠付工程款承担连带责任,缺乏合同依据和法律依据,不予支持。

法律评析

《建设工程司法解释》第二十六条规定,实际施工人以发包人为被告主张权利的,人民法院可以追加转包人或者违法分包人为本案当事人,发包人只在欠付工程价款范围内对实际施工人承担责任。上述司法解释已经严重突破了合同法的基本原则——合同相对性原则,主要因为发包人与实际施工人没有直接的施工合同关系,不应当向实际施工人承担直接的付款义务。上述司法解释规定发包人只在欠付工程价款范围内对实际施工人承担责任,此种责任到底是何种责任,是补充责任还是连带责任?笔者认为,单纯地认为是连带责任或补充责任都不妥当,应当是在欠付工程款的范围内的连带责任而非全部欠付工程款的连带责任。如果承包人欠付实际施工人工程款小于或等于发包人欠付承包人的工程款,则另当别论。在上述案例中,最高人民法院明确认定龙岗管理局与阳江建安深圳分公司并未形成直接的建设工程施工合同关系,阳江建安深圳分公司、阳江建安公司要求龙岗管理局对全部欠付工程款承担连带责任,缺乏合同依据和法律依据,不予支持。

案例索引 最高人民法院(2013)民申字第1113号民事裁定书

16. 实际施工人的借款行为构成表见代理的,承包人应当对实际施工人的借款行为承担还款义务

▶案情简介

2009年7月6日,安徽建工集团给吴某出具授权委托书,委托其办理沛县公安局信息中心工程合同的洽谈、签订事宜。2009年8月19日,誉商公司与吴某商谈借款事宜。次日,在沛县公安局出具《承诺》的情况下,沙某某与吴某签订了《借款协议书》,由誉商公司提供担保。2009年10月,安徽建工集团与吴某签订了内部承包协议,将该工程转包给吴某。嗣后,沙某某主张吴某的行为构成表见代理,起诉吴某、安徽建工集团,要求偿还借款及利息。

最高人民法院裁判观点

吴某向沙某某借款的行为构成表见代理。

(一)客观上吴某具有使沙某某相信其具有代理权的外观表象

1. 2009 年 7 月 6 日，安徽建工集团给吴某出具授权委托书，委托权限为办理沛县公安局信息中心工程合同的洽谈、签订事宜。说明吴某在安徽建工集团与沛县公安局签订建设工程施工合同时，是以安徽建工集团委托代理人的身份出现的。

2. 2009 年 7 月 29 日，即在安徽建工集团中标之后，签订建设工程施工合同之前，沛县公安局根据吴某的申请，向安徽建工集团先行支付预付工程款，而安徽建工集团又根据吴某的申请，将相关款项汇入吴某指定的他人账户及其个人账户。沛县公安局信息中心工程于 2009 年 9 月开工后，安徽建工集团又多次根据吴某的申请，将相关款项汇入吴某指定的他人账户及其个人账户。而安徽建工集团一审中当庭认可项目部所需资金必须要有项目部负责人签名。且在 2009 年 10 月，安徽建工集团与吴某签订了内部承包协议，将沛县公安局信息中心工程转包给吴某施工。

3. 2009 年 8 月 19 日，誉商公司从沛县公安局信息中心得知安徽建工集团承建的沛县公安局的在建工程需要资金，经沛县公安局信息中心工程负责人介绍，吴某以沛县公安局工程承建单位安徽建工集团受托人的名义与誉商公司商谈借款事宜。为此，吴某向誉商公司出具了安徽建工集团授权委托书、安徽建工集团与沛县公安局签订的建设工程施工合同原件，加之沛县公安局相关人员亦确认其在建工程系安徽建工集团承建、吴某系该工程的负责人，誉商公司及沙某某有理由相信吴某的行为代表安徽建工集团。

4. 2009 年 8 月 20 日，沛县公安局向誉商公司出具的《承诺》中载明“由于承建方安徽建工集团近期资金周转困难，请求誉商公司负责担保借款叁佰万元，以解决当前运转中的资金困难问题。为此承诺：该工程我方付给安徽建工集团工程款时，确保监管按时足额还付给誉商公司所担保的借款”。当天双方签订的《借款协议书》与《借据》中均载明借款方是安徽建工集团沛县公安局信息中心工程项目部吴某。以上案件事实在客观上具有使沙某某及誉商公司相信吴某有代理权的表象。

（二）主观上沙某某是善意且无过失

1. 沙某某已尽了谨慎注意义务。吴某作为安徽建工集团在沛县公安局信息中心工程的实际施工人或施工负责人，以工程资金不足为由，向沙某某借款。虽然在签订借款协议、出具借据时并未加盖项目部的印章，但吴某并不是以个人名义，而是以安徽建工集团沛县公安局信息中心工程项目部的名义进行借款。在借款时，虽然沙某某本人并未到工地进行实地考察，但其委托的誉商公司到沛县公安局信息中心工地进行了实地考察，且吴某提供了安徽建工集团出具的授权委托书及建设工程施工合同，亦有该工程发包方沛县公安局出具的《承诺》，使沙某某所能认知、认可的事实是吴某是安徽建工集团在沛县公安局信息中心工程的实际施工人或施工负责人。吴某在借据上声明“用于工程建设”及沛县公安局出具的《承诺》，足以使沙某某相信吴某的借款行为是用于工程建设。至于吴某对借款取得后的实际用途，不应作为衡量吴某向沙某某借款时表见代理是否成立的标准。沙某某基于该工程由安徽建工集团承建、对外由安徽建工集团与发包方签订建设工程施工合同并负责工程款的结算、吴某的实际施工人或施工负责人的身份、借款用途等表象，其不可能也不应当知道吴某在此种表象下的借款行为不具有代理权。

2. 安徽建工集团主张沙某某及誉商公司恶意串通，借助《借款协议书》这一伪证，故意将还款责任转移给安徽建工集团的理由不能成立。虽然吴某没有提供单位公章，但是其具有足够的表象让沙某某相信其有代理权，沙某某将钱汇入吴某指定的账户具有合理性。表见代理中相对人是否善意无过失，是对相对人订立协议时主观形态的判断，至于相对人于代理行为完成后，知道或应当知道代理人欠缺代理权，并不影响其订立协议时主观上善意且无过失的认定。本案中，由于签订协议时项目部的印章并未刻制，客观上存在借款协议的签订以及印章的加盖与文件的落款时间不一致的情形，后因借款到期后未能偿还，为保证其权利最终实现，沙某某要求吴某补盖项目部印章完善相关手续的行为符合常理，安徽建工集团就此认为沙某某属于非善意有过失，依据不足。安徽建工集团主张吴某与沙某某、誉商公司之间恶意串通制造《借款协议书》，但不能提供证据予以证明。

法律评析

表见代理制度是基于被代理人的过失使得第三人有理由相信无权代理

人享有代理权而与之进行民事法律行为，该民事法律行为的法律后果应当由被代理人承担的一种制度。《合同法》第四十九条规定，行为人没有代理权、超越代理权或代理权终止后以被代理人名义订立合同，相对人有理由相信行为人有代理权的，该代理行为有效。其立法的本意主要是维护交易安全和信赖利益，促进正常的民事交易秩序。在工程建设领域，对于实际施工人的采购、借款等行为而产生的法律后果，承包人是否要承担责任，主要就在于实际施工人的行为是否构成表见代理。如果构成，则承包人就应当承担责任；反之，则承包人不承担责任。对于相对人的善意也必须有一个时间上的把握，就是说相对人必须在订立协议时或订立协议之前主观善意。在本案中，最高人民法院认定，表见代理中相对人是否善意无过失，是对相对人订立协议时主观形态的判断，至于之后相对人的认知情况，并不影响其订立协议时主观上善意且无过失的认定。最终认定吴某向沙某某借款的行为构成表见代理，安徽建工集团承担还款责任。

案例索引 最高人民法院(2013)民申字第743号民事裁定书

17. 承包人向挂靠个人出具《授权委托书》，使得实际施工人有理由相信挂靠人代表承包人的，依法构成表见代理

▶案情简介

2009年12月1日，民基公司向富某某出具授权委托书，由富某某全权处理案涉工程事宜，但富某某与民基公司不存在劳动合同关系。2010年3月28日，发包人丰源公司与承包人民基公司签订《建筑施工承包合同》，该案涉工程劳务由富某某负责。随后，富某某向周某某出具上述《授权委托书》和民基公司营业执照副本后，双方签订《轻工总承包合同》，约定由周某某对案涉工程实际施工。嗣后，周某某提起诉讼，要求富某某、民基公司对

欠付工程劳务费承担连带支付责任。

最高人民法院裁判观点

关于民基公司是否应当连带承担给付案涉工程劳务费问题论述如下：首先，民基公司同丰源公司于2010年3月28日签订《建筑施工承包合同》，该合同系富某某在实施了一段时间工程后，找到民基公司加盖民基公司合同专用章，民基公司对该公章的真实性并无异议。其次，富某某并非民基公司的人，其在2009年年底已挂靠到民基公司，曾经向民基公司缴纳过挂靠费；富某某是经过民基公司负责对外经营的罗某某考察同意之后才进入案涉工地开始施工的。最后，2009年12月1日，民基公司给富某某出具《授权委托书》，明确由富某某全权处理案涉工程事宜，富某某在向当地公安机关报案称自己私刻民基公司公章时，并未提及该《授权委托书》上的民基公司公章系虚假；周某某看到了富某某的上述《授权委托书》和民基公司营业执照副本后，才与富某某签订《轻工总承包合同》，周某某完全有理由相信富某某有权代表民基公司，富某某在本案中的民事行为构成了表见代理，其民事行为的后果依法应当由民基公司承担。民基公司与丰源公司解除《建筑施工承包合同》系在案涉工程已实际建设近半年之际，且民基公司在合同实际解除后并未通知实际施工人周某某，民基公司与丰源公司解除合同的事实并不影响本案表见代理事实的成立。二审判决认定富某某有权代表民基公司，判令民基公司承担向周某某支付工程劳务费的连带责任，具有事实和法律依据，并无不当。

法律评析

在建筑工程司法实践中，如果承包人向挂靠个人出具《授权委托书》，使得实际施工人有理由相信挂靠人代表承包人的，应认定构成表见代理，此时承包人应承担连带责任。最高人民法院在上述案例中，也认定周某某系基于富某某出示的《授权委托书》和民基公司营业执照副本后，才与富某某签订《轻工总承包合同》，周某某完全有理由相信富某某有权代表民基公司，富某某在本案中的民事行为构成了表见代理，其民事行为的后果依法应当由民基公司承担。这符合表见代理制度的设计初衷，维护了交易安全和信赖利益，也符合《合同法》第四十九条中关于表见代理行为后果的规定。

案例索引 最高人民法院(2013)民申字第600号民事裁定书

18. 承包人向发包人盖章确认的索赔资料，实际施工人可以将其作为向承包人主张工程款的依据

▶案情简介

2006年1月15日，长达路业公司将平凉(罗汉洞)至定西高速公路土建工程LD13合同段发包给十五冶公司施工。同年5月，十五冶公司又将该合同段中祖河2号大桥的部分工程分包给李某某。李某某遂于2006年至2008年组织人员对分包工程进行了施工。十五冶公司在2006年向长达路业公司提交的索赔通知中已确认三次特大洪水水毁损失共计1 254 943.8元。嗣后，李某某以十五冶公司为被告，以长达路业公司为第三人提起诉讼。诉讼中就案涉工程水毁损失发生争议。

最高人民法院裁判观点

十五冶公司关于"二审判决关于十五冶公司同意向李某某赔偿其2006年在案涉工程上的水毁损失的认定缺乏证据证明"这一申请再审事由不能成立。首先，十五冶公司在2006年向长达路业公司提交的相关报表，已确认水毁损失共计1 254 943.8元。十五冶公司提交上述文件时，是以自己作为承包人的身份提交而非代表实际施工人李某某提交。这说明其已自认了2006年的水毁损失。在二审庭审中，虽然十五冶公司只确认2006年的三次特大洪水已给李某某施工造成了损失，并不确认三份报告中的损失数额，但是其并未就其所谓"帮李某某索赔"的陈述提供证据加以证明，也未提供充

分证据否认二审法院认定水毁损失所依据的上述文件的证明力。其次，十五冶公司已确认补偿李某某的2006年水毁损失。在分包人李某某向十五冶公司提出2006年水毁损失的情形下，十五冶公司作为分包工程发包人与其委托的监理单位共同盖章确认《损失清单一览表》的行为，说明其已确认承担该损失。而十五冶公司就该损失向总发包人长达路业公司提交相关报表的目的则是让长达路业公司最终给付该笔损失费用。显然，如果十五冶公司不愿意承担该损失，则没有必要对其加以确认，更没有必要就该损失再向发包方长达路业公司提出索赔要求。因此，十五冶公司上述行为表明其当时清楚该损失应作为其承包工程的施工损失向发包方长达路业公司主张赔偿，否则就有可能最终由其自己对李某某承担赔偿责任。在李某某与长达路业公司之间没有合同关系且没有证明李某某曾作出委托十五冶公司索赔的意思表示的情形下，十五冶公司的所谓帮助李某某索赔的说法，也不能成立。

法律评析

在工程实践中，实际施工人借用或挂靠承包人资质进行施工时，在施工签证、施工索赔和工程结算的过程中，由于实际施工人与发包人没有合同关系，因此在相关签证单、索赔通知和结算单上实际施工人都是先要求承包人配合进行盖章，然后再向发包人进行提交。现在的问题是，如果因客观原因发包人并没有在上述文件上盖章确认，在此情形下，上述文件资料是否能够作为实际施工人与承包人之间的结算依据呢？在上述案例中，最高人民法院明确认定十五冶公司就该损失向总发包人长达路业公司提交相关报表的目的是让长达路业公司最终给付该笔损失费用，而在长达路业公司承担损失之前，十五冶公司应根据债权债务关系先向李某某承担水毁损失。

案例索引　最高人民法院(2014)民申字第957号民事裁定书

19. 实际施工人无权依据《建设工程司法解释》第二十六条的规定向承包人主张工程价款

▶案情简介

云南建工公司系案涉工程的总承包人，其将工程分包给胡某后，胡某又转包给陈某某。从《双方商定协议》的内容来看，案涉工程后一阶段即进港道路施工阶段，陈某某将进港道路工程转包给了刘某某，刘某某是该工程的实际施工人。现刘某某因工程款支付问题提起本案诉讼，要求陈某某及云南建工公司承担支付工程款责任。

最高人民法院裁判观点

根据《建设工程司法解释》第二十六条的规定，刘某某可以向陈某某及发包人主张工程款，发包人在欠付工程款的范围内承担责任。刘某某申请再审提交的《结算书》《结算清单》系复印件，云南建工公司对其真实性不予认可，《结算书》《结算清单》的内容也不能直接反映刘某某与云南建工公司之间存在建设工程施工合同关系，又由于云南建工公司非案涉工程发包人，故刘某某关于其与云南建工公司之间存在直接合同关系，云南建工公司应直接向其支付工程款的再审申请理由不能成立。

法律评析

《建设工程司法解释》第二十六条规定，发包人只在尚欠工程款的范围内对实际施工人承担责任。在存在多次转包的情形下，实际施工人已经与承包人没有直接的合同关系，在此承包人是否能够替代发包人的角色也需要在尚欠下一手工程款的范围内对实际施工人承担责任呢？在此情形下，能否将承包人也视为发包人呢？在最高人民法院的上述裁判中，明确认定刘某某与云南建工公司之间不存在建设工程施工合同关系，又由于云南建工公司非案涉工程发包人，故刘某某关于其与云南建工公司之间存在直接合同关系，云南建工公司应直接向其支付工程款的再审申请理由不能成立。

案例索引 （2016）最高法民申936号民事裁定书

---

20. 转包合同无效，实际施工人仍应当参照转包合同的约定向承包人缴纳管理费

▶案情简介

2013年3月6日，利民路桥公司作为甲方与乙方王某某签订的补充协议中约定，从本协议签订之日起施工的工程量，甲方提取30%的管理费（含税），最终以审计为准，管理费在甲方支付工程款时分期扣除。2013年4月3日，王某某向利民路桥公司出具的《保证书》载明：我王某某保证按合同签约的30%提取管理费，决不反悔。现王某某认为本案系非法转包，合同无效，故管理费的约定也无效，不应得到保护，且本案中利民路桥公司不存在实际管理的问题，仅仅是转包牟利，不应再支付管理费。

最高人民法院裁判观点

法院参照上述约定，并结合利民路桥公司就案涉工程承担的管理责任和成本、相关合同系无效合同的实际情况及双方利益的平衡，依照《建设工程司法解释》第二条的规定，确定利民路桥公司收取王某某施工部分工程价款20%的管理费适用法律正确，亦未超出自由裁量权行使的正常范围。因此，王某某申请再审的第二项事由不能成立。

法律评析

在司法实践中，经常有实际施工人认为如果转包合同或违法分包合同无效，无效合同中所约定的承包人收取一定比例的管理费亦属无效约定，管理费或一定比例的下浮就不应当作为其与承包人之间的结算依据。其实，法院一般认为实际施工人不应因合同无效反而获取比合同有效更大的利益。在本案中，最高人民法院认为，确定利民路桥公司收取王某某施工部分工程价款20%的管理费适用法律正确，未超出自由裁量权的行使范围。因此，利民路桥公司收取20%管理费为合法。

案例索引 （2016）最高法民申1535号民事裁定书

21. 案涉工程未经竣工验收，实际施工人请求支付工程价款的，不予支持

▶案情简介

2012年6月12日，杨某某借用红鑫公司的建筑资质以红鑫公司名义与蓝天公司签订了建设工程施工合同，合同签订后，杨某某组织人员实际施工，将鹏欣丽都小区二期建设工程的6号、9号、12号、14号楼建至主体封顶，15号楼主体完成至3层。案涉工程并未交工，亦未进行竣工验收；双方对工程量未核算，对工程价款也未结算。至2014年8月，蓝天公司通过支付现金或顶房方式向杨某某支付工程款15 767 908元。杨某某2013年11月自行委托宁夏永恒信建设工程咨询有限公司对工程价款核算为23 377 548.34元。一、二审法院均认定案涉工程的工程量和工程价款无法确定，不具备司法鉴定的条件，杨某某要求付款条件不成就。

最高人民法院裁判观点

杨某某借用红鑫公司与蓝天公司签订的合同,依照相关法律规定,是无效的。杨某某在工程正在进行施工的过程中,未与蓝天公司、红鑫公司核对其已完工程量,未结算工程价款,双方也没有进行工程交接。杨某某所提供的证据尚无法证明其已完成的工程量及相应工程价款,而且当时整体工程尚未完工,没有进行竣工验收。在此情况下原判决认定工程量和工程价款无法确定,尚不具备司法鉴定的条件,杨某某要求付款的条件不成就,不存在缺乏证据证明的问题。

法律评析

《建设工程司法解释》第二条规定:"建设工程施工合同无效,但建设工程经竣工验收合格,承包人请求参照合同约定支付工程价款的,应予支持。"对于此条的理解,在施工合同无效的情形下,只有工程经竣工验收合格,承包人或实际施工人才可以享有工程价款的请求权,如果工程没有经过竣工验收,承包人或实际施工人是否还可以请求支付工程价款呢?显然在上述案例中,最高人民法院明确认定案涉整体工程尚未完工,没有进行竣工验收时,工程量和工程价款无法确定,尚不具备司法鉴定的条件,因此实际施工人暂时不能以此工程要求付款。

案例索引 (2016)最高法民申759号民事裁定书

22. 实际施工人私刻承包人印章进行的采购行为，承包人不承担付款义务

▶案情简介

2012年10月，鼎顺公司与中铁七局五公司签订《汉南上海中小企业总部项目总承包工程合同文件》。2014年3月30日，中铁七局五公司与华力公司签订《施工合同协议书》，约定土建、安装工程项目（业主直接分包项目除外）交由华力公司施工。上述三份合同上中铁七局五公司加盖的印章为在公安机关备案的含有编号的合同专用章。2012年12月20日，恒钢公司与买受人签订了《钢材买卖合同》，但该合同上加盖的中铁七局五公司印章为不含编号的合同专用章，且印章比中铁七局五公司备案的合同专用章小，字体亦有明显区别。2014年4月20日签订的《补充协议》上加盖的中铁七局五公司印章为不含编号的公司印章，且印章比中铁七局五公司备案的公司印章小，字体亦有明显区别。

2015年6月12日，华力公司向中铁七局五公司出具一份《承诺书》，载明：我公司为确保汉南天地项目正常施工，2012年12月与恒钢公司签订钢材买卖合同，该单位要求必须与国企签订钢材买卖合同，为顺利签下此合同，我公司员工何某某擅自雕刻四枚印章，分别为中铁七局五公司印章、中铁七局五公司合同专用章、中铁七局五公司湖北分公司财务专用章、中铁七局五公司财务专用章，四枚印章仅用于与恒钢公司的钢材买卖合同、补充协议及相关对账单。

现争议焦点是案涉《钢材买卖合同》及《补充协议》是否系中铁七局五公司与恒钢公司所签订，中铁七局是否应当承担付款责任。

最高人民法院裁判观点

关于案涉《钢材买卖合同》及《补充协议》是否系中铁七局五公司与恒钢

公司所签订问题，上述两份合同上加盖了中铁七局五公司的合同专用章和行政章，何某某在《钢材买卖合同》中“甲方委托代表”一栏签了字。2015 年 6 月 12 日，华力公司、何某某分别向中铁七局五公司出具了《承诺书》《情况说明》，承认华力公司员工何某某私刻了中铁七局五公司的行政章、合同专用章、财务专用章及中铁七局五公司湖北分公司财务专用章，用于签订案涉《钢材买卖合同》《补充协议》及相关对账单，华力公司承诺承担因此引发的一切经济和法律责任。2015 年 11 月 5 日，中铁七局五公司以公司印章被伪造为由向武汉市公安局汉南区分局报案，武汉市公安局汉南区分局已受理该案。上述事实表明，华力公司员工何某某为了达到与恒钢公司签订钢材买卖合同的目的，私刻了中铁七局五公司行政章等四枚印章，并以中铁七局五公司的名义与恒钢公司签订了案涉《钢材买卖合同》《补充协议》及相关对账单。对此，中铁七局五公司事先并不知情，且事后也未予追认。故应当认定案涉《钢材买卖合同》及《补充协议》并非中铁七局五公司与恒钢公司所签订，而是华力公司与恒钢公司所签订。恒钢公司不认可华力公司、何某某所述事实的真实性，但其所举证据不能推翻上述事实，故一审法院认定案涉《钢材买卖合同》及《补充协议》系无代理权的第三方以中铁七局五公司名义与恒钢公司签订并无不当，本院予以维持。恒钢公司上诉还主张华力公司的行为已构成表见代理，其行为产生的责任应当由中铁七局五公司承担。但恒钢公司所举证据不能证明在案涉《钢材买卖合同》上代表“中铁七局五公司”签字的何某某、在相关对账单上代表“中铁七局五公司”签字的周某某、程某等三人是中铁七局五公司的工作人员，也不能证明中铁七局五公司明知华力公司以其名义签订案涉《钢材买卖合同》及《补充协议》却不采取任何措施，而是放任其继续实施上述行为。故不能认定华力公司的行为已构成表见代理，其上述主张不能成立，本院不予支持。

法律评析

对于非法转包、违法分包人和借用资质承揽建设工程的实际施工人在建设工程施工中以承包人名义订立采购合同，承包人是否应当承担责任？《合同法》第四十九条规定表见代理的前提条件是行为人没有代理权、超越代理权或代理权终止等情形，但对于非法转包、违法分包人和借用资质承揽建设工程的实际施工人来讲，其与承包人之间是平等主体之间的独立的工程施工合同关系，实际施工人是按照合同的约定负责建设工程的施工，不是根据承包人的授权或指派从事工程施工和管理。实际施工人履行与承包人订立的工程合同对外从事订立合同、签署工程签证、采购材料等民事行为，是其履行工程合同的行为，而非代理承包人实施的项目施工和管理行为，承包人对实际施工人实施的民事行为不承担任何责任。在上述案件中，最高人民法院明确认定华力公司的行为不构成表见代理，最终责任应当由华力公司自行承担。

案例索引 (2016)最高法民终110号民事判决书

23. 实际施工人可以中间层面的所有转包人（或违法分包人）和总承包（或专业分包、劳务分包）法律关系中的发包人共同作为被告主张权利

▶案情简介

金道公司、市环卫局将本案拆迁工程委托荔建公司承建，荔建公司与冯某某签订《拆迁工作承包合同》，约定案涉工程交由冯某某组织施工。后因荔建公司未足额支付工程款，冯某某遂以荔建公司、金道公司、市环卫局为被告提起本案诉讼。要求上述被告就欠付的工程款承担连带责任。

最高人民法院裁判观点

关于金道公司是否应当向冯某某承担责任的问题，《合同法》第五十八条规定，“合同无效或者被撤销后，因该合同取得的财产，应当予以返还；不能返还或者没有必要返还的，应当折价补偿”。本案中，荔建公司与冯某某

签订的《拆迁工作承包合同》,因冯某某不具备拆迁安置资质,故合同无效。由于本案所涉拆迁工程是由冯某某完成的,其完成的工程量无法适用返还,荔建公司应当按照《合同法》规定对其折价补偿。荔建公司在本院庭审中表示,除向冯某某收取一定比例的承包项目管理费外,该项目工程所产生的一切债权债务由冯某某承担,其中包括荔建公司与市环卫局、金道公司约定的调剂拆迁费及节余面积奖励。因此,冯某某有权起诉荔建公司,并向其提出扣除承包项目管理费之后的拆迁工程费用以及调剂拆迁费与节余面积奖励的诉讼请求。

金道公司、市环卫局是本案拆迁工程的委托人,具有相当于发包人的地位。原判参照《建设工程司法解释》第二十六条"实际施工人以转包人、违法分包人为被告起诉的,人民法院应当依法受理。实际施工人以发包人为被告主张权利的,人民法院可以追加转包人或者违法分包人为本案当事人。发包人只在欠付工程价款范围内对实际施工人承担责任"的规定,判决金道公司、市环卫局应在其欠付工程款的范围内向实际施工人冯某某承担责任,并无不当。

法律评析

从《建设工程司法解释》的表述来看,实际施工人自己所在法律关系中的向上层级的"发包人",采用的是"转包人或者违法分包人"的表述,故本条所指发包人只能是总承包(或专业分包、劳务分包)法律关系中的发包人。从而,依司法解释的字面含义,层层转包情形下,实际施工人可以中间层面的所有转包人(或违法分包人)和总承包(或专业分包、劳务分包)法律关系中的发包人共同作为被告主张权利。在最高人民法院的上述裁判中,也已经明确,实际施工人冯某某有权以荔建公司、金道公司、市环卫局为被告主张权利。

案例索引 最高人民法院(2013)民抗字第35号民事判决书

24. 包工头私刻承包人印章所签认的相关签证单不应对承包人产生法律效力

▶案情简介

重庆群洲公司承建案涉工程,2011 年 3 月 6 日,重庆群洲公司与周某签订《重庆群洲实业(集团)有限公司工程项目施工管理责任书》,约定周某不得以重庆群洲公司或工程项目部名义私刻各种印章。施工过程中,周某、李某聘请丁某带领的桩基队进场施工作业。后因案涉工程停工,2011 年 7 月 11 日,李某以重庆群洲公司新疆项目部的名义向丁某出具一份《误工赔偿清单》。嗣后,丁某就工程款及误工赔偿问题提起诉讼,诉讼中就案涉《误工赔偿清单》的真实性,应否以该《误工赔偿清单》担责发生争议。

最高人民法院裁判观点

(一)关于新疆项目部印章的真实性问题

2011 年 3 月 6 日,周某与重庆群洲公司签订的《重庆群洲实业(集团)有限公司工程项目施工管理责任书》第六条明确约定,周某不得以重庆群洲公司或工程项目部名义私刻各种印章;经阅卷还查明,2012 年 5 月 8 日,重庆市涪陵区公安局向一审法院发出《重庆市涪陵区公安局关于"周某、李某涉嫌伪造公司印章案"案件侦办的函》载明:"2011 年 3 月,犯罪嫌疑人周某、李某私刻了'重庆群洲实业(集团)有限公司印章''重庆群洲实业(集团)有限公司项目部印章''重庆群洲实业(集团)有限公司项目部材料专用章'共三枚印章";参考李某在重庆市涪陵区公安局的讯问笔录,其承认与周某共同伪造上述三枚印章以及周某具体找人刻制的事实;事后,重庆群洲公司对新疆项目部的印章亦不予追认。上述事实具有关联性,证明重庆群洲公司新疆项目部印章系周某私刻,并且没有证据证明重庆群洲公司同意周某刻制和使用新疆项目部印章,故对该印章的真实性不予确认。

（二）关于重庆群洲公司应否按照《误工赔偿清单》承担责任的问题

2011 年 7 月 11 日，李某以重庆群洲公司新疆项目部的名义向丁某出具一份《误工赔偿清单》，主要内容是：截至 2011 年 7 月 11 日，因停工给丁某桩基队造成损失共计 4 098 000 元，以上损失由公司承担，该清单上盖有重庆群洲公司新疆项目部印章和李某签名。经审查，首先，丁某提交的 2011 年 4 月 21 日重庆群洲公司授权李某为新疆项目部项目副经理的《项目经理授权委托书》上的重庆群洲公司法定代表人签字为“夏样宁”，与实际不符，重庆群洲公司否认李某系该公司员工，对李某的行为不予认可，对该清单上加盖的重庆群洲公司新疆项目部印章亦不认可。其次，周某和当时正在当地协助处理丁某桩基工程款的重庆群洲公司财务负责人瞿某均未在该清单上签字，有悖常理。最后，一审中，丁某提供《天津市塘沽金昌物流中心协议书》复印件 20 张，2012 年 11 月 29 日天津市塘沽金昌物流中心出具收到丁某支付的 8 台长螺旋钻机运费 118 万元的证明，盖具该单位财务专用章的收据原件 2 张以及《工资发放领取协议》1 份。上述证据应能证明丁某向天津市塘沽金昌物流中心支付 8 台长螺旋钻机运费 118 万元，但并无证据证明该款应由重庆群洲公司支付；丁某提供《工资发放领取协议》，拟证明其为桩基工程发放 2011 年 4 月 16 日至 2011 年 7 月 6 日工人工资 240 万元。由于桩基工程已经履行完毕，但《误工赔偿清单》中的误工出现在什么阶段，原因何在，是否是重庆群洲公司的原因无法确定。只有《误工赔偿清单》，缺乏与其相关联的证据予以佐证，原审以证据不足判决驳回丁某的诉讼请求并无不当，予以维持。

法律评析

实践中有部分包工头私刻项目部或承包人公司印章用于对外签订材料购买合同、项目分包合同或直接将私刻的印章用于与后手的工程量签证上，给承包人带来了严重的诉累甚至是巨大的经济损失。甚至出现部分包工头以上述印章进行民间借贷行为或直接与后手签订虚假的材料采购合同或虚假的工程量签证，然后唆使后手直接起诉承包人主张权利。如何防止包工头私刻项目部或公司印章给承包人带来巨大经济损失？如果承包人发现包工头有私刻公司或项目部印章的行为，应当立即向公安机关报案，固定包工头存在私刻公司印章这一涉嫌犯罪行为的重要证据。在上述案件中，重庆市涪陵区公安局向一审法院发出《重庆市涪陵区公安局关于"周某、李某涉嫌伪造公司印章案"案件侦办的函》对案件事实的查明起到了主要作用。同时，在本案中对于包工头所签认的《误工赔偿清单》仅为一份孤证，没有其他的关联证据予以佐证，法院最终没有采纳。

案例索引 最高人民法院(2014)民申字第216号民事裁定书

25. 依据《建设工程司法解释》第二十六条规定，发包人应当对欠付工程款的利息承担支付责任

▶案情简介

文山医院与云南三建签订的《施工合同》约定由云南三建承建案涉工程。随后，云南三建与云广公司签订施工合同，将上述《施工合同》的施工内容交由云广公司负责施工。嗣后，云广公司就工程款提起诉讼。诉讼中，双方就文山医院所欠付的工程款以及代付工程款部分应否计息产生争议。

最高人民法院裁判观点

关于工程款利息的计算问题，根据《建设工程司法解释》第十七条"当事人对欠付工程价款利息计付标准有约定的，按照约定处理；没有约定的，按照中国人民银行发布的同期同类贷款利率计息"以及第二十六条第二款"实际施工人以发包人为被告主张权利的，人民法院可以追加转包人或者违法分包人为本案当事人。发包人只在欠付工程价款范围内对实际施工人承担责任"的规定，文山医院与云广公司虽不是建设工程施工合同的当事人，但法律及司法解释允许实际施工人向发包人主张权利，实际上已经突破了合

同的相对性,而工程款利息属于法定孳息,故文山医院作为发包人也应予以支付。一审判决明确适用上述司法解释的规定认定文山医院应当支付工程款利息,二审判决也认可了一审判决的该项认定,仅是调整了工程款利息计算的截止时间,二审判决适用法律并无不当。文山医院以其与云广公司不存在合同关系为由,主张不应支付工程款利息,缺乏法律依据。

法律评析

《建设工程司法解释》第二十六条第二款规定,实际施工人以发包人为被告主张权利的,人民法院可以追加转包人或者违法分包人为本案当事人。发包人只在欠付工程价款范围内对实际施工人承担责任。对此,有人认为上述发包人承担责任的范围仅限于工程款本金,对于工程款利息不应适用上述规定。在上述案例中,最高人民法院明确认定法律及司法解释允许实际施工人向发包人主张权利,实际上已经突破了合同相对性,而工程款利息属于法定孳息,故实际施工人可以向发包人主张工程款利息。

案例索引 最高人民法院(2015)民申字第2088号民事裁定书

三

“黑白合同”与招标投标问题

1. 施工合同"黑白合同规则"的适用前提是黑白合同都有效

▶案情简介

2007年11月30日，万佳公司与达欣公司签订《补充协议》，约定由达欣公司承建案涉工程，《补充协议》签订后达欣公司进场施工。2007年12月14日双方又签订了《建设工程施工合同》，2007年12月13日万佳公司才向达欣公司发出《中标通知书》。现双方因工程款结算问题产生纠纷诉之法院，诉讼中就合同效力认定发生争议。

最高人民法院裁判观点

关于《建设工程施工合同》和《补充协议》的效力问题，万佳公司与达欣公司于2007年11月30日签订了《补充协议》，2007年12月14日双方又签订了《建设工程施工合同》，2007年12月13日万佳公司才向达欣公司发出《中标通知书》，可见，《补充协议》签订在先，《建设工程施工合同》签订在后。结合《中标通知书》发出的时间，完全可以证明双方在招投标之前进行过实质性接触并达成了一致意见，且双方在招投标前进行了图纸会审，标底已经事先泄露。万佳公司与达欣公司在招投标过程中恶意串通，损害了其他竞标者的合法利益，其签订的《建设工程施工合同》依据《合同法》第五十二条第(二)项、第(五)项，《招标投标法》第二十二条、第三十二条第二款的规定，应当认定为无效合同；《补充协议》因未经过依法招标程序，又未在行政部门予以备案，亦应归于无效。

万佳公司认为工程造价鉴定不采用《建设工程施工合同》约定的清单价作依据，导致鉴定结果不客观，违反了《建设工程司法解释》第二十一条的规定，但该条文的适用前提是备案合同、补充协议均为有效。显然，万佳公司对该条文的释义产生了误解。

法律评析

在建设工程的招投标实践中，发包人或承包人为了某种需要，在根据招投标文件签订中标合同之后，常常会签订一份或多份与中标合同内容不一致的合同，这就是建设施工领域内的“黑白合同”现象。“黑白合同规则”是指：在“黑白合同”同时存在的情形下，以“白合同”作为最终的结算依据，“黑合同”不能作为最终的结算依据。其主要依据《建设工程司法解释》第二十一条规定，当事人就同一建设工程另行订立的建设工程施工合同与经过备案的中标合同实质性内容不一致的，应当以备案的中标合同作为结算工程价款的根据。但是在上述司法解释中，对于“黑白合同”的效力问题采取了回避的态度，并没有对“黑白合同”的效力问题进行进一步阐述。同时，司法解释也没有规定“黑白合同规则”适用的前提是否应当是“黑白合同”均有效，或是“黑白合同”的效力不涉及“黑白合同规则”在司法实践中的适用。至今在司法实务界对此没有达成一个统一的认识，比较混乱。

对于“黑白合同规则”的适用前提必须是存在“黑白合同”。构成“黑白合同”应当具备如下两个条件：一是“白合同”签订在先，且必须依法进行了招投标程序；二是“黑合同”签订在后，且内容与投标文件和“白合同”的实质性内容不一致。对此，很多实务界人士认为，“黑白合同”现象存在两种可能：一种是“黑合同”在先，“白合同”在后；另一种是“白合同”在先，“黑合同”在后。笔者认为上述观点值得商榷。

在建设工程的招标投标过程中，往往存在在招标投标之前，招标人和投标人进行了充分和必要的洽谈，并就《建设工程施工合同》的主要内容予以确定，并签订了所谓的《〈建设工程施工合同〉补充协议书》，然后再进行招标投标程序，在招投标程序结束之后，双方再根据招标文件和投标文件所确定内容签订《建设工程施工合同》。即《〈建设工程施工合同〉补充协议书》签订在先，《建设工程施工合同》签订在后，且二者的实质性内容也不一致。很多学者认为，这种情况属于典型的“黑白合同”，且属于“黑合同”在先、“白合同”在后的情形。笔者认为，上述的理解是不妥当的，理由是：事实上，《招标投标法》严厉禁止在招标投标之前招标人和投标人就实质性内容进行接触和谈判。因为这已经严重破坏了招投标的本意，违反了招标投标的规则和程序，也损害了其他投标人的合法权益。根据《招标投标法》第五十五条的规定，依法必须进行招标的项目，招标人违反本法规定，与投标人就投标价格、投标方案等实质性内容进行谈判的，给予警告，对单位直接负责的主管人员和其他直接责任人员依法给予处分。前款所列行为影响中标结果的，中标无效。中标无效，依据中标结果所签订的《建设工程施工合同》当然属于无效合同。同时，根据《合同法》第五十二条第（二）项之规定，恶意串通，损害国家、集体或第三人利益的，合同无效。而在上述情形中，招标人和投标人恶意串通，事先就合同的实质性内容达成一致，也严重损害了其他投标人的合法利益，理应属于无效的民事行为，其所签订的合同应属无效。

因此，笔者认为本案中的《〈建设工程施工合同〉补充协议书》和《建设工程施工合同》均属于无效的合同。且由于《建设工程施工合同》并非按照《招标投标法》的程序依法签订，因此其与之前所签订的《〈建设工程施工合同〉补充协议书》并不构成“黑白合同”。

案例索引 最高人民法院（2013）民申字第350号民事裁定书

2. 对于应当进行招投标的项目，即使项目所在地建设行政主管部门同意直接发包，也不影响施工合同的无效性

▶案情简介

东方威尼斯公司就其自行投资的案涉商品房开发项目与中城建六局签订《建设工程施工合同》，约定由中城建六局承包建设案涉工程。当地建设行政主管部门同意采用直接发包的方式进行工程建设，随后中城建六局进

场施工,现已验收交接。嗣后,中城建六局就工程款提起诉讼,诉讼中就案涉合同效力的认定发生争议。

最高人民法院裁判观点

关于合同效力问题,东方威尼斯公司所举证据不足以证实案涉工程存在实际施工人借用资质挂靠施工的情形,二审判决对东方威尼斯公司关于案涉《建设工程施工合同》因借用资质施工而无效的主张未予支持并无不当。案涉工程虽系东方威尼斯公司自行投资的商品房开发项目,当地建设行政主管部门也同意采用直接发包的方式进行工程建设,但国家发展计划委员会《工程建设项目招标范围和规模标准规定》[①]第三条第(五)项明确规定商品住宅属于《招标投标法》第三条第一款第(一)项规定的关系社会公共利益、公众安全的必须进行招标的工程建设项目范围。因此,案涉工程建设项目必须进行招标而未招标,根据《建设工程司法解释》第一条第(三)项的规定,案涉《建设工程施工合同》无效。虽然案涉《建设工程施工合同》无效,但因案涉工程已经验收、交接,中城建六局请求参照施工合同的约定结算工程价款,应当获得支持,即本案施工合同的效力状况,并不影响工程款的结算,因此本案并不因二审判决对案涉《建设工程施工合同》的效力认定错误而予以再审。

法律评析

《建筑法》第十九条规定,建筑工程依法实行招标发包,对不适于招标发包的可以直接发包。但是在实践中,部分地方建设行政主管部门对于应当进行招投标的项目采取以审批的方式,将应当进行招投标的项目变通为直接发包。对于这种直接发包的施工合同效力如何认定呢?最高人民法院在上述裁判中明确认定,案涉工程虽系东方威尼斯公司自行投资的商品房开发项目,当地建设行政主管部门也同意采用直接发包的方式进行工程建设,但根据《工程建设项目招标范围和规模标准规定》第三条第(五)项明确规定

---

① 本规定已于2018年3月8日失效。

商品住宅属于必须进行招标的工程建设项目范围。因此,案涉工程建设项目必须进行招标而未招标,案涉《建设工程施工合同》无效。

案例索引 最高人民法院(2014)民申字第463号民事裁定书

3. 在项目招投标阶段,第三人与承包人签订的《居间合同》合法有效

▶案情简介

2004年5月14日,胡某与航空港总公司签订《居间合同》,约定由胡某为该公司在安徽省境内介绍建设工程,提供居间服务。双方约定居间报酬按签订施工合同总金额的5%支付。2006年11月,胡某获知芜湖联盛国际商业广场项目招标的信息后,促成了芜湖联盛置业发展有限公司将芜湖联盛国际商业广场项目工程发包给航空港总公司。嗣后,胡某因居间报酬及垫付款而提起诉讼,诉讼中就案涉合同及5%报酬的约定应否支持而产生争议。

最高人民法院裁判观点

胡某与航空港总公司于2004年5月14日签订的《居间合同》可以证明,双方当事人之间存在居间的民事法律关系。该合同第二条中明确约定了居间报酬为施工合同总金额的5%,并约定此后3~4年内,航空港总公司在安徽省境内承接的其他所有工程,均按该合同的第二条、第三条执行。该《居间合同》符合《合同法》第四百二十四条有关居间合同的规定。依照法律规定必须进行招投标的建设工程项目,建设方所发布的招标信息因受发布时间、地点、方式的制约而并非众所周知,因此向从事建设工程施工的企业或个人报告招标信息并撮合建设方与施工方通过洽商签订《建设工程施工合

同》是现实中客观存在的现象，且不属于法律禁止的行为。故一、二审判决认定案涉《居间合同》有效是正确的。

法律评析

居间合同，是指居间人向委托人报告订立合同的机会或者提供订立合同的媒介服务，委托人支付报酬的合同。在民法理论上，居间合同又称为中介合同或者中介服务合同。向他方报告订立合同的机会或者提供订立合同的媒介服务的一方为居间人，接受他方所提供的订约机会并支付报酬的一方为委托人。对于公开招投标的建设项目能否有居间合同的空间，对于公开招投标的建设项目居间人如何能够有证据证明其提供了居间服务，居间人能否证明其所提供的居间活动不违反法律规定？最高人民法院在上述案例中明确认定，该《居间合同》符合《合同法》第四百二十四条的规定，为有效合同。

案例索引 最高人民法院(2014)民提字第74号民事判决书

4. 适用《建设工程司法解释》第二十一条的前提条件是案涉工程属于必须进行招投标的工程

▶案情简介

2006年6月，华强房地产公司将阳光都市花园工程商住楼工程发包给南通六建公司施工。随后双方签订的《建设工程施工合同》约定，由南通六建公司承建案涉工程，但未约定工程款结算下浮比例。随后，南通六建公司进场施工，施工过程中双方就住宅楼工程部分签订《补充协议》、就商住楼工程部分签订《承诺书》，约定工程款结算下浮比例。嗣后，南通六建公司就工程款提起诉讼,诉讼中就案涉工程是否存在黑白合同等问题而产生争议。

最高人民法院裁判观点

关于住宅楼工程是否存在“黑白合同”问题,《建设工程司法解释》第二十一条规定,当事人就同一建设工程另行订立的建设工程施工合同与经过备案的中标合同实质性内容不一致的,应当以备案的中标合同作为结算工程价款的根据。适用该条的前提条件是工程属于必须进行招投标的工程。关于工程款结算,《建设工程施工合同》中虽未约定下浮比例,但在《中标通知书》中有比预算价下浮6.6%的约定。《中标通知书》是《建设工程施工合同》的组成部分,该下浮比例应视为双方对工程款结算的约定。其后,双方又签订两份《承诺书》,就下浮比例分别作出下浮10%和11%的约定,并约定,主合同与《承诺书》不一致的,以《承诺书》为准。南通六建公司在对本案提起诉讼前,单方制作的工程结算书即是按照《承诺书》中约定的2001年定额计算的工程价款。一审审理期间,在法院向其释明是否按照投标书及《建设工程施工合同》中约定的2004年定额重新对工程价款进行鉴定时,南通六建公司表示不需要重新鉴定。该公司以其行为表明《承诺书》中约定的工程款结算方式是当事人真实意思表示,亦是《建设工程施工合同》的有效组成部分。据此,原判决认定《建设工程施工合同》《承诺书》均是有效协议,并按照《承诺书》中约定的结算条款作为双方结算工程价款的依据并无不当。南通六建公司称与华强房地产公司就商住楼工程签订的《建设工程施工合同》与两份《承诺书》之间构成“黑白合同”关系缺乏事实与法律依据。

法律评析

《建设工程司法解释》第二十一条规定,当事人就同一建设工程另行订立的建设工程施工合同与经过备案的中标合同实质性内容不一致的,应当以备案的中标合同作为结算工程价款的根据。上述规定是“黑白合同”的认定依据,但仍有一部分人存在疑惑。很多人认为认定“黑白合同”的关键就在于是否进行了备案,以备案的合同为“白合同”,尚未备案的合同为“黑合同”。客观上,合同备案行为并不能增强合同的效力,合同的备案仅仅是当事人履行行政管理义务而已,与合同的效力无关。在最高人民法院上述裁判中,最高人民法院明确认定适用该条的前提条件是工程属于必须进行招投标的工程。如果合同没有经过招投标程序,就根本不存在“黑白合同”的基础。

案例索引 最高人民法院(2014)民申字第90号民事裁定书

5. 备案的施工合同并不具有优先适用的属性

▶案情简介

2003年9月10日,恒升公司与临潼公司签订《建设工程施工合同》,约定由临潼公司承包建设恒升大厦工程项目,施工合同于2004年4月5日在西安市城乡建设委员会备案。备案合同上存在恒升公司何某某书写的29-3条款。2006年,双方因案涉工程产生纠纷诉至法院,恒升公司认为应当以备案合同作为结算依据,临潼公司则认为应以没有29-3条款的施工合同作为结算依据。随之,双方发生争议。

最高人民法院裁判观点

关于案涉工程应以哪个《建设工程施工合同》文本作为结算依据的问题,恒升公司与临潼公司于2003年9月10日签订《建设工程施工合同》,2004年4月5日在西安市城乡建设委员会进行了备案。双方当事人在一审举证期限内向一审法院提供的《建设工程施工合同》文本内容是一致的,即没有29-3条款的内容。《建设工程司法解释》第二十一条规定,当事人就同一建设工程另行订立的建设工程施工合同与经过备案的中标合同实质性内容不一致的,应当以备案的中标合同作为结算工程价款的根据。该条是指当事人就同一建设工程签订两份不同版本的合同,发生争议时应以备案的中标合同作为结算工程价款的依据,而不是指以存档合同文本为依据结算工程价款。恒升公司提交的西安市城市建设档案馆存档的《建设工程施工合同》文本,该合同文本上的 29 -3 条款是恒升公司何某某书写的,没有证据证明该条款系经双方当事人协商一致。故应以一审举证期限届满前双方提交的同样内容的《建设工程施工合同》文本作为本案结算工程款的依据。一审判决仅凭招投标补办手续档案中有临潼公司向恒升公司出具的《法人代表授权委托书》,认定备案合同手续是由临潼公司工地代表张某某办理并按恒升公司提交的存档合同文本作为工程价款结算根据,缺乏事实和法律依据,本院应予纠正。

法律评析

《建设工程司法解释》第二十一条规定:"当事人就同一建设工程另行订立的建设工程施工合同与经过备案的中标合同实质性内容不一致的,应当以备案的中标合同作为结算工程价款的根据。"据此,很多人认为备案合同应当具有优先适用的属性,在备案合同与未备案合同不一致时应当优先适用备案合同。笔者对此并不认同,施工合同的备案仅仅是当事人履行的行政管理义务而已,备案并不能增强合同的效力。上述司法解释的来源是《招标投标法》第四十六条的规定,即招标人和中标人不得再行订立背离合同实质性内容的其他协议。笔者认为,根据上述《建设工程司法解释》和《招标投标法》的规定,备案的中标合同才具有优先适用的属性,而非备案合同。最高人民法院在上述案例中也明确认定,当事人就同一建设工程签订两份不同版本的合同,发生争议时应以备案的中标合同作为结算工程价款的依据,而不是以存档合同文本为依据结算工程价款。

案例索引 最高人民法院(2007)民一终字第 74 号民事判决书

6. 招投标文件和中标通知书中没有约定让利，施工合同的让利约定不应予以支持

▶案情简介

2007 年 12 月 1 日，华远公司与中铁兴都公司签订的《建设工程施工合同》约定，由中铁兴都公司中标承建案涉工程，合同中还约定中铁兴都公司向华远公司让利结算工程款的 2%，而中标文件及中标通知中均无工程款让利的约定。嗣后，中铁兴都公司就欠付工程款问题提起诉讼，诉讼中就工程款结算应否让利发生争议。

最高人民法院裁判观点

关于合同约定的 2% 工程款让利是否应从应付工程款中扣除的问题，虽然双方签订的《建设工程施工合同》中有关于中铁兴都公司向华远公司让利结算工程款的 2% 的约定，但在中标文件以及中标通知中均没有关于让利的内容。《建设工程施工合同》中约定的让利条款实际上改变了中标文件对工程价款的约定，构成了对中标文件内容的实质性改变，根据《建筑法》第十八条以及《招标投标法》第四十五条、第四十六条的规定，该约定应属无效，故对此不应从工程款中进行扣除，一审判决的认定是正确的。

法律评析

《招标投标法》第四十六条规定，招标人和中标人应当自中标通知书发出之日起三十日内，按照招标文件和中标人的投标文件订立书面合同。招标人和中标人不得再行订立背离合同实质性内容的其他协议。这也就是说，中标合同的签订必须与招投标文件实质性内容一致，否则就是对中标文件的实质性变更，属于明显的“黑白合同”。在上述案例中最高人民法院明

确认定，在中标文件以及中标通知中均没有关于让利的内容，《建设工程施工合同》中约定的让利条款实际上改变了中标文件对工程价款的约定，构成了对中标文件内容的实质性改变，该约定应属无效。

案例索引 最高人民法院(2014)民一终字第259号民事判决书

7. 招标人和中标人背离招投标文件实质性内容所签订的协议不应认定为无效协议

▶案情简介

麟凯公司于2005年11月17日公开招标，于2005年10月17日与乾荣公司签订《建设工程施工合同》，约定由乾荣公司承建案涉工程。嗣后，乾荣公司就欠付工程款问题而提起诉讼，诉讼中就案涉合同效力认定问题发生争议。

最高人民法院裁判观点

《招标投标法》第四十六条第一款规定，招标人和中标人应当自中标通知书发出之日起三十日内，按照招标文件和中标人的投标文件订立书面合同；招标人和中标人不得再行订立背离合同实质性内容的其他协议。违反该规定的，《招标投标法》在第五十九条中规定责令改正，可以处中标项目金额千分之五以上千分之十以下的罚款，但并无相应条款规定招标人和中标人订立的合同无效。可见，《招标投标法》第四十六条第一款规定系从行政管理角度规范招标人和中标人在公开开标后订立合同的要求，属于管理性强制性规定，而非效力性强制性规定。据此，上述《建设工程施工合同》与《中标通知书》不一致，虽然违反该规定，但不必然无效，二审判决认定有效，适用法律亦无不当。乾荣公司申请再审提出无效的理由，缺乏事实和法律依据，不能成立。

法律评析

对于“黑白合同”的效力问题，《招标投标法》第四十六条规定，招标人和中标人应当自中标通知书发出之日起三十日内，按照招标文件和中标人的投标文件订立书面合同；招标人和中标人不得再行订立背离合同实质性内容的其他协议。《建设工程司法解释》第二十一条规定，当事人就同一建设工程另行订立的建设工程施工合同与经过备案的中标合同实质性内容不一致的，应当以备案的中标合同作为结算工程价款的依据。但是上述规定并没有对“黑合同”的效力进行明确的规定。在上述案例中，最高人民法院明确认定，《招标投标法》第四十六条第一款规定系从行政管理角度规范招标人和中标人在公开开标后订立合同的要求，属于管理性强制性规定，而非效力性强制性规定。据此，上述《建设工程施工合同》与《中标通知书》不一致，虽然违反该规定，但不必然无效。

案例索引 最高人民法院(2015)民申字第280号民事裁定书

8. 不属于必须进行招标的项目，标前合同应认定为有效合同

▶案情简介

麟凯公司与乾荣公司于2005年10月17日签订一份《建设工程施工合同》，主要约定麟凯公司将案涉工程发包给乾荣公司施工，合同价款为1900万元，合同工期为396天。从乾荣公司提供的《中标通知书》来看，麟凯公司于2005年11月17日才公开开标，于2005年11月23日才通知乾荣公司以19 465 735.3元中标该工程施工，工期为760天。嗣后，乾荣公司就欠付工

程款问题提起诉讼，诉讼中就案涉合同效力问题及已完工程造价认定问题发生争议。

最高人民法院裁判观点

关于二审判决《建设工程施工合同》有效是否正确的问题，依照《合同法》第五十二条及《最高人民法院关于适用〈中华人民共和国合同法〉若干问题的解释（二）》第十四条规定，违反法律、行政法规效力性强制性规定的合同无效。从时间上看，《建设工程施工合同》在《中标通知书》前签订。《招标投标法》第四十三条规定：“在确定中标人前，招标人不得与投标人就投标价格、投标方案等实质性内容进行谈判。”违反该规定的，对属于《招标投标法》第三条规定必须进行招标的建设项目，《招标投标法》在第五十五条中规定中标无效，但对不属于《招标投标法》第三条规定必须进行招标的建设项目，《招标投标法》中并无相应条款规定中标无效。可见，《招标投标法》第四十三条规定系从行政管理角度规范招标人在公开开标前订立合同的要求，属于管理性强制性规定，并非效力性强制性规定。而本案工程既非大型基础设施、公用事业等关系社会公共利益、公众安全的项目，亦非全部或者部分使用国有资金投资或者国家融资的项目，更非使用国际组织或者外国政府贷款、援助资金的项目，即不属于《招标投标法》第三条规定必须进行招标的建设项目。据此，上述《建设工程施工合同》在《中标通知书》前签订，虽然违反《招标投标法》第四十三条规定，但不必然无效，二审判决认定有效，适用法律并无不当。乾荣公司申请再审提出无效的理由，缺乏事实和法律依据，不能成立。

法律评析

《招标投标法》第四十三条规定，在确定中标人前，招标人不得与投标人就投标价格、投标方案等实质性内容进行谈判。《招标投标法》第五十五条规定，依法必须进行招标的项目，招标人违反本法规定，与投标人就投标价格等实质性内容进行谈判的，影响中标结果的，中标无效。根据上述规定，确定中标合同无效必须满足两个前提：一是招标人和投标人在确定中标人之前就项目实质性内容进行了谈判;二是案涉项目按照国家计委3号令属于强制招标的范畴。否则,就不应认定合同无效。在上述案例中,最高人民法院明确认定《招标投标法》第四十三条规定系从行政管理角度规范招标人在公开开标前订立合同的要求,属于管理性强制性规定,并非效力性强制性规定。且本案工程不属于《招标投标法》第三条规定必须进行招标的建设项目。据此,上述《建设工程施工合同》在《中标通知书》前签订,虽然违反《招标投标法》第四十三条规定,但不必然无效。

案例索引 最高人民法院(2015)民申字第280号民事裁定书

9.《建设工程司法解释》第二十一条的适用建立在备案的中标合同有效的前提之下

▶案情简介

2005年,圣华建设公司与环球房产公司签订《a、d标段工程施工补充合同》,约定承包范围、方式、价款等内容。2006年3月6日,双方又通过招投标程序就d标段签订了《建设工程施工合同》,并办理了备案手续。嗣后,圣华建设公司就工程款支付等相关问题提起诉讼,诉讼中就案涉工程款结算依据等问题发生争议。

最高人民法院裁判观点

本案应以《a、d标段工程施工补充合同》还是以《建设工程施工合同》作为结算依据?对此,法院认为:第一,2005年圣华建设公司与环球房产公司已经签订了《a、d标段工程施工补充合同》,约定了承包范围、方式、价款等内容,并约定分标段施工合同书于办理开工手续前分别签订,若分标段施工合同书与本施工合同书有关工程取费标准和工程款支付两项内容有相异之处,均以本合同书为准。2006 年 3 月 6 日,双方又通过招投标程序就 d 标段签订了《建设工程施工合同》,并办理了备案手续。由此可见,双方在进行招投标之前就已经对案涉工程进行了实质性内容的磋商,招投标只是双方根据主管部门的要求履行的形式上的手续。双方的上述行为明显违反了《招标投标法》的强制性规定,所签订的《建设工程施工合同》及《a、d 标段工程施工补充合同》均应认定为无效。第二,鉴于《a、d 标段工程施工补充合同》系双方真实意思表示,并已实际履行,且一审审理期间,双方均认可案涉工程款的取费标准和工程款支付均按照《a、d 标段工程施工补充合同》的约定进行,故本案应以《a、d 标段工程施工补充合同》作为结算的参照。第三,圣华建设公司提出,按照《建设工程司法解释》第二十一条规定,应以备案的中标合同即《建设工程施工合同》作为结算依据。然而,该司法解释第二十一条的适用是建立在备案的中标合同有效的前提之下,如果因招标、投标违法导致中标无效,即使中标的合同经过有关部门备案,该合同仍然不能作为结算工程价款的法定依据。圣华建设公司提出的以备案合同作为结算依据的上诉请求,于法无据,与事实相悖,本院不予支持。

法律评析

《建设工程司法解释》第二十一条规定,当事人就同一建设工程另行订立的建设工程施工合同与经过备案的中标合同实质性内容不一致的,应当以备案的中标合同作为结算工程价款的依据。上述条款并没有涉及合同的效力问题,即是否要求备案的中标合同必须是有效的合同,还是不论备案的中标合同的是否有效均应适用。在上述案例中,最高人民法院明确认定按照该司法解释第二十一条规定,应以备案的中标合同即《建设工程施工合同》作为结算依据。但是,第二十一条的适用,是建立在备案的中标合同有效的前提之下,如果因招标、投标违法导致中标无效,即使中标的合同经过有关部门备案,该合同仍然不能作为结算工程价款的法定依据。

案例索引 最高人民法院(2013)民一终字第 117 号民事判决书

10. 不应以建设项目未取得施工许可或审批而否认招投标活动的效力

▶案情简介

2010年9月15日，台江公司对福机BT项目进行公开招标，并与招标代理机构建信公司共同作出福机BT项目的《招标文件》。广厦公司中标，而台江公司于2010年12月14日通知取消广厦公司中标资格。现广厦公司就此提起诉讼，要求台江公司退还投标保证金及支付前期费用。

最高人民法院裁判观点

关于中标通知书的效力问题，根据《最高人民法院关于适用〈中华人民共和国合同法〉若干问题的解释（二）》第十四条、《合同法》第五十二条第（五）项之规定，确认民事合同无效，应以效力性强制性法律、行政法规规定为法律依据。《建筑法》第七条、《招标投标法》第九条关于建筑工程开工前建设单位应当申请领取施工许可证、招标项目应当先履行审批手续等规定，属于管理性的强制性规定，而并非对招投标行为及中标合同的效力性强制性规定。广厦公司以案涉项目公开招标时不具备国有土地使用权证、规划许可证等，违反了《建筑法》《招标投标法》等法律规定为由，主张案涉中标通知书无效，缺乏法律依据，本院不予支持。一审判决依据中标通知书，认定广厦公司、台江公司之间就案涉项目确立合同关系正确。本案双方当事人的权利义务，应依据台江公司的《招标文件》、广厦公司的《投标文件》、中标通知书及相关证据予以认定。

法律评析

《建筑法》第七条规定，建筑工程开工前，建设单位应当按照国家有关规定向工程所在地县级以上人民政府建设行政主管部门申请领取施工许可证。《招标投标法》第九条规定，招标项目按照国家有关规定需要履行项目审批手续的，应当先履行审批手续，取得批准。如果项目在招投标之前没有履行相应的审批手续，中标合同或中标通知书的效力如何？在上述案例中，最高人民法院认定《建筑法》第七条、《招标投标法》第九条关于建筑工程开工前建设单位应当申请领取施工许可证、招标项目应当先履行审批手续等规定，属于管理性强制性规定，而并非对招投标行为及中标合同的效力性强制性规定。广厦公司以案涉项目公开招标时不具备国有土地使用权证、规划许可证等，违反了相关法律规定为由，主张案涉中标通知书无效，缺乏法律依据，不予支持。

案例索引 最高人民法院(2014)民一终字第155号民事判决书

11. 实际施工人与承包人签订的施工合同不应认定为"黑合同"

▶案情简介

2007年，倪黄庄村委会对讼争工程进行招标，华北建设公司中标，双方签订《天津市建设工程施工合同》。同年8月8日，华北建设公司与诚益投资公司签订《倪黄庄村民公寓楼工程施工合同》，将工程转包给诚益投资公司。同年9月11日，诚益投资公司、华北建设公司、林州采桑公司签订《协议书》，将完成少量施工任务的诉争工程再次转包给林州采桑公司。嗣后，林州采桑公司提起诉讼，诉中就案涉协议书效力认定、工程价款结算依据问题发生争议。

最高人民法院裁判观点

林州采桑公司认为诚益投资公司与华北建设公司订立的施工合同背离了倪黄庄村委会与华北建设公司订立的中标备案的施工合同的实质性内

容,属“黑合同”,应当按照《中标通知书》及招投标文件记载内容结算的观点不能成立。《招标投标法》第四十六条规定的“黑白合同”,仅指招投标阶段由招标人与中标人订立的“背离合同实质性内容的其他协议”,合同主体为招标人和中标人,内容为背离中标合同实质性内容的约定。本案合同不属于上述情况,故林州采桑公司就此提出的观点不成立。

法律评析

对于“黑白合同”的认定,《招标投标法》第四十六条规定,招标人和中标人应当自中标通知书发出之日起三十日内,按照招标文件和中标人的投标文件订立书面合同。招标人和中标人不得再行订立背离合同实质性内容的其他协议。据此,有人认为实际施工人与承包人签订的工程施工合同与招投标文件不一致,也应当认定为“黑合同”。笔者认为,根据上述规定构成“黑白合同”不仅在内容上要符合上述条件,而且在主体上也仅限定在发包人与承包人之间。因此,承包人与实际施工人所签订的施工合同不应属于“黑白合同”的范畴。在上述案例中,最高人民法院明确认定《招标投标法》第四十六条规定的“黑白合同”,仅指招投标阶段由招标人与中标人订立的“背离合同实质性内容的其他协议”,本案的主体与其规定不符,不属于《招标投标法》第四十六条规定的“黑白合同”。

案例索引 最高人民法院(2014)民申字第952号民事裁定书

12. 以标前合同作为双方履行合同的依据,备案的中标合同不作为双方履行合同的依据

▶案情简介

2006年12月28日,江苏一建与金汇公司经过反复磋商签订了一份《建

设工程施工合同》,约定按实际发生工程量、采用可调价格方式确定工程价款。2007年1月8日,江苏一建与金汇公司又在原合同基础上签订一份《金源花苑商住楼工程施工补充协议书》,约定:工程价款的结算方法按江苏省建筑工程预算定额(2004)下浮12.8%。双方达成协议后,金汇公司才开始招标,江苏一建中标。中标后,江苏一建与金汇公司在2007年4月28日和2007年6月4日(该合同上签订日期为2007年4月26日)分别签订两份《建设工程施工合同》,并对该两份合同进行了备案。双方因工程款支付问题起诉到法院,诉讼中就案涉工程结算依据认定而产生争议。

最高人民法院裁判观点

本案所涉工程应以中标前签订的合同还是以备案合同作为结算依据?本案中,双方并没有按照备案合同履行,在实际履行中,江苏一建并未主张金汇公司按照备案合同于开工前7日预付合同价款总额的10%,相反在申报工程形象进度预算书及申请鉴定工程造价时,江苏一建均依据中标前双方签订的《建设工程施工合同》及《金源花苑商住楼工程施工补充协议书》,而金汇公司也按江苏省建筑工程预算定额(2004)下浮12.8%的标准审核。这种招投标前招标方与竞标人就已对案涉工程合同的实质性条款进行协商,达成协议后才开始招标,招标前签订协议的竞标人不出意外地中标,而中标后签订的合同仅用作备案,双方实际履行的还是中标前签订的合同的所谓招投标行为,不符合公开、公平、公正的招投标原则,是典型的虚假招投标行为,不应认定为有效。故原审据此认定金汇公司与江苏一建存在虚假招投标行为,由此签订的备案合同无效有充分的事实依据和法律依据。因双方在中标之前签订的《建设工程施工合同》及其补充协议已经履行完毕,原审将其作为双方工程款结算的依据是正确的。江苏一建关于二审认定虚假招投标没有事实及法律依据的申请再审理由不成立。

法律评析

《建设工程司法解释》第二十一条规定,当事人就同一建设工程另行订立的建设工程施工合同与经过备案的中标合同实质性内容不一致的,应当以备案的中标合同作为结算工程价款的依据。以中标的备案合同作为发包人与承包人工程价款的结算依据已经成为一种共识，但如果这种备案的中标合同不是当事人的真实意思表示，仅仅是为了履行备案手续而已，而且这种备案的中标合同已经被法院认定无效，此时备案的中标合同能否继续作为结算依据呢？在上述案例中，最高人民法院认定这种招投标前双方已对案涉工程合同的实质性条款进行协商，之后进行的招投标只是一个形式，签订的合同也仅为备案所需，这不符合公开、公平、公正的招投标原则，是典型的虚假招投标行为，不应认定为有效。且双方在中标之前签订的《建设工程施工合同》及其补充协议已经履行完毕，应将其作为双方工程款结算的依据。

案例索引 最高人民法院(2013)民申字第01498号民事裁定书

13. 中标合同与招投标文件不一致，应当以招投标文件和中标通知书作为结算依据

▶案情简介

2006年，二建公司通过招投标程序中标承建新星公司发包的案涉工程，双方签订施工合同。该协议中有关工程价款、工程质量的约定与经过备案的招投标文件内容不一致，也未经备案。嗣后，二建公司以新星公司拖欠工程款为由提起诉讼，诉讼中就案涉工程款结算是依据施工合同还是招投标文件而产生争议。

最高人民法院裁判观点

《招标投标法》第四十六条第一款规定，招标人和中标人应当自中标通知书发出之日起三十日内，按照招标文件和中标人的投标文件订立书面合

同。招标人和中标人不得再行订立背离合同实质性内容的其他协议。上述规定属于法律的强制性规定。所谓"背离合同实质性内容",是指在工程价款、工程期限以及工程质量等内容方面有所违背,而不是一般的合同内容变更或者其他条款的修改。本案新星公司与二建公司在工程招投标后签订的施工合同,有关工程价款、工程质量的约定与经过备案的招投标文件内容不一致,属于招标人和中标人再行订立的背离合同实质性内容的其他协议。该合同违反了《招标投标法》第四十六条的强制性规定,应认定为无效合同。施工合同未经备案,只是二审判决认定本案不存在备案的中标合同的理由,并非否定合同效力的理由。因施工合同违反法律的强制性规定而无效,二审判决依据备案的招投标文件结算工程价款,并无不当。

合同采取要约与承诺的方式订立,招标的法律性质为要约邀请,而投标的法律性质为要约,中标属于承诺。《施工招标文件》第 3.1 条关于以优惠率形式报价的规定,已由新星公司和二建公司通过投标与中标达成合意,共同确认合同价格为工程总造价的优惠率 8.5%,该约定对双方当事人具有合同约束力,故投标和中标文件设定的优惠率是双方工程价款的结算依据。新星公司关于优惠率只是报价方式、缺乏合同依据的申请再审主张,不应支持。二建公司与另一公司签订的《联合施工协议》与本案不是同一法律关系,不能否定本案二建公司与新星公司之间应以招投标文件确定的优惠率来结算工程价款。

《建设工程司法解释》第二十一条规定,当事人就同一建设工程另行订立的建设工程施工合同与经过备案的中标合同实质性内容不一致的,应当以备案的中标合同作为结算工程价款的根据。该条解释的内容是"黑白合同"的认定问题。由于本案不存在备案的中标合同("白合同"),新星公司与二建公司签订的施工合同就不属于一般意义上的"黑合同",故二审判决并未适用上述司法解释第二十一条的规定来认定施工合同无效,不存在新星公司申请再审所主张的适用法律错误的情形。上述司法解释第二十二条规定,当事人约定按照固定价结算工程价款,一方当事人请求对建设工程造价进行鉴定的,不予支持。该条规定的适用,以按照固定价结算工程价款的合同有效为前提。本案新星公司与二建公司签订的施工合同是违反招标投标法强制性规定的无效合同，故本案不应适用上述司法解释第二十二条的规定。

法律评析

《建设工程司法解释》第二十一条规定，当事人就同一建设工程另行订立的建设工程施工合同与经过备案的中标合同实质性内容不一致的，应当以备案的中标合同作为结算工程价款的根据。而现在的问题有两个：一是中标合同与招投标文件的实质性内容并不一致，在此情形下能否仍以中标合同作为结算依据呢？二是中标合同内容与招投标文件的实质性内容并不一致，在此情形下中标合同的效力如何？笔者认为，根据《合同法》的相关规定，合同采取要约与承诺的方式订立，招标的法律性质为要约邀请，而投标的法律性质为要约，中标属于承诺。只要中标通知书一经发出合同则成立。因为招投标文件和中标通知书也是书面形式，也是合同的组成部分。因此，如果双方签订的中标合同的实质性内容与招投标文件不一致，应当以招投标文件和中标通知书作为结算依据。对此，最高人民法院明确认为，关于以优惠率形式报价的规定，已由新星公司和二建公司通过投标与中标达成合意，共同确认合同价格为工程总造价的优惠率 8.5%，该约定对双方当事人具有合同约束力，故投标和中标文件设定的优惠率是双方工程价款的结算依据。因施工合同违反法律的强制性规定而无效，所以应依据备案的招投标文件结算工程价款。

另外，关于在此情形下中标合同的效力问题，由于合同法司法解释并没有将上述情形归属于合同无效的情形之列，大家对此类合同效力并没有一致意见。最高人民法院认定《招标投标法》第四十六条属于法律的强制性规定。所谓“背离合同实质性内容”，是指在工程价款、工程期限以及工程质量等内容方面有所违背，而不是一般的合同内容变更或者其他条款的修改。本案新星公司与二建公司在工程招投标后签订的施工合同就属于招标人和中标人再行订立的背离合同实质性内容的其他协议，应认定为无效合同。

还有，最高人民法院明确认定适用《建设工程司法解释》第二十二条的前提条件是按照固定价结算工程价款的合同有效，如果该合同是无效的，则不能适用该条款。本案新星公司与二建公司签订的施工合同是违反《招标投标法》强制性规定的无效合同，故本案不应适用上述司法解释第二十二条的规定。

对此，笔者提出几点困惑：由于以固定价格进行结算的条款属于合同的结算条款，如果因合同的无效而放弃适用，《建设工程司法解释》第二条又当如何理解？因为，该司法解释第二条的本意是即使合同无效，还应当按照合同的约定进行工程价款结算。如果因合同的无效而放弃适用，那又该如何确定合同的结算依据呢？

案例索引 最高人民法院(2013)民申字第876号民事裁定书

14. 因客观情形发生变化，补充协议与中标合同实质性内容不一致的，补充协议不应认定为“黑合同”，且应以补充协议作为双方的结算依据

▶案情简介

发包人巨源公司与承包人铁龙公司于2008年7月15日经招投标程序订立《建设工程施工合同》并备案，其后，双方于2008年7月26日签订《建筑工程施工补充协议书》，就工期、工程价款等内容作出与备案合同不同的约定。2010年5月25日，双方签订《补充协议书》，约定根据实际情况，协商确定材料价格、人工费调整等内容。后铁龙公司提起诉讼，要求巨源公司依据铁龙公司发出的竣工结算书支付工程款。

最高人民法院裁判观点

本案中，巨源公司与铁龙公司于2008年7月15日签订的《建设工程施工合同》是经招投标程序而订立的中标合同且已备案，二审判决认定该合同

合法有效正确。在《建设工程施工合同》备案后，巨源公司与铁龙公司于2008年7月26日签订《建筑工程施工补充协议书》，此时案涉工程的客观情况未发生根本性变化，双方当事人对工期、工程价款等内容作出与备案合同不同的约定，系对备案合同进行了实质性变更，违反了《招标投标法》第四十六条第一款“招标人和中标人应当自中标通知书发出之日起三十日内，按照招标文件和中标人的投标文件订立书面合同。招标人和中标人不得再行订立背离合同实质性内容的其他协议”的规定，根据《合同法》第五十二条第（五）项的规定，该协议应为无效合同。而巨源公司与铁龙公司根据合同履行的实际情况，经协商确定材料价格、人工费调整等主要内容于2010年5月25日签订的《补充协议书》，系双方当事人的真实意思表示，并不违反法律、行政法规的强制性规定，二审判决认定该《补充协议书》合法有效，并无不当。

法律评析

《建设工程司法解释》第二十一条规定，当事人就同一建设工程另行订立的建设工程施工合同与经过备案的中标合同实质性内容不一致的，应以备案的中标合同作为双方的结算依据。但在施工合同签订后或在履行过程中，因为履行合同的客观条件发生变化，发包人与承包人经过协商就原合同的结算条款进行了变更或补充。上述的客观条件主要包括了设计变更、不可抗力、重大误解和情势变更等。在此情形下，补充协议能否被认定为“黑合同”，能否作为双方的结算依据？客观上，并非所有的在中标备案合同之外所签订的其他协议都不能作为结算依据，不能作结算依据是因为该补充协议与中标备案合同的约定不一致且此变更无法律上的充分理由。在上述案件中，最高人民法院明确认定巨源公司与铁龙公司根据合同履行的实际情况，于2010年5月25日签订的调整部分内容的《补充协议书》，系双方当事人的真实意思表示，并不违反法律、行政法规的强制性规定，因此是合法有效的。

案例索引 最高人民法院(2012)民申字第754号民事裁定书

四

工程价款优先受偿权

1. 商品房附属人防工程，承包人依旧对其享有工程价款的优先受偿权

►案情简介

广佳欣公司就案涉地下室工程与博坤公司签订《施工合同》，约定由博坤公司承建该地下室。嗣后，因广佳欣公司未依约支付工程款，博坤公司遂提起本案诉讼。诉讼中，广佳欣公司认为，博坤公司施工的地下室属于人防工程，不宜折价拍卖，工程没有竣工，博坤公司撤离工地失去占有，故博坤公司不能享有和行使优先受偿权。

最高人民法院裁判观点

本案争议焦点为：博坤公司是否享有优先受偿权。

根据《人民防空法》第十八条、第二十二条、第二十六条规定，人防工程只是对相关建筑工程在战时及紧急状态下确保能够发挥特定用途有特别要求，但其经济价值和可交易属性是应当受到法律保护的。广佳欣公司上诉认为，博坤公司施工的地下室属于人防工程且该部分工程不宜折价拍卖，没有法律依据。至于工程是否竣工、承包人是否保持对建设工程的占有，均非承包人依据《合同法》第二百八十六条主张优先受偿权的法定前提条件。综上，广佳欣公司有关博坤公司不能享有和行使优先受偿权的上诉主张，没有法律依据，本院不予支持。

法律评析

工程价款的优先受偿权是保护承包人的一把“利剑”，但是在司法实践过程中实现工程价款的优先受偿经常会碰到诸多困难。关于工程价款的优先受偿权，《合同法》第二百八十六条明确规定，发包人逾期不支付的，除按

照建设工程的性质不宜折价、拍卖的以外，承包人可以与发包人协议将该工程折价，也可以申请人民法院将该工程依法拍卖。建设工程的价款就该工程折价或者拍卖的价款优先受偿。

到目前为止，法律、法规或最高人民法院的司法解释并没有明确规定哪类工程属于不宜折价、拍卖的范畴。对此很多司法人员或律师都认为，由于人防工程本身是无法办理产权证书的，其属于不宜折价、拍卖的范畴，因此承包人不能对人防工程享有工程价款优先受偿权。

笔者认为，承包人对人防工程享有工程价款的优先受偿权。

虽然人防工程无法办理相关的产权证书，但不能否认其包含着巨大的经济利益。特别是有的人防工程就在市中心的商业区，虽然无法办理相关的产权证书，但并不影响其带来的巨大经济收益，其出租权或经营权也完全可以进行拍卖或折价。

案例索引 最高人民法院(2014)民一终字第61号民事判决书

---

2. 施工合同无效，工程价款优先受偿权仍应当受到法律保护

▶案情简介

东阳公司与康福公司签订《建设工程施工合同》，双方约定由东阳公司承建案涉工程。嗣后，东阳公司以康福公司未依约支付工程款为由提起本案诉讼，并就案涉工程款主张工程价款优先受偿权。诉讼中，康福公司则认为，案涉合同系无效合同，主张东阳公司对工程款不享有优先权。

最高人民法院裁判观点

双方当事人二审争议焦点为：东阳公司是否就案涉工程享有工程款的优先受偿权。法院认为，工程款优先权是《合同法》第二百八十六条赋予建

设工程施工方的一项法定优先权,目的是保障施工方能够及时取得工程款。双方签订的《建设工程施工合同》被认定无效,并非排除适用《合同法》第二百八十六条的条件。只要工程款数额确定且不违反法律规定,施工方的优先权即受法律保护。康福公司以案涉建设工程施工合同无效为由,主张东阳公司对工程款不享有优先权的上诉主张不能成立,不予支持。

法律评析

2002 年 6 月,最高人民法院颁布了《关于建设工程价款优先受偿权问题的批复》,对于施工单位的工程价款优先权的实现作了诸多规定。但是,在此规定中并没有明确施工合同的有效是否是实现工程价款优先权的前提条件。所以在实践中,施工单位工程价款优先权的实现是否必须以施工合同有效为前提一直以来颇有争议。《2015 年全国民事审判工作会议纪要》第五十三条便对此进行了表述:第一种意见是建设工程施工合同无效,但建设工程经竣工验收合格,实际施工人请求对承建的建设工程享有优先受偿权的,应予以支持。第二种意见是建设工程施工合同无效,实际施工人请求对承建的建设工程享有优先受偿权的,不予支持。

笔者认为,双方签订的《建设工程施工合同》无效,工程价款的优先受偿权仍应当得到法律保护。如果合同无效,除解决合同争议的条款之外,其他的条款均无效。但是,根据建设工程施工合同示范文本的约定,工程价款的优先受偿权并不在合同约定的范围之内,示范文本中没有工程价款优先受偿权的相关条款。工程价款优先受偿权的来源是《合同法》第二百八十六条的规定,是法定的。工程价款的优先受偿权并非来源于合同,即是非约定的。同时,《合同法》和最高人民法院的司法解释并没有将合同有效作为实现工程价款优先权的前提条件。

案例索引 最高人民法院(2014)民一终字第 108 号民事判决书

3. 工程分包人、实际施工人有权主张工程价款的优先受偿权

▶案情简介

沙伯公司作为发包人将工程依法发包给三星公司，三星公司将该工程交由土木公司进行施工。嗣后，土木公司依法以沙伯公司和三星公司为被告主张工程价款，并请求确认土木公司享有工程价款的优先受偿权。

最高人民法院裁判观点

根据《合同法》第二百八十六条和《建设工程司法解释》第二十六条、《最高人民法院关于建设工程价款优先受偿权问题的批复》的规定，实际施工人以发包人为被告主张权利的，发包人在欠付工程价款范围内对实际施工人承担责任。二审法院认定被申请人土木公司对案涉工程享有工程价款优先受偿权，有事实和法律依据。二审判决认为工程价款优先权的理论依据为留置权，是为强化文书的说理性，并无不当，该认定也不影响对本案的事实认定和法律适用。

法律评析

在工程建设领域，转包、违法分包的情形屡禁不止，甚至可以说是工程领域中的一种常态。在此情形下，工程分包人能够依据《合同法》第二百八十六条的规定享有工程价款的优先受偿权吗？

在司法实践中部分律师、司法人员认为：违法分包、转包为《建筑法》所明令禁止，且法律对上述行为已经作出否定性评价，若支持实际施工人享有优先受偿权有违法律精神，必将与立法本意相悖。最高人民法院《全国民事审判工作会议纪要（2011年）》第二十九条也有明确意见：因违法分包、转包等导致建设工程合同无效的，实际施工人请求依据《合同法》第二百八十六

条规定对建设工程行使优先受偿权的,不予支持。

笔者认为,工程分包人有权主张工程价款的优先受偿权。理由如下:

首先,应当对《合同法》第二百八十六条承包人的概念进行扩大解释,总承包人、专业分包人等均应当属于承包人之列,不能狭义地将承包人只解释为总承包人。

其次,应当对《合同法》第二百八十六条的立法本意进行解释。该条的立法本意就是保护农民工工资能够正常发放、保护实际施工人的合法权益。在实际的工程建设领域,承包人经常承揽到工程项目后并不具体进行施工,而只收取一定数目的管理费用后转包给他人。在发包人拖欠工程款的情形发生时,受到损害最大的就是实际施工人,而非承包人。承包人为了利益考虑一般不起诉发包人,更不会行使优先受偿权,承包人怠于行使权利的行为会给实际承包人造成极大的损失。

因此,《建设工程司法解释》已经允许实际施工人将发包人列为被告进而主张工程价款,也就应当允许实际施工人向发包人主张工程价款的优先受偿权。

案例索引　最高人民法院(2013)民申字第39号民事裁定书

4. 工程款利润、利息均属于工程价款优先受偿权的范围

▶案情简介

唐山爱德利尔塑料制品有限公司与河北省汉沽农场建筑工程总公司签订《施工合同》,约定由河北省汉沽农场建筑工程总公司承建案涉工程。嗣后,河北省汉沽农场建筑工程总公司因工程款支付问题而提起本案诉讼,并主张对案涉工程享有优先受偿权。诉讼中,就案涉工程利润、利息能否享有优先受偿权而发生争议。

最高人民法院裁判观点

对于工行丰南支行所主张的工程款优先权受偿范围不应包括利润以及逾期支付产生的利息损失，该申请理由与《最高人民法院关于建设工程价款优先受偿权问题的批复》第三条“建筑工程价款包括承包人为建设工程应当支付的工作人员报酬、材料款等实际支出的费用，不包括承包人因发包人违约所造成的损失”的规定精神不相符。工程利润属于工程款的组成部分，应属于优先权的受偿范围，而利息属于法定孳息，系承包人实际支出费用而产生的孳息，与工程款本为一体，也应属于优先权的受偿范围。

法律评析

《合同法》第二百八十六条明确了承包人享有工程价款优先受偿权，但对于工程价款优先受偿权的范围并没有予以明确。而《最高人民法院关于建设工程价款优先受偿权问题的批复》明确规定了工程价款优先受偿权的范围，即建筑工程价款包括承包人为建设工程应当支付的工作人员报酬、材料款等实际支出的费用，不包括承包人因发包人违约所造成的损失。

这就意味着承包人在工程施工过程中实际支出的费用才在工程价款优先受偿权之列，承包人没有实际支出的费用就不应当在工程价款的优先受偿权之列。根据工程造价的相关规定，工程价款是由成本（成本包括直接费用和间接费用）、税金和利润三部分构成。成本和税金是需要承包人实际支出，但利润属于承包人所享的利益，并非承包人的实际支出。

据此，部分律师和司法人员认为工程的利润不属于工程价款的优先受偿权之列。同理，工程款利息也不属于承包人实际支出的范畴，也不应当在工程价款的优先受偿权之列。

笔者认为，上述观点值得商榷，由于工程的利润本身就属于工程价款的组成部分，理应属于工程价款的优先受偿权之列。同时，工程价款的利息属于工程款的法定孳息，是工程价款不可分割的组成部分，也应当属于工程价款的优先受偿权之列。

案例索引 最高人民法院(2012)民再申字第16号民事裁定书

5. 工程价款优先受偿权六个月期限从约定的竣工时间起计算

▶案情简介

博裕公司与大经公司签订《建设工程施工合同》,约定由大经公司承建案涉工程,合同中约定的竣工时间为2014年5月17日。大经公司施工的土建和水电安装工程已经完成并于2012年5月3日验收合格,大经公司于2014年7月11日提起本案诉讼,请求对本案建设工程折价或拍卖的价款享有优先受偿权。诉讼中就大经公司应否享有优先受偿权发生争议。

最高人民法院裁判观点

《最高人民法院关于建设工程价款优先受偿权问题的批复》第四条规定,建设工程承包人行使优先权的期限为六个月,自建设工程竣工之日或者建设工程合同约定的竣工之日起计算。而本案《建设工程施工合同》约定的竣工时间为2014年5月17日。据此,大经公司于2014年7月11日向一审法院提起本案诉讼,请求对本案建设工程折价或拍卖的价款享有优先受偿权,未超出六个月的期限。虽然大经公司施工的土建和水电安装工程已经完成并于2012年5月3日验收合格,但从保护债权人的立场出发,在本案中选择合同约定的竣工时间起算大经公司行使优先权的期限,并无不当。博裕公司提出的原判认定大经公司享有建设工程价款优先受偿权,认定事实不清,适用法律错误的申请再审理由不能成立。

法律评析

《合同法》第二百八十六条及《最高人民法院关于建设工程价款优先受偿权问题的批复》中规定了承包人享有建设工程价款优先受偿权，且行使优先权的期限为六个月，自建设工程竣工之日或者建设工程合同约定的竣工之日起计算。客观上，在施工的过程中基本没有施工单位刚好在合同约定的竣工日期完成全部工程并通过竣工验收。这也就是说，合同约定的竣工日期和实际的竣工日期大多时候是不一致的。这就会产生如果按照实际的竣工日期起算承包人则享有工程价款的优先受偿权，而按照约定的竣工日期起算承包人就不能享有工程价款的优先受偿权的问题，或者反之。

例如，合同约定的竣工日期是2015年1月2日，但实际的竣工时期是2015年3月3日。如果承包人在2015年8月1日向人民法院起诉请求确认工程价款的优先受偿权，其是否在六个月的期限之内呢？

对于此问题，很多律师都认为对于实际竣工的工程应当从实际竣工之日起计算六个月期限，对于停工工程由于没有实际的竣工时间，应当从合同约定的竣工之日起计算六个月期限。对于上述案例，显然应当从实际竣工之日2015年3月3日起算，因此上述案例中承包人应当享有工程价款的优先受偿权。

如果将上述案例进行一个简单的调整，合同约定的竣工日期是2015年3月3日，由于承包人采取了一些赶工措施，实际的竣工时期是2015年1月2日；那么承包人在2015年8月1日向人民法院起诉请求确认工程价款的优先受偿权是否在六个月的期限之内呢？如果继续按照上述理论即对于实际竣工的工程应当从实际竣工之日起计算六个月期限，对于停工工程应当从合同约定的竣工之日开始起算六个月期限，那么，承包人显然已经超过了上述行使工程价款优先受偿权的期限。

笔者认为，上述观点有值得商榷之处。

1. 法律或司法解释并没有明确规定对于实际竣工的工程应当从实际竣工之日起计算六个月期限，对于停工工程由于没有实际的竣工时间应当从合同约定的竣工之日起计算六个月期限。

2. 承包人积极履行合同义务，提前完成全部工程，理应得到法律上的褒奖。但如果按照上述观点则反而对承包人提前完工行为进行法律否定，显然不符合公平原则。

实践中，最高人民法院的案例中所坚持的是从保护债权人的角度出发，即哪一种计算方式有利于承包人，就按照哪种方式进行计算。回到上述第二个案例中，最高人民法院的态度则是坚持从约定的竣工时间起计算六个月期限。

案例索引 最高人民法院(2015)民申字第1449号民事裁定书

6. 承包人行使工程价款优先受偿权的期限可以自合同解除或终止履行之日起计算

▶案情简介

2011年，发包人雷邦公司就案涉工程与承包人新城公司签订《建设工程施工合同》，约定由承包人承建案涉工程，并明确了竣工日期。但因雷邦公司怠于支付工程款，工程在超过约定的竣工日期仍未完工，最终工程没有竣工。2014年4月，新城公司就工程款提起诉讼，因2013年7月双方对案涉工程进行了结算，新城公司依据该结算单要求发包方支付工程款。诉讼中就工程价款优先受偿权的起算点发生争议。

最高人民法院裁判观点

2012年7月11日、2012年12月11日、2013年7月25日，双方对案涉工程进行了结算，确认了厂房、宿舍楼等已完工工程的价款。因新城公司未提交证据证明2013年7月25日的工程结算表只是一份对账单，且其还以该结算表为依据请求雷邦公司支付相应工程价款，故该结算单可以证明双方最迟于2013年7月25日已经终止履行涉及厂房、宿舍楼等工程的《建设工程施工合同》并进入结算状态。参照最高人民法院《2011年全国民事审判工作会议纪要》第二十六条关于"建设工程合同未约定竣工日期,或者由于发包人的原因,合同解除或终止履行时已经超过合同约定的竣工日期的,承包人行使优先受偿权的期限自合同解除或终止履行之日起计算"规定的精神,因新城公司自2013年7月25日起已经可以行使案涉宿舍楼、厂房等工程价款的优先受偿权,应将此作为该部分工程价款优先受偿权行使期限的起算点。但是新城公司直至2014年4月23日才提起本案诉讼,要求对该部分工程价款行使优先受偿权,已经超过了《最高人民法院关于建设工程价款优先受偿权问题的批复》第四条规定的六个月的期限。二审判决尽管对新城公司行使该部分工程价款优先受偿权的起算点的认定不当,应予纠正,但按2013年7月25日起算,新城公司亦超过了六个月的期限,因此二审判决关于新城公司对该部分工程价款的优先权已丧失的认定并无不妥。

法律评析

2002年《最高人民法院关于建设工程价款优先受偿权问题的批复》明确规定,建设工程承包人行使优先权的期限为六个月,从建设工程竣工之日或建设工程合同约定的竣工之日起计算。按此规定,优先受偿权的行使期限的起算点有两个:一是建设工程的实际竣工之日;二是合同约定的竣工之日。但在现实中有很多由于发包人资金原因导致工期严重延误,已经远远超过了合同约定的竣工日期六个月以上仍未竣工但仍在继续施工,最终没有实际竣工成了烂尾工程的情况。对于此种情形,由于工程没有实际竣工,因此无法从实际竣工之日起算工程价款优先权的行使期限。同时,如果从约定的竣工之日开始起算,也早已超过了六个月的行使期限。并且,在合同约定的竣工之日后六个月内工程仍在继续施工,承包人也不大可能在这个阶段起诉发包人,主张工程价款的优先受偿权。上述案例认定了工程价款优先受偿权行使期限的另一种起算点:即从合同解除或终止履行之日起计算。按此规定,对于上述情形承包人应当在停工终止履行合同之日起六个月内起诉发包人，主张工程价款的优先受偿权。

案例索引 最高人民法院(2015)民申字第1815号民事裁定书

7. 承包人行使工程价款优先受偿权的期限，可以从工程款数额确定之日起计算

▶案情简介

南阳万方公司破产后，2010年12月27日，南阳万方公司与兴泰公司进行决算并确定相应工程款数额。2011年1月10日，债权人兴泰公司就其承建的工程款债权在向破产管理人申报债权时，依据《合同法》第二百六十四条主张留置权，同时也明确要求从其承建的工程折价或从拍卖的价款中优先受偿。南阳万方公司破产管理人认为兴泰公司未在法定期限内主张工程价款优先受偿权，兴泰公司的债权是普通债权而不具有优先受偿性。

最高人民法院裁判观点

兴泰公司在申报债权时，虽然提出行使留置权，但要求从其承建的工程折价或从拍卖的价款中优先受偿的意思表示是明确的，南阳万方破产管理人《关于提请债权人会议核查债权报告》[(2011)宛万电破管字第10号]内容中，也载明收到兴泰公司对于140余万元工程款享有优先权的申请，因此，二审判决认定兴泰公司享有优先受偿权不缺乏证据证明。关于本案工程优先受偿权的行使期限应于何时起算的问题，双方于2010年12月27日才进行决算并确定相应工程款数额，故二审判决认定兴泰公司就相关工程款行使优先受偿权，其行使优先受偿权期限的起算日期为2010年12月27日，兴泰公司于2011年1月10日申报债权并主张优先受偿权，未超出六个月的期

限，有兴泰公司申报债权的相关文书和双方签订的决算书等证据佐证，适用法律亦无不当。兴泰公司承建工程已经建成，南阳万方公司破产管理人所主张的该工程已经转让，不是免除其义务的法定理由。

法律评析

2002 年《最高人民法院关于建设工程价款优先受偿权问题的批复》明确规定，建设工程承包人行使优先权的期限为六个月，从建设工程竣工之日或建设工程合同约定的竣工之日起计算。按此规定，优先受偿权的行使期限的起算点有两个：一是建设工程的实际竣工之日；二是合同约定的竣工之日。但在最高人民法院（2015）民申字第 1815 号民事裁定书中，最高人民法院明确认定对于工程价款优先受偿权可以参照最高人民法院《2011 年全国民事审判工作会议纪要》第二十六条的规定“建设工程合同未约定竣工日期，或者由于发包人的原因，合同解除或终止履行时已经超过合同约定的竣工日期的，承包人行使优先受偿权的期限自合同解除或终止履行之日起计算”进行适用。但在本案例中，从保护承包人的利益角度出发，最高人民法院明确认定工程价款优先受偿权的行使期限亦可以从工程价款数额确定之日起计算。

案例索引 最高人民法院（2015）民申字第 1527 号民事裁定书

8. 实际施工人主张工程价款优先受偿权，应予以支持

▶案情简介

粤西公司是丽丰花园项目工程的总承包人，其就丽丰花园项目的部分工程与伍某某签订《分包协议书》，约定由伍某某负责对案涉工程项目进行

施工。工程完工后,粤西公司未足额支付伍某某工程款,伍某某提起诉讼。宝辉公司以生效判决为依据,向法院申请强制执行粤西公司在(2000)珠中法执恢字第239-1号执行案中的应收执行款508 600元。伍某某遂以实际施工人的身份主张有权对案涉项目地上建筑物拍卖所得的价款主张优先受偿权,提起执行异议之诉。

最高人民法院裁判观点

实体上,一、二审判决查明的事实表明,伍某某系丽丰花园项目的实际施工人,宝辉公司对该事实并未提出异议,只是主张伍某某不具有施工资质,其与粤西公司签订的是无效合同。首先,根据《建设工程司法解释》第二条的规定,即便建设工程施工合同无效,实际施工人在工程竣工验收合格的情况下仍有权主张工程价款。其次,根据《合同法》第二百八十六条的规定,承包人可以就建设工程折价或者拍卖的价款享有优先受偿的权利。本案中,伍某某作为丽丰花园项目的实际施工人有权对该项目地上建筑物拍卖所得的价款主张优先受偿权。一、二审法院支持伍某某的诉讼请求并无不当。

法律评析

《合同法》第二百八十六条规定,建设工程的价款就该工程折价或拍卖的价款优先受偿。但是,实际施工人能否依据上述规定享有工程价款的优先受偿权呢?相关法律和司法解释对此并没有明确规定。很多人认为实际施工人不应享有工程价款的优先受偿权,理由就是实际施工人所签施工合同为无效合同,不能依据无效合同主张工程价款的优先受偿权。若按照上述理论,如果因为资质、招投标问题而使承包人与发包人所签订的施工合同属于无效合同,在此情形下承包人也不能主张工程价款的优先受偿权,这明显已经与《合同法》第二百八十六条的规定冲突。笔者认为,不能依据施工合同有效或无效来决定其是否享有工程价款的优先受偿权。最高人民法院在上述案例中明确认定,即便认定建设工程施工合同无效,实际施工人在工程竣工验收合格的情况下仍有权主张工程价款。根据《合同法》第二百八十六条的规定,伍某某作为丽丰花园项目的实际施工人有权对该项目地上建筑物拍卖所得的价款主张优先受偿权。

案例索引 最高人民法院(2013)民申字第283号民事裁定书

9. 工程款数额确定是计算工程款优先受偿权行使期限的前提条件,且工程款利息属于工程价款优先受偿权的受偿范围

▶案情简介

发包人爱德利尔公司与承包人汉沽建筑公司签订《建设工程施工合同》,在施工过程中,爱德利尔公司以在建案涉工程作为抵押向工行丰南支行贷款。在本案诉讼中,工行丰南支行认为汉沽建筑公司主张工程价款优先受偿权已过除斥期间,且工程款优先权的受偿范围不应包括利润以及逾期支付产生的利息损失。各方对工程款优先权是否已过除斥期间以及该优先权的受偿范围问题发生争议。

最高人民法院裁判观点

关于汉沽建筑公司享有的工程款优先权是否已过除斥期间以及该优先权的受偿范围问题,第一,工程款优先权系法律为保护承包方的利益而作的规定。由于爱德利尔公司一直未对讼争工程组织竣工验收,导致工程款一直处于不确定状态,据此应认定汉沽建筑公司享有的工程款优先权未过六个月除斥期间,故爱德利尔公司和工行丰南支行关于工程款优先权已过除斥期间的申请理由均不能成立。第二,工行丰南支行还主张工程款优先权的受偿范围不应包括利润以及逾期支付产生的利息损失。该申请理由与《最高人民法院关于建设工程价款优先受偿权问题的批复》第三条“建筑工程价款包括承包人

为建设工程应当支付的工作人员报酬、材料款等实际支出的费用,不包括承包人因发包人违约所造成的损失”的规定精神不相符。工程利润属于工程款的组成部分,应属于优先权的受偿范围,而利息属于法定孳息,系承包人实际支出费用而产生的孳息,与工程款本为一体,也应属于优先权的受偿范围。

法律评析

《最高人民法院关于建设工程价款优先受偿权问题的批复》规定,建设工程价款优先受偿权行使期限为六个月,自建设工程竣工之日或建设工程约定的竣工之日起计算。根据该批复的规定,工程价款优先受偿权的行使期限的起算点只能从工程竣工之日或合同约定的竣工之日起计算。在上述案例中,最高人民法院明确认定由于工程款尚未确定,据此应认定工程款优先权未过六个月除斥期间,这似乎说明工程款数额确定是计算工程款优先受偿权行使期限的前提条件,如果工程款数额没有确定,就不应认定工程价款的优先受偿权行使期限已经逾期。工程款由直接费、间接费、利润和税金组成。由于利润属于工程款的组成部分,对于将利润列入优先受偿的范围不难理解。此外,最高人民法院在此案例中明确认定工程款利息属于法定孳息,系承包人实际支出费用而产生的孳息,与工程款本为一体,也应属于优先权的受偿范围。

案例索引 最高人民法院(2012)民再申字第16号民事裁定书

10. 工程价款优先受偿权可从合同解除之日起计算

▶案情简介

西岳山庄就其所属的华山假日酒店工程,于2001年11月30日与三公司签订《建设工程施工合同》，随后三公司依约施工。2004年4月14日，三公司向西岳山庄发出债权转移通知书，称将债权转让给建发公司，西岳山庄予以签收。2005年10月10日，三公司向西岳山庄发出《关于解除合同的通知》。建发公司就工程款以西岳山庄为被告、三公司为第三人提起诉讼，诉讼中就建发公司对其完成的工程是否享有优先受偿权等问题发生争议。

最高人民法院裁判观点

关于建发公司对案涉工程是否享有优先受偿权的问题，建设工程款具有优先受偿性质，建发公司基于受让债权取得此项权利，鉴于该项建设工程目前尚未全部竣工，《建设工程施工合同》因西岳山庄拖欠工程款等原因而迟延履行，建发公司优先受偿权的行使期限应从2005年10月10日解除合同时起算。此前建发公司已提起诉讼，故不应认定其优先受偿权的行使期限已超过六个月。对于西岳山庄关于建发公司已超过行使优先受偿权期限的主张，不予支持。建发公司基于债权受让，在合同解除前已提起诉讼，对案涉工程享有优先受偿权。原判认定事实基本清楚，适用法律正确。

法律评析

《合同法》第二百八十六条规定，发包人逾期不支付工程价款的，承包人可以与发包人协商将该工程折价，也可以申请人民法院将该工程依法拍卖。建设工程价款就该工程折价或拍卖的价款优先受偿。但《合同法》并没有规定工程价款受偿权的行使期限问题。对此，《最高人民法院关于建设工程价款优先受偿权问题的批复》规定，建设工程价款优先受偿权行使期限为六个月，自建设工程竣工之日或建设工程合同约定的竣工之日起计算。根据该批复的规定，工程价款优先受偿权的行使期限的起算点只能是工程竣工之日或合同约定的竣工之日。笔者认为，该批复从2002年颁布至今，已经十余年，亟待修订完善。例如，对于烂尾工程没有实际竣工之日，但据合同约定的竣工之日尚有几年的时间。在此情形下，能否在合同约定的竣工之日之前主张工程价款的优先受偿权？在上述案例中，最高人民法院已经完全突破“批复”的规定，认定建发公司优先受偿权的行使期限应从 2005 年 10 月 10 日解除合同时起算。这也就是说，根据上述案例确定了另一个起算点，即合同解除之日。

案例索引 最高人民法院(2007)民一终字第 10 号民事判决书

11. 工程价款优先受偿权行使期限的起算点可以是起诉之日

▶案情简介

1999 年，中建八局承建泰乐公司的案涉工程。在施工过程中，中建八局停工并撤出施工现场，案涉工程并未竣工，双方也未对工程款进行结算。嗣后，中建八局提起诉讼，其中有一诉求为确认其对案涉工程享有工程价款优先受偿权。

最高人民法院裁判观点

关于中建八局对案涉工程应否享有优先受偿权问题，《最高人民法院关于建设工程价款优先受偿权问题的批复》第四条规定，建设工程承包人行使优先权的期限为六个月，自建设工程竣工之日或者建设工程合同约定的竣工之日起计算。本案中建八局因泰乐公司拖欠工程款而停工并撤出施工现场，案涉工程并未竣工，讼争工程的工程款尚未结算，因而不能从竣工之日起算中建八局享有的优先权行使期限。根据双方签订《补充协议书》约定，案涉工程拟定于 1999 年 11 月 10 日复工，2000 年 6 月 30 日中建八局完成自有施工内容，正式复工日期以中建八局收到的第一批复工工程款日期为准，完工日期相应顺延。该《补充协议书》约定 2000 年 6 月 30 日是中建八局完成自有施工内容的时间，并非约定案涉工程竣工时间。根据该《补充协议书》关于中建八局复工后，因泰乐公司原因（如提供图纸不及时，资金拨付不及时或不足、材料设备供应不及时、泰乐公司外委工程拖延工期等)造成拖延工期或暂停施工,中建八局除工期顺延外,泰乐公司应承担中建八局因此导致的一切经济损失的约定等内容,不能排除案涉工程存在泰乐公司外委工程项目。且案涉工程确因泰乐公司拖欠工程款等原因,导致中建八局停工并最终退出施工。鉴于双方对中建八局已完工程造价一直未能达成一致的结算意见,如果工程款数额尚未确定时即已认定施工人超过主张优先权的行使期限,显然与优先保障施工人基本利益即工程款这一立法目的相悖,二审判决从中建八局起诉之日起计算行使优先权的期限,认定其对案涉工程享有优先受偿权,并无不当。泰乐公司申请再审主张中建八局超出行使优先受偿权期限,缺乏事实和法律依据,不能成立。

法律评析

根据2002年6月颁布的《最高人民法院关于工程价款优先受偿权问题的批复》,工程价款优先受偿权行使期限的起算点有两个:一个是实际的竣工之日;另一个是合同约定的竣工之日。但是,对于在施工过程中多次停工的工程,已经严重逾期竣工但工程仍在断断续续地施工,且工程最终并没有完工,对此,如何确定工程价款优先受偿权行使期限的起点呢?如果按照合同约定的竣工之日起计算,早已过了六个月的行使期限。在上述案例中,最高人民法院认为鉴于双方对中建八局已完工程造价一直未能达成一致的结算意见,如工程款数额尚未确定时即已认定施工人超过主张优先权的行使期限,显然与优先保障施工人基本利益的立法目的相悖,认定从中建八局起诉之日起计算行使优先权的期限。

案例索引 最高人民法院(2014)民申字第1004号民事裁定书

12. 整体工程以最后竣工时间作为行使工程价款优先受偿权的起算点

▶案情简介

2007年5月,昆山公司与锦浩公司签订案涉工程A标段合同,约定由锦浩公司承建昆山公司88号地块项目工程。随后,锦浩公司进场施工,施工过程中双方前后共签订三份合同。案涉工程最后的竣工备案日期为2010年11月15日,锦浩公司于2011年3月提起诉讼,诉讼中就锦浩公司能否享有工程价款优先受偿权等问题发生争议。

最高人民法院裁判观点

关于锦浩公司是否在法定期限内主张了优先受偿权的问题,针对案涉工程,双方当事人虽然签订了三份合同,但是从本案的实际情况看,本案41幢建筑单体是作为一个整体工程来施工的。结合《施工意向书》和双方当事人签订的合同以及2009年9月双方签订的《补充协议书》的内容,从工程的立项、规划设计、组织施工、工期的变更以及工程款的支付情况来看,双方当事人对于诉争工程是作为一个整体工程来履行合同义务的。一审判决亦认定,41幢楼分别单独竣工验收,付款时未区分合同和楼幢。在此情况下,锦浩公司既无可能,也无必要在建设工程施工合同履行过程中主张优先受偿权。鉴于案涉工程为一个整体工程,应以工程的最后竣工日期作为认定锦浩公司是否丧失优先受偿权的起算点。案涉工程最后的竣工备案日期为2010年11月15日,锦浩公司于2011年3月提起诉讼,因此,锦浩公司在法定期限内主张了优先受偿权。

法律评析

对于整体工程,发包人和承包人分别就单体建筑分别签订施工合同,且每个单体的竣工时间也是不一样的，在此情形下，如何确定工程价款优先受偿权期限的起算时间呢，是按每个单体建筑的竣工时间起算还是按照最后的竣工时间起算呢？在上述案例中，最高人民法院明确认定鉴于案涉工程为一个整体工程，应以工程的最后竣工日期作为认定锦浩公司是否享有优先受偿权的起算点。

案例索引 最高人民法院(2015)民一终字第86号民事判决书

13. 违约损失不属于工程价款的优先受偿范围

▶案情简介

2006年12月20日，长实公司与南通六建签订《施工合同》，由南通六建承包长实公司开发的天天家园工程。在施工过程中，长实公司多次拖欠工程款，双方就此发生纠纷。南通六建依据《施工合同》《补充合同条款》等双方签订的多份协议，向长实公司主张工程款。长实公司以工程未经招投标程序致使合同无效为由予以拒绝。双方诉至法院，诉讼中就双方所约定的违约损失能否享有优先受偿权发生争议。

最高人民法院裁判观点

1700万元的性质应认定为当事人所约定的违约损失，而非工程款，不在《最高人民法院关于建设工程价款优先受偿权问题的批复》第三条所规定的范围之内。建设工程价款优先受偿权所保护的范围系投入或者物化到建设工程中、对建设工程所产生增值部分的工作人员报酬、材料款等实际支出的费用，在发包人欠付工程款的情况下，施工人由于无法取回其“实际投入”或者物化到建设工程中的该部分价值，从而设定了一种对拍卖价款的物上代位，即施工人可以从该工程拍卖或者折价款项中优先取得其实际投入或者物化到建设工程中的价值；而对于未“实际投入”到建筑物中的价值，无论其表现形式如何，均不能对建设工程取得优先受偿的地位。该部分款项在性质上仍然属于工程拖期所造成的违约金，而不属于建设工程优先受偿权的范围。《最高人民法院关于建设工程价款优先受偿权问题的批复》第三条规定，建筑工程价款包括承包人为建设工程应当支付的工作人员报酬、材料款等实际支出的费用，不包括承包人因发包人违约所造成的损失。南通六建对于该1700万元“财务费用及其他部分”对案涉建设工程不享有优先受偿权，原审法院认定南通六建对该部分款项享有优先受偿权，适用法律错误，应予纠正。

法律评析

2002年6月颁布的《最高人民法院关于建设工程价款优先受偿权问题的批复》第三条规定，建筑工程价款不包括承包人因发包人违约所造成的损失。在上述案例中，最高人民法院明确认定对于未“实际投入”到建筑物中的价值，无论其表现形式如何，均不能对建设工程取得优先受偿的地位，因此该部分款项不属于建设工程优先受偿权的范围。

案例索引 最高人民法院(2014)民一终字第181号民事判决书

14. 对于“烂尾工程”，工程价款优先受偿权的行使期限可从工地移交之日起计算

▶案情简介

2003年9月8日，康福公司与东阳公司签订了(2003)第18号《建设工程施工合同》，约定东阳公司对康福公司开发的新城国际大厦项目土建、安

装进行建设施工，总日历工期为 24 个月共计 730 日历天。2005 年 6 月 27 日，双方因办理竣工备案手续需要补办了招投标手续，并签订了《建设工程施工合同》。最终由于客观原因该工程开开停停历经四年尚未封顶。2010 年 12 月 10 日双方办理移交工地。嗣后，东阳公司起诉康福公司主张工程价款优先受偿权。

最高人民法院裁判观点

康福公司称施工方行使优先权有六个月的法定期间，应当从合同约定的工程竣工时间起计算，东阳公司起诉时已经超过了六个月，其行使优先权因超过法定期限而不应得到支持的主张，没有事实和法律依据。由于案涉工程多次停工，已经不可能按照合同约定的日期竣工，如果按照康福公司的观点，竣工时间超过原约定时间六个月就丧失优先受偿权，则意味着施工方不问原因地丧失对工程款的优先受偿权，这明显与《合同法》第二百八十六条之规定相悖。故对康福公司的该项主张，本院亦不予支持。陕西省高级人民法院在本案的一审判决中也明确认定：依照《合同法》第二百八十六条之规定，工程款优先权系法律为保障建设工程施工方工程款的实现而设立的法定优先权，只要该建设工程价款确定且符合法律规定，东阳公司就有权依法行使该法定权利。按照《合同法》关于工程款优先权的精神，结合本案事实，应以双方移交工地之日即 2010 年 12 月 10 日起算该优先权行使期限。

法律评析

《最高人民法院关于建设工程价款优先受偿权问题的批复》第四条规定，建设工程承包人行使优先权的期限为六个月，自建设工程竣工之日或建设工程合同约定的竣工之日起计算。但在实践过程中，经常发生在约定的竣工之日起六个月后工程仍在施工，尚未竣工验收的情况。如此，承包人是否还享有工程价款优先受偿权？又该如何计算工程价款优先受偿权的行使期限呢？如果从约定的竣工之日开始计算，承包人早已过了行使工程价款优先受偿权的期限。在上述案例中，陕西省高级人民法院确定从双方移交工地之日开始计算。最高人民法院也认为,由于案涉工程多次停工,已经不可能按照合同约定的日期竣工,如果按照康福公司的观点,则施工方即不问原因地丧失对工程款的优先受偿权,明显与《合同法》第二百八十六条之规定相悖。故对康福公司的该项主张,亦不予支持。

案例索引 最高人民法院(2014)民一终字第108号民事判决书

15. 承包人放弃工程价款优先受偿权函件所指的贷款合同未能履行的,应视为承包人仍享有工程价款的优先受偿权

▶案情简介

2007年,锦浩公司与昆山纯高公司签订A标段合同、B标段合同以及B标段39#—41#楼合同,约定锦浩公司承建昆山纯高公司位于昆山市玉山镇新南路888号地块项目工程。2009年9月16日,锦浩公司向安信信托公司和昆山纯高公司出具了《承诺函》,其内容主要为:"截至该承诺函出具之日,锦浩公司对昆山纯高公司享有五千万元债权,对于以上所列之债权和自本承诺函出具之日起锦浩公司对昆山纯高公司新发生的债权,在安信信托投资股份有限公司与昆山纯高公司之间编号为AXXT(2009)JH06DK01《信托贷款合同》项下的贷款本金、利息及其他相关费用未获全部清偿之前,锦浩公司承诺不向昆山纯高公司要求偿还该等债权项下的任何本金、利息或其他相关费用。"现双方就锦浩公司对于案涉工程是否享有优先受偿权产生争议而诉至法院。

最高人民法院裁判观点

关于锦浩公司对于案涉工程是否享有优先受偿权的问题,从《承诺函》

的内容来看,其针对的对象十分明确,系针对安信信托公司与昆山纯高公司之间签订的《信托贷款合同》作出的,《承诺函》是对该合同项下债权的保护性承诺,即承诺在昆山纯高公司全部偿还该《信托贷款合同》项下的相关款项之前,锦浩公司不向昆山纯高公司主张相应债权。从本案的实际情况来看,在安信信托公司和昆山纯高公司之间,既签订了《信托贷款合同》,还签订了《资产收益财产权信托合同》。而从已经生效的(2013)沪高民五(商)终字第11号民事判决书的认定来看,《信托贷款合同》并未实际履行,《信托贷款合同》项下的债权并未实际发生。《承诺函》的效力依附于《信托贷款合同》,在《信托贷款合同》未获实际履行的情况下,《承诺函》失去了履行的依据和对象,其既无必要也无可能履行。在此情况下,一审判决依据《承诺函》的内容认定锦浩公司放弃了优先受偿权错误,应予纠正。锦浩公司对于案涉工程享有优先受偿权。

法律评析

在司法实践中,经常会发生开发商向银行贷款时,银行要求承包人以书面方式放弃工程价款优先受偿权。如果承包人向发包人书面承诺放弃工程价款的优先受偿权以后,因客观原因银行并未向承包人发放贷款,在此情形下,承包人放弃工程价款的优先受偿权效力如何,承包人是否还享有工程价款优先受偿权?在上述案例中,最高人民法院认为《承诺函》的效力依附于《信托贷款合同》,在《信托贷款合同》未获实际履行的情况下,《承诺函》失去了履行的依据和对象,其既无必要也无可能履行。在此情况下,锦浩公司依然对于案涉工程享有优先受偿权,一审判决错误,应予纠正。

案例索引 最高人民法院(2015)民一终字第86号民事判决书

16. 承包人可以采取直接发函的形式向发包人主张工程价款优先受偿权

▶案情简介

华兴公司与天成公司分别签订《1.47亿元施工合同》和《5947.6万元施工合同》两份施工合同。在施工过程中，双方签署《工程结算说明》，确认华兴公司已完成7772.53万元的工程造价。天成国贸中心一期工程在2008年2月4日竣工验收。同日，双方签订的《工程款支付计划》明确约定，2008年6月底前双方将未结算的工程量结算完毕。同年5月12日，华兴公司向天成公司发“工作联系单”，主张案涉工程的优先受偿权。嗣后，华兴公司提起诉讼，要求天成公司依据《1.47亿元施工合同》支付工程欠款及利息，利息起算日为2008年6月30日。

最高人民法院裁判观点

关于一审判决华兴公司享有天成国贸中心8—24轴裙楼工程优先受偿权是否正确问题，天成公司认为，华兴公司起诉时主张的优先受偿权已超过法定期限，一审判决华兴公司享有优先受偿权是错误的。天成国贸中心一期工程在2008年2月4日竣工验收后，华兴公司于同年5月12日以“工作联系单”方式向天成公司主张案涉工程的优先受偿权，并未超出法定的优先受偿权除斥期间。天成公司认为华兴公司起诉时主张优先受偿权超出法定期间缺乏事实和法律依据，不能成立。一审判决认定华兴公司享有天成国贸中心8—24轴裙楼工程优先受偿权正确，应予维持。

法律评析

《合同法》第二百八十六条规定，发包人未按照约定支付价款的，承包人可以催告发包人在合理期限内支付价款。发包人逾期不支付的，承包人可以与发包人协议将该工程折价，也可以申请人民法院将该工程依法拍卖。建设工程的价款就该工程折价或者拍卖的价款优先受偿。同时，2002 年《最高人民法院关于建设工程价款优先受偿权问题的批复》规定，建设工程承包人行使优先权的期限为六个月，自建设工程竣工之日或者建设工程合同约定的竣工之日起计算。上述法律规定和司法解释规定了承包人行使工程价款优先权方式为协商折价和申请法院拍卖，期限为六个月。能否以承包人发函的方式向发包人主张工程价款优先受偿权，并依此否认期限经过呢？在上述案例中，最高人民法院认定天成国贸中心一期工程在 2008 年 2 月 4 日竣工验收后，华兴公司于同年 5 月 12 日以"工作联系单"方式向天成公司主张案涉工程的优先受偿权，并未超出法定的优先受偿权除斥期间，认可了承包人以发函方式向发包人主张工程价款优先受偿权。

案例索引 最高人民法院(2012)民一终字第 41 号民事判决书

17. 承包人不应依据承揽合同向发包人主张在建工程留置权，工程价款优先受偿权不属于留置权的范畴

▶案情简介

沙伯公司是案涉工程的发包人，三星公司是总承包人，土木公司是分包人和实际施工人。嗣后，土木公司向法院起诉要求三星公司对欠付工程款承担责任，并主张沙伯公司在欠付工程价款范围内对其承担责任，同时，土木公司认为其对案涉工程享有工程价款优先受偿权。

最高人民法院裁判观点

根据《合同法》第二百八十六条、《建设工程司法解释》第二十六条和

《最高人民法院关于建设工程价款优先受偿权问题的批复》的规定，实际施工人以发包人为被告主张权利的，发包人在欠付工程价款范围内对实际施工人承担责任。二审法院认定被申请人对案涉工程享有工程价款优先受偿权，有事实和法律依据。沙伯公司的理由不能成立。二审判决认为工程价款优先权的理论依据为留置权，是为强化文书的说理性，并无不当，该认定也不影响对本案的事实认定和法律适用。对沙伯公司的该主张不予支持。

法律评析

《合同法》第二百八十七条规定，建设工程合同章节没有规定的，适用承揽合同的有关规定。在承揽合同的章节中明确规定，定作人未向承揽人支付报酬或材料费用的，承揽人对完成的工作成果享有留置权。因此，在施工合同中，承包人能否以发包人未能按照合同约定支付工程价款而主张对在建工程的留置权，工程价款优先受偿权是否属于留置权的一种？笔者认为，工程价款的优先受偿权与留置权是截然不同的两种权利，由于《合同法》已经确定承包人享有工程价款的优先受偿权，也就再无行使留置权的必要，而且留置也加重了承包人的保管责任。同时，根据《担保法》规定的留置权主要针对动产，对在建工程显然不应进行留置。而在上述案例中，最高人民法院认定实际施工人享有优先受偿权的依据是《建设工程司法解释》的规定，而并非是留置权理论。

案例索引 最高人民法院(2013)民申字第39号民事裁定书

18. 工程款数额的确定是计算工程款优先受偿权行使期限的前提条件

▶案情简介

2011 年 10 月 20 日鑫臻房地产开发公司与黑龙江建工集团签订《建筑工程承包合同》,约定由黑龙江建工集团承建案涉工程,工程量结算方式为按实结算。2013 年 4 月 15 日,鑫臻酒店与黑龙江建工集团签订《“鑫臻酒店”工程建筑工程承包合同》,约定由黑龙江建工集团承建案涉工程,工程量结算方式为按实结算。后鑫臻房地产开发公司与黑龙江建工集团之间因案涉项目施工发生纠纷,县委常委、副县长组织召开专题会议,就该纠纷进行协调再处理,双方就此签订《纠纷处理协议》,同意案涉工程经评估后结算。后因鑫臻房地产开发公司、鑫臻酒店未依据该协议支付工程款,黑龙江建工集团遂提起本案诉讼,要求支付工程款,同时主张享有优先受偿权。

最高人民法院裁判观点

关于黑龙江建工集团享有的优先受偿权是否在法律规定的行使期限内,根据《合同法》第二百八十六条的规定,发包人未按照约定支付价款的,承包人可以催告发包人在合理期限内支付价款。发包人逾期不支付的,除按照建设工程的性质不宜折价、拍卖的以外,承包人可以与发包人协议将该工程折价,也可以申请人民法院将该工程依法拍卖。建设工程的价款就该工程折价或者拍卖的价款优先受偿。同时,根据《最高人民法院关于建设工程价款优先受偿权问题的批复》第四条的规定,建设工程承包人行使优先权的期限为六个月,自建设工程竣工之日或者建设工程合同约定的竣工之日起计算。结合以上两条规定可知,发包人支付工程价款的期限,首先要依约定,没有约定或约定不明时,方可依法定。本案中双方约定案涉工程以第三方的评估结果作为结算依据,在评估结果出来之前,不具备付款条件,也不具备主张优先受偿权的条件。双方协议约定的付款时间为鑫臻酒店收到结算报告的二十日内,结算报告形成于2014年11月20日,而黑龙江建工集团于2014年12月22日提起诉讼,故未超过优先受偿权六个月的行使期限。

法律评析

根据《最高人民法院关于建设工程价款优先受偿权问题的批复》规定,建设工程价款优先受偿权的行使期限的起算点只能是工程竣工之日或合同约定的竣工之日。在上述案例中,最高人民法院认为发包人支付工程价款的期限,首先要依约定,没有约定或约定不明时,方可依法定。本案中双方约定案涉工程以第三方的评估结果作为结算依据,在评估结果出来之前,不具备付款条件,也不具备主张优先受偿权的条件。这说明了工程款数额确定是计算工程款优先受偿权行使期限的前提条件,如果工程款数额没有确定,就不应认定工程价款的优先受偿权行使期限已经逾期。因此在上述案例中,最高人民法院认为黑龙江建工集团未超过优先受偿权六个月的行使期限。

案例索引 (2016)最高法民终107号民事判决书

19. 依据《建设工程司法解释》第十四条,工程价款优先受偿权行使期限从建设单位擅自使用工程之日起计算

▶案情简介

2012年,华冶公司与发包人华御公司签订《建设工程施工合同》,获得中

汇城御园一期工程的承建权。华冶公司按照合同约定于2012年5月开始开工建设御园一期工程,约定竣工日期为2013年10月20日。2013年11月华御公司通知华冶公司解除御园一期工程施工合同。双方解除施工合同后,于2014年5月30日签订的《中汇城御园一期工程结算及付款协议书》确认了该项工程最终结算值及支付时间。华冶公司已在2014年3月1日前将未完工的御园一期工程交给华御公司。御园一期工程至华冶公司起诉时尚未竣工验收,但2015年1月华御公司交付业主使用,现华冶公司提起本案诉讼,诉讼中就华冶公司是否享有工程价款的优先受偿权发生争议。

最高人民法院裁判观点

华冶公司对御园一期工程主张工程价款优先受偿权并未超过《建设工程司法解释》规定的期限。本案中,双方《建设工程施工合同》约定的竣工日期为2013年10月20日,此时工程并未施工完毕,直至华冶公司向一审法院起诉时,御园一期工程尚未通过竣工验收,但已于2015年1月交付业主使用。《建设工程司法解释》第十四条第(三)项规定:“建设工程未经竣工验收,发包人擅自使用的,以转移占有建设工程之日为竣工日期。”一审法院据此认定御园一期工程的竣工日期为2015年1月,以及华冶公司行使建设工程价款优先受偿权并未超过六个月的期限,并无不当。

法律评析

《最高人民法院关于建设工程价款优先受偿权问题的批复》第四条规定:“建设工程承包人行使优先受偿权的期限为六个月,自建设工程竣工之日或者建设工程合同约定的竣工之日起计算。”《建设工程司法解释》第十四条第(三)项规定:“建设工程未经竣工验收,发包人擅自使用的,以转移占有建设工程之日为竣工日期。”据此,对于工程价款的优先受偿权的行使期限可依据该司法解释第十四条规定的“视为竣工日期”的日期确定起算点。在本案中,《建设工程施工合同》约定竣工日期为2013年10月20日,2014年3月1日承包人将尚未完成的工程交给华御公司,2015年1月华御公司交付业主使用。最高人民法院由此将2015年1月视为竣工之日,并依此作为认定工程价款优先受偿权的起算时间。

案例索引 最高人民法院(2015)民一终字第379号民事判决书

20. 承包人转让债权的受让人仍享有工程价款优先受偿权

▶案情简介

西岳山庄(甲方)就其所属的华山假日酒店工程,于2001年11月30日与三公司(乙方)签订《建设工程施工合同》,约定工程开、竣工日期为2001年12月26日至2002年10月31日。2004年4月14日,三公司向西岳山庄发出债权转移通知书称,“贵方与公司于2002年签订了《建设工程施工合同》,现在我公司因改制重组的需要,欲将我公司对贵方所享有的上述债权转让给建发公司”。西岳山庄予以签收。一审判决建发公司在西岳山庄欠付的工程款范围内,对该工程享有优先受偿权。西岳山庄认为建发公司作为《建设工程施工合同》以外的第三人,既不是合同约定的施工方,也不是该建设项目的承包人,因此建发公司对案涉工程款行使优先受偿权于法无据。

最高人民法院裁判观点

建设工程款具有优先受偿性质,建发公司基于受让债权取得此项权利。鉴于该项建设工程目前尚未全部竣工,《建设工程施工合同》因西岳山庄拖欠工程款等原因而迟延履行,建发公司优先受偿权的行使期限应从2005年10月10日解除合同时起算。此前建发公司已提起诉讼,故不应认定其优先受偿权的行使期限已超过六个月。对于西岳山庄关于建发公司已超过行使优先受偿权期限的主张,本院不予支持。二审驳回上诉,维持原判。

法律评析

承包人将其工程价款的债权依法转让给第三人，债权受让人是否享有工程价款的优先受偿权，相关法律和司法解释对此并没有明确的规定。《合同法》第八十一条规定，债权人转让权利的，受让人取得与债权有关的从权利，但该从权利专属于债权人自身的除外。那么，工程价款优先受偿权是否属于债权人自身的权利呢？2008 年发布的《江苏省高级人民法院关于审理建设工程施工合同纠纷案件若干问题的意见》第二十条规定，承包人将建设工程价款债权转让的，建设工程价款的优先受偿权随之转让。最高人民法院在上述案例中，显然是同意江苏省高级人民法院的观点，即建设工程款具有优先受偿性质，建发公司也能基于受让债权取得此项权利。

案例索引　最高人民法院(2007)民一终字第 10 号民事判决书

五

工 程 结 算

1."黑白合同"中的中标合同不一定作为最终的结算依据

▶案情简介

作为投标人的日建公司在讼争工程正式招标之前和招标人君泰公司就投标价格等实质性内容进行谈判,并签订标前合同。中标后双方签订《施工合同》,随后日建公司依据标前合同进场施工作业。嗣后,日建公司以君泰公司未依约支付工程款为由提起本案诉讼,诉讼中就工程款结算依据认定发生争议。

最高人民法院裁判观点

关于讼争工程应参照双方当事人于中标前签订的《建设工程施工合同》(以下简称标前合同)还是备案的《建设工程施工合同》(以下简称中标合同)进行结算的问题,(1)讼争工程属于必须进行招标的工程。本案中作为投标人的日建公司在讼争工程正式招标之前和招标人君泰公司就投标价格等实质性内容进行谈判,并签订标前合同的行为,违反了《招标投标法》第五十五条之规定,日建公司的中标应认定无效。依据《建设工程司法解释》第一条之规定,中标无效的,备案的中标合同亦应认定无效。综上,二审判决认定讼争中标合同为无效合同并无不妥。(2)《建设工程司法解释》第二十一条适用的前提是备案的中标合同为有效合同,如前所述,中标合同应认定无效,故本案不能适用该条规定,以中标合同作为工程价款的结算依据。从实际履行情况来看,日建公司和君泰公司均是按照标前合同的约定结算工程进度款,即双方实际履行的合同为标前合同,而非中标合同,故二审判决依据标前合同结算工程价款并无不妥。综上,日建公司关于二审判决未依据《建设工程司法解释》第二十一条的规定以备案的中标合同进行结算属于适用法律错误的申请理由不能成立。

法律评析

依法必须进行招标的项目往往在招标投标之前，发包人和承包人就会进行充分和必要的洽谈，对《建设工程施工合同》的主要内容予以确定，并签订所谓的《〈建设工程施工合同〉补充协议书》。然后再进行招标投标程序，在招投标程序结束之后，双方再根据招标文件和投标文件所确定内容签订《建设工程施工合同》。即《〈建设工程施工合同〉补充协议书》（标前合同）签订在先，《建设工程施工合同》（中标合同）签订在后，且二者实质性的内容也不一致。

在此情况下，标前合同与中标合同的效力如何，能否以中标合同作为结算工程价款的根据？

首先，笔者认为，根据《招标投标法》第五十五条的规定，依法必须进行招标的项目，招标人违反本法规定，与投标人就投标价格、投标方案等实质性内容进行谈判的，给予警告，对单位直接负责的主管人员和其他直接责任人员依法给予处分。前款所列行为影响中标结果的，中标无效。中标无效，依据中标结果所签订的《建设工程施工合同》当然属于无效合同。同时，根据《合同法》第五十二条第（二）项之规定，恶意串通，损害国家、集体或第三人利益的，合同无效。而在上述情形中，招标人和投标人恶意串通，事先就合同的实质性内容达成一致，严重损害了其他投标人的合法利益，理应属于无效的民事行为，其所签订合同应属无效。因此，上述两份合同均属于无效合同。

其次，很多学者认为，这种情况属于典型的"黑白合同"，应当按照《建设工程司法解释》第二十一条规定，当事人就同一建设工程另行订立的建设工程施工合同与经过备案的中标合同实质性内容不一致的，应当以备案的中标合同作为结算工程价款的根据。但笔者认为，由于上述两份合同均属无效合同，在此情形下，应当依据最能体现当事人真实意思的合同作为双方的结算依据。实际上，标前合同最能体现当事人的真实意思，因此，应当以标前合同作为最终的结算依据。

案例索引 最高人民法院（2013）民申字第572号民事裁定书

2. 社保费用是否应当计入发包人支付给承包人的工程价款之中

▶案情简介

泉祥房地产公司与奎山建筑公司签订《建设工程施工合同》，约定由奎山建筑公司承建案涉工程，随后奎山建筑公司进场施工作业。现奎山建筑公司以泉祥房地产公司未支付工程款为由提起诉讼，因泉祥房地产公司未支付社保费用，诉讼中就该社保费用应否计入工程造价而发生争议。

最高人民法院裁判观点

对于奎山建筑公司已经施工的工程造价问题，经法院委托，日照辰宇工程造价咨询事务所有限责任公司作出《工程造价咨询报告书》及《工程造价鉴定报告补充说明》，分别对案涉工程结算造价、税金、社会保障费作出了鉴定意见，且鉴定机构就费用承担问题分别给予了泉祥房地产公司和奎山建筑公司书面答复与补充说明。另外，根据山东省住房和城乡建设厅《山东省建设工程费用项目组成及计算规则》（鲁建标字〔2011〕19 号）规定，编制竣工结算时，若建设单位已按规定缴纳社会保障费的，该费用仅作为计税基础，结算时不包括该费用；若建设单位未缴纳社会保障费的，结算时应包括该费用。原审在查明上述关键事实的情况下，参照相关规定，作出"将社会保障费计入工程结算、泉祥房地产公司应支付工程总款项中包括税金以及应另外向奎山建筑公司支付内墙刮腻子人工费，泉祥房地产公司没有提供证据证明检测、二次结构、技术资料及竣工清理等费用，故不应计取上述费用"的认定不存在缺乏证据证明的情形，适用法律并无不当。

法律评析

笔者曾办理一起涉及社保费用的建筑工程施工合同纠纷案件，其主要案情就是由于建设单位就该项目没有向当地的建设主管部门缴纳相应的社保费用,施工单位无法从项目所在地的建设主管部门领取相应的设备费用。同时,在建设单位与施工单位结算工程价款时,双方委托的造价公司已经将社保费用计算单列并计入相应的工程结算总价之中。笔者就直接建议施工单位以建设单位拖欠工程价款为由将建设单位诉至法院。但上述案件经过区、市两级法院审理,均判决施工单位败诉。法院据以判决施工单位败诉的主要理由就是社保费用应由建设单位缴纳,缴纳多少是建设单位与工程项目所在地的建安劳保费用管理机构的行为,与施工单位无关。

事实上,2013 年 3 月 21 日住房城乡建设部、财政部颁布的《建筑安装工程费用项目组成》(建标〔2013〕44 号)中明确规定,建筑安装工程费用项目按费用构成要素划分为人工费、材料费、施工机具使用费、企业管理费、利润、规费和税金。其中,规费是指按国家法律、法规规定,由省级政府和省级有关权力部门规定必须缴纳或计取的费用,包括:(1)社会保险费:①养老保险费,是指企业按照规定标准为职工缴纳的基本养老保险费;②失业保险费,是指企业按照规定标准为职工缴纳的失业保险费;③医疗保险费,是指企业按照规定标准为职工缴纳的基本医疗保险费;④生育保险费,是指企业按照规定标准为职工缴纳的生育保险费;⑤工伤保险费,是指企业按照规定标准为职工缴纳的工伤保险费。(2)住房公积金:是指企业按规定标准为职工缴纳的住房公积金。其他应列而未列入的规费,按实际发生计取。

因此,在上述案件的审理过程中笔者作为施工单位的代理律师一直主张社保费用属于规费的一种,本身就属于工程价款的组成。由于建设单位未能将上述社保费用向项目当地的建设主管部门缴纳,就应将其作为工程价款的一部分直接支付给施工单位,但未被采纳。

事实上,从最高人民法院的上述裁判中完全可以明确,如果建设单位确实向当地建设主管部门缴纳了相关的社保费用,可以不用再支付给施工单位。如果建设单位没有向当地建设主管部门缴纳相关的社保费用,则应当将社保费用计入工程价款支付给施工单位。

案例索引 最高人民法院(2015)民申字第 1997 号民事裁定书

3. 建设单位在合同约定的期限内对施工单位的结算报告不答复的，视为认可

▶案情简介

中巨赛达公司与聊建集团公司先后签订两份《建设工程施工合同》，约定由聊建集团公司承建案涉工程，同时在合同中明确约定：工程竣工验收后，承包人递交验收报告的同时，向发包人提交结算报告，发包人应在40天内组织承包方审核完毕，逾期不予答复的视为同意。现双方因工程款支付等问题而诉至法院，诉讼中就承包人聊建集团公司所提交的工程结算报告能否作为结算依据发生争议。

最高人民法院裁判观点

关于本案应否以聊建集团公司提交的结算报告作为结算依据的问题，根据本案一、二审法院查明的事实，在聊建集团公司提交的“结算联系单”上有中巨赛达公司现场负责人薛某某的签名并盖有中巨赛达公司的公章。证明案涉工程竣工后，聊建集团公司向中巨赛达公司提交了案涉工程的相关结算资料。中巨赛达公司主张聊建集团公司提交的结算资料并无结算报告，但其对于收到聊建集团公司结算资料中缺少结算报告一直未提出异议。对此，中巨赛达公司并没有给出合理的解释。作为专业建筑企业，在工程建设竣工验收后，只向发包方提交结算资料，而不提交结算报告并不符合常理。因为结算资料提交后，没有结算报告施工单位就无法编制完成结算报告。故二审法院综合本案查明的事实，认定聊建集团公司已经向中巨赛达公司提交结算报告，并无不当。中巨赛达公司主张未收到结算报告，缺乏证据，不能成立。

法律评析

在工程结算的过程中,承包人会经常碰到发包人对于承包人递交的工程结算报告以种种理由不予理会,导致有的工程已经竣工验收多年,但工程仍未能完成最终竣工结算的情形,这给承包人带来了极大的经营压力。就此问题《建设工程司法解释》第二十条规定,当事人约定,发包人收到竣工结算文件后,在约定期限内不予答复,视为认可竣工结算文件的,按照约定处理。承包人请求按照竣工结算文件结算工程价款的,应予支持。应当注意的是,适用上述条款的前提必须是发包人和承包人在合同中明确约定了结算的期限,以及进一步约定发包人在结算期限内没有答复的则视为认可承包人提交的竣工结算文件。

在此问题上,有人认为,虽然双方当事人在施工合同中没有约定,但能否依据《建设工程施工合同(GF-1999-0201)》中的通用条款第三十三条第三款的规定(发包人收到竣工结算报告及结算资料后28天内无正当理由不支付工程竣工结算价款,从第29天起按承包人同期向银行贷款利率支付拖欠工程价款的利息,并承担违约责任)适用《建设工程司法解释》第二十条的规定呢?就此问题,2006年4月25日《最高人民法院关于如何理解和适用〈最高人民法院关于审理建设工程施工合同纠纷案件适用法律问题的解释〉第二十条的复函》中已经明确答复重庆市高级人民法院。复函内容如下:适用该司法解释第二十条的前提条件是当事人之间约定了发包人收到竣工结算文件后,在约定期限内不予答复,则视为认可竣工结算文件。承包人提交的竣工结算文件可以作为工程款结算的依据。根据建设部制定的《建设工程施工合同(GF-1999-0201)》中的通用条款第三十三条第三款的规定不能简单地推论出双方当事人具有发包人收到竣工结算文件一定期限内不予答复,则视为认可承包人提交的竣工结算文件的一致意思表示,承包人提交的竣工结算文件不能作为工程款结算的依据。

因此,如果发包人和承包人在合同中明确约定发包人收到竣工结算文件后在约定期限内不予答复视为认可竣工结算文件的,发包人对此约定应予重视,应当在收到承包人的结算文件后积极地进行结算或进行回应。本案为最高人民法院适用上述条款进行判决的一个典型案件，发包人应当引以为戒。

案例索引 最高人民法院(2015)民申字第443号民事裁定书

4. 数份施工合同均无效，按照能够体现双方当事人真实意思的无效合同作为结算依据

▶案情简介

案涉新城国际大厦项目属于《招标投标法》第三条规定的必须进行招投标的项目。建设单位康福公司没有进行招投标，直接与东阳公司协商签订了03合同，约定由东阳公司承建案涉工程。施工过程中因备案需要，双方于2005年6月27日就同一工程项目签订了05合同，并进行了备案。现因工程款支付问题诉至法院，诉讼中就合同效力认定及工程价款结算方式认定问题发生争议。

最高人民法院裁判观点

一审判决认定两份《建设工程施工合同》及其补充协议无效是正确的。首先，案涉新城国际大厦项目属于《招标投标法》第三条规定的必须进行招投标的项目。建设单位本应依法通过公开招标确定施工单位，但康福公司没有进行招投标，而是直接与东阳公司协商签订了03合同后开始施工。由于没有进行招投标，案涉工程无法办理相关的报建审批手续。2004年10月15日，西安市城乡建设委员会曾因上述工程违反《建筑法》《招标投标法》以及未办理施工许可证为由对建设单位康福公司进行处罚。上述事实充分说明03合同因违反《招标投标法》而无效。

在被西安市城乡建设委员会处罚后，为了办理案涉项目的相关报批手

续,双方当事人于2005年6月27日就同一工程项目签订了05合同,并向西安市城乡建设委员会进行了备案。但双方当事人在05合同签订前一个月作出的《特别约定》记载,双方按03合同履行,05合同仅为补办招投标手续使用。可见05合同并非双方当事人真实的意思表示,也与案涉工程的实际情况不符,因此,一审法院认定05合同无效是正确的。

对于上述两个合同无效,建设单位康福公司应负主要责任。东阳公司作为建筑施工企业,明知案涉新城国际大厦项目属于应当招投标的项目,未经招投标程序即与康福公司协商签订03合同,对于该合同无效亦有过错。东阳公司上诉主张03合同、05合同均为有效合同,请求改判解除双方当事人之间两份《建设工程施工合同》的诉讼请求,缺乏法律依据,不予支持。

在案涉两份《建设工程施工合同》均无效的情况下,确认当事人之间有关工程款给付的标准时,应当以《建设工程司法解释》第二条的规定为据。本案中,虽然03合同被确认无效,但双方当事人均同意按照该合同结算,并在诉前签署了总决算书,确定了工程价款。一审判决以此为据,确认工程价款的总额。东阳公司以无效合同为据,请求改变一审判决工程款的利息起算时间,法院亦不予支持。

法律评析

《建设工程司法解释》第二条规定,建设工程施工合同无效,但建设工程经竣工验收合格,承包人请求参照合同约定支付工程价款的,应予以支持。这也就是说,如果施工合同无效,只要工程质量合格,双方原则上还是应当按照合同的约定进行工程价款的支付与结算。

如果现实生活中有多份施工合同且此数份施工合同均无效,应当按照哪一份施工合同作为双方的结算依据呢?对此问题,司法解释并没有作出明确规定。一部分律师认为应当按照备案的施工合同作为结算依据;一部分律师认为应当按照签订在后的施工合同作为结算依据。笔者认为,在数份合同均无效的情形下,应当厘清哪一份合同最能体现双方当事人的真实意思表示,依照最能体现双方当事人真实意思表示的合同作为双方结算依据。

例如,在招投标之前发包人和承包人签订施工合同补充协议,约定工程造价按照结算总造价下浮 9% 作为最终的结算依据。随后双方进行了招投标并签订了施工合同并进行了备案，但此施工合同的结算条款没有下浮约定。同时，双方还约定用于备案的合同仅作为备案使用，不作为双方的结算依据。双方的结算还应当按照此前签订的补充协议的约定为准。如果此项目属于必须招标的范围，由于双方当事人在招标投标之前进行了实质性的接触影响了中标结果，中标理应无效。在此情形下，由于补充协议最能体现当事人的真实意思表示，就应当按照补充协议的约定作为双方的结算依据。

案例索引 最高人民法院(2014)民一终字第 108 号民事判决书

5. 数份施工合同均无效且无法确认当事人的真实意思表示的情况下，应当以市场价作为工程结算的依据

▶案情简介

环盾公司假冒中国第九冶金建设公司第五工程公司的企业名称和施工资质与永君公司签订《建设工程施工合同》，约定由环盾公司承建案涉工程。后环盾公司进场施工，施工过程中双方又签订数份合同。现环盾公司以永君公司未足额支付工程款为由提起本案诉讼，诉讼中就合同效力认定及工程结算方式确定问题而发生争议。

最高人民法院裁判观点

本案不应以定额价作为工程价款结算依据。首先，建设工程定额标准是各地建设主管部门根据本地建筑市场建筑成本的平均值确定的，是完成一定计量单位产品的人工、材料、机械和资金消费的规定额度，是政府指导价范畴，属于任意性规范而非强制性规范。在当事人之间没有作出以定额价作为工程价款的约定时，一般不宜以定额价确定工程价款。其次，以定额

为基础确定工程造价没有考虑企业的技术专长、劳动生产力水平、材料采购渠道和管理能力，这种计价模式不能反映企业的施工、技术和管理水平。本案中，环盾公司假冒中国第九冶金建设公司第五工程公司的企业名称和施工资质承包案涉工程，如果采用定额取价，亦不符合公平原则。再次，定额标准往往跟不上市场价格的变化，而建设行政主管部门发布的市场价格信息，更贴近市场价格，更接近建筑工程的实际造价成本。此外，本案所涉钢结构工程与传统建筑工程相比属于较新型建设工程，工程定额与传统建筑工程定额相比还不够完备，按照钢结构工程造价鉴定的惯例，以市场价鉴定的结论更接近造价成本，更有利于保护当事人的利益。最后，根据《合同法》第六十二条第（二）项规定，当事人就合同价款或者报酬约定不明确，依照《合同法》第六十一条的规定仍不能确定的，按照订立合同时履行地的市场价格履行；依法应当执行政府定价或者政府指导价的，按照规定履行。本案所涉工程不属于政府定价，因此，以市场价作为合同履行的依据不仅更符合法律规定，而且对双方当事人更公平。

法律评析

如果数份无效的施工合同均不体现当事人的真实意思，司法机关亦无法判断到底哪份合同是当事人的真实意思表示。在此情况下，如何进行工程价款的确定？在很多时候，一些律师以定额为标准申请对工程造价进行鉴定，甚至部分律师申请对工程的成本价进行司法鉴定，并依此作为发包人向承包人支付工程价款的依据。

上述情形属于双方当事人对于合同的价格没有约定或约定不明的情形，就应当适用《合同法》第六十一条、第六十二条的相关规定：合同生效后，当事人就质量、价款或者报酬、履行地点等内容没有约定或者约定不明确的，可以协议补充；不能达成补充协议的，按照合同有关条款或者交易习惯确定。当事人就有关合同价款或者报酬约定不明确，依照《合同法》第六十一条的规定仍不能确定的，按照订立合同时履行地的市场价格履行；依法应当执行政府定价或者政府指导价的，按照规定履行。

据此，笔者认为，数份施工合同均无效且无法确定当事人的真实意思表示的情况下，应当以市场价作为工程结算的依据。

案例索引 最高人民法院(2011)民提字第104号民事判决书

6. 转包人和实际施工人对工程计价标准没有明确约定，参照发包人和承包人的约定计价进行结算

▶案情简介

2008年张某与承包人通泰公司签订的《项目承包经营合同》约定，由张某承建案涉工程，并未明确约定计价标准。张某将该工程转包给许某与陈某，也未明确约定计价标准。2014年许某与陈某就工程款提起诉讼，诉讼中就工程计价标准发生争议。

最高人民法院裁判观点

关于二审法院依据98定额鉴定的工程造价是否正确的问题，张某与通泰公司签订的《项目承包经营合同》中虽未约定计价标准，但明确载明"双方根据花韵蓝湾小区i地块工程施工合同书，施工1、2、3号楼"。而通泰公司与大通公司据以签订《建设工程施工合同》的招标文件中明确案涉工程按照《全国统一建筑工程基础定额云南省预算基价》(土建部分99修订版)，即98定额进行工程计价。故二审法院在许某、陈某承建案涉工程系基于张某转包的情况下，参考张某所明确认同的通泰公司与大通公司签订施工合同中的98定额计价标准，确定案涉工程造价，符合客观情况。

法律评析

对于分包人与实际施工人对工程计价没有约定时，是按照相关的定额

进行计价,还是参照前手的合同计价标准进行计价,一直以来是困扰实务界的一个疑问。而最高人民法院的上述裁判明确认定,应参照前手合同的计价标准进行计价。

案例索引 最高人民法院(2015)民申字第1219号民事裁定书

7.施工合同补充协议与备案的中标合同的实质性内容不一致的,以备案的中标合同作为结算依据

▶案情简介

盈佳公司与宏泰公司签订《建设工程施工合同》,约定案涉工程由宏泰公司承建,同时将该合同进行备案登记。施工过程中,双方签订补充协议,就付款方式等条款作出变更。嗣后,宏泰公司就工程款提起诉讼,诉讼中就工程结算依据发生争议。

最高人民法院裁判观点

关于工程款结算依据的问题,《建设工程施工合同》约定,案涉工程四个标段的工程款分别为758.4万元、756万元、715万元、370万元。付款方式为工程基础至三层盈佳公司不支付工程进度款,主体三层完成后,盈佳公司无条件支付三层以下的进度款,以后采取按工程月进度付款,付款额为所报进度的85%。工程竣工验收合格后,付工程合同总价的97%,留3%作为保修金。补充协议约定,工程总造价为2072万元(暂控)。付款方式为工程进度款拨至工程总造价(暂控价)的85%时,盈佳公司停止拨款,宏泰公司确保工程竣工并交付使用。设计变更和技术签证及余款待工程交付使用后三个月内进行结算,审定完毕后,除保修款和劳保统筹费(5%)外,两个月内一次性付清余款。上述事实表明,补充协议形成了对《建设工程施工合同》的实

质性变更。按照《建设工程司法解释》第二十一条“当事人就同一建设工程另行订立的建设工程施工合同与经过备案的中标合同实质性内容不一致的,应当以备案的中标合同作为结算工程价款的根据”的规定,二审判决以经备案的《建设工程施工合同》为工程款结算依据并无不当。经宏泰公司申请,一审法院委托鉴定机构对工程款进行了鉴定。鉴定机构作出了20号报告,鉴定工程款为23 021 168.87元。经查明,20号报告以补充协议作为鉴定依据,与上述司法解释第二十一条的规定不符。宏泰公司对此提出异议后,法院又委托鉴定机构进行复核。鉴定机构遂以《建设工程施工合同》为依据作出了24号报告,鉴定工程款为28 405 032.14元。24号报告系鉴定机构按照法定程序作出,盈佳公司主张该报告程序违法,没有事实和法律依据。

法律评析

《招标投标法》第四十六条规定,招标人和中标人应当自中标通知书发出之日起三十日内,按照招标文件和中标人的投标文件订立书面合同。招标人和中标人不得再行订立背离合同实质性内容的其他协议。同时,《建设工程司法解释》第二十一条也规定,当事人就同一建设工程另行订立的建设工程施工合同与经过备案的中标合同实质性内容不一致的,应当以备案的中标合同作为结算工程价款的根据。何为实质性内容?《招标投标法》等法律法规对此并没有明确规定。根据最高人民法院的上述案例可以得出合同结算条款属于合同的实质性条款。在本案中,施工合同补充协议已经对备案的中标合同就合同价款的支付、合同价格的确定等合同结算条款进行了明显的变更,此种变更应属于对合同内容的实质性变更。最高人民法院最终认定应当按照备案的中标合同作为双方的结算依据。

案例索引 最高人民法院(2013)民申字第2496号民事裁定书

8.《工程询证函》不能作为最终的结算依据

▶案情简介

2008 年,神州通公司与宏润公司签订《建筑工程施工合同》。2012 年,双方因工程款的支付发生争议诉至法院,宏润公司认为应以《工程询证函》作为工程款结算标准。

最高人民法院裁判观点

关于案涉《工程询证函》能否成为本案系争款项的结算标准的问题,宏润公司主张,依据《工程询证函》,截至 2008 年 12 月 31 日,神州通公司累计已付工程款为 46 566 386 元。经审查发现,首先,该《工程询证函》仅能证明宏润公司与神州通公司的账面往来款项记录情况,《工程询证函》载明的神州通公司已付款 46 566 386 元均由神州通公司转账汇入宏润公司昆山建行开发区分理处账号为 32×××32 的账户内,宏润公司并未提出证据证明神州通公司所付工程款只通过宏润公司的该银行账户进行支付,故不能仅以该《工程询证函》为依据认定神州通公司的已付工程款数额。其次,《工程询证函》虽载明截至 2008 年 12 月 31 日,神州通公司累计已支付工程款为 46 566 386 元,但《工程询证函》并非具有最终结算的效力。

法律评析

询证包括查询和函证,是审计中一种常用的程序和方法。查询是审计人员对有关人员进行书面或口头询问以获取审计证据的方法。函证是指审计人员为印证被审计单位会计记录所载事项而向第三者发函询证的一种方法。那么,询证函有无工程价款结算的效力?企业询证函是企业在财产清查中为了核实往来款项的真实性而寄送往来单位的一种核对函件,发出企业询证函的是企业的审计人员。而工程结算是指承包人按照施工合同和已完工程量向发包人办理工程价清算的经济文件，而进行工程结算的必须是具备相应资质证书的工程造价人员。因此，询证函和工程结算是完全不同的两个概念。在上述案例中，最高人民法院已经明确认定《工程询证函》并不具有最终结算的效力。

案例索引 最高人民法院(2014)民申字第156号民事裁定书

9. 施工合同无效，合同中以实物折抵工程款的约定亦无效，发包人应当以货币的形式向承包人支付工程价款

▶案情简介

2009年，泰磊公司与湖滨公司签订了《建筑工程施工承包协议》及《补充协议》。而后湖滨公司完成施工，泰磊公司也对该工程验收合格。2014年，因泰磊公司怠于支付工程款，湖滨公司诉至法院。因双方签订《建筑工程施工承包协议》及《补充协议》经依法认定无效，泰磊公司主张应依照合同的约定以其生产的设备冲抵工程款，湖滨公司主张以现金的方式支付工程价款。

最高人民法院裁判观点

案涉《建设工程施工承包协议》及《补充协议》虽然依法应认定为无效，但湖滨公司已实际完成施工，工程经泰磊公司、监理单位组织验收，验收结论和质量等级为合格。一审、二审判决根据《建设工程司法解释》第二条之规定，认定泰磊公司应参照双方合同约定支付工程款正确。双方合同约定案涉工程为全垫资建设，项目投产后，湖滨公司优先使用泰磊公司生产的加气砼块以冲抵工程款，决算确定后尾款在2011年12月31日前一次付清。

上述合同约定系赋予湖滨公司优先使用泰磊公司生产的产品以冲抵工程款的权利，但合同同时约定，双方应在 2011 年 12 月 31 日前完成结算，工程尾款应由泰磊公司一次性付清。故泰磊公司提出按照合同约定，其不应以现金方式支付湖滨公司工程款的主张，与事实不符。此外，上述合同已被依法确认为无效，一审、二审判决判令泰磊公司参照合同约定向湖滨公司支付相应工程款，系根据《合同法》第五十八条的规定，对当事人因该合同取得的财产，在不能返还或者没有必要返还的情况下，予以折价补偿。因此，即使可以认定双方当事人在合同中约定了不以现金方式结算，在合同无效的情况下，一审、二审判决判令泰磊公司以现金方式支付湖滨公司相应工程款，亦无不当。泰磊公司所持判决认定其以现金方式支付工程款错误的申请再审理由不能成立。

法律评析

《建设工程司法解释》第二条规定，建设工程施工合同无效，但工程经竣工验收合格，承包人请求参照合同约定支付工程价款的，应予支持。此条款明确规定，在工程质量合格的前提下即使合同无效，也应当参照合同约定支付工程价款。在本案中，合同本来约定工程款的支付方式就是优先以加气砼块以冲抵工程款。但最高人民法院为何最后认定应以货币的形式支付工程价款，而非以加气砼块冲抵工程款？主要理由有三：一是合同无效，合同约定的优先以加气砼块冲抵工程款的条款亦应无效。二是上述司法解释第二条的法律来源就是《合同法》第五十八条的规定。此条规定合同无效或者被撤销后，因该合同取得的财产，应当予以返还；不能返还或者没有必要返还的，应当折价补偿。在此《合同法》明确规定无效合同应当折价补偿。三是上述司法解释第二条的核心意思并非是参照合同支付工程价款，而是应当参照合同约定结算工程价款。

案例索引 最高人民法院(2015)民申字第 151 号民事裁定书

10. 两份施工合同均无效，按照双方实际履行的合同作为结算依据

▶案情简介

刘某某没有建设工程施工资质，其于2009年10月10日、2010年10月15日通过虞某某借用云阳公司资质与合发公司签订两份《建设工程施工合同》，随后，刘某某进场施工。嗣后，刘某某以拖欠工程款为由，以云阳公司、合发公司为被告提起诉讼，要求云阳公司、合发公司按照上述合同约定支付工程价款及利息。诉讼中法院认定案涉的两份施工合同均无效，现就案涉工程款结算依据的认定而发生争议。

最高人民法院裁判观点

从签约时间来看，云阳公司与合发公司签订两份合同的主体、工程名称、工程地点、施工内容均相同，但时间不同，2009年10月10日合同签订在前，2010年10月15日合同签订在后。按照时间顺序，双方履行的应当是后签订的合同，否则签订内容相同而时间和价款不同的合同无意义。从合同价款来看，2009年10月10日合同约定的工程价款为31 100 000元，2010年10月15日合同约定的工程价款为40 644 500元。一审中，刘某某提供常州市城乡建设局2010年8月31日关于应对建筑材料价格波动的紧急通知、2009年10月至2010年9月常州建筑材料价格走势信息、建筑材料指导价格信息以及混凝土、水泥供应商的涨价通知等证据证明，在工期延长期间，建筑材料价格出现上涨。两份合同签订时间相差一年，刘某某称2010年10月15日合同系双方根据实际情况重新作出的约定，符合情理。从当事人的意思表示来看，合发公司在诉讼中亦要求按2010年10月15日合同进行工程造价鉴定，说明合发公司亦认可该合同为双方实际履行的合同。故按照2010年10月15日合同作出的工程造价鉴定结论确定本案工程款并无不当。

法律评析

在司法实践中,常常存在因违反《建设工程司法解释》第一条的相关规定,致使所签订的施工合同无效的情形。同时,根据该司法解释第二条规定,建设工程施工合同无效,但建设工程经竣工验收合格,承包人请求参照合同约定支付工程价款的,应予支持。也就是说,如果施工合同无效,只要工程质量合格,双方原则上还是应按照合同的约定进行工程价款的支付与结算。但现在的问题是,如果存在的多份施工合同均无效的情形下,应以哪一份施工合同作为双方的结算依据呢?对此问题,司法解释并没有作出明确规定,有的人认为应以备案的合同作为结算依据,有的人认为应以签订在后的合同作为结算的依据,还有的人认为应以实际履行的合同作为结算的依据。笔者同意第三种观点,即以实际履行的合同作为结算的依据,因为实际履行的合同最能体现双方当事人的真实意思表示,以实际履行的合同作为结算依据既能实现合同目的,又能更好地平衡双方之间的利益,减少冲突。

案例索引 最高人民法院(2015)民申字第1232号民事裁定书

11. 国家审计机关的审计结果不应当作为发包人与承包人之间的结算依据

▶案情简介

2003年8月22日,金凯公司与重庆建工集团签订《金山大道西延段道路工程建设工程施工合同》,由重庆建工集团承包金山大道西延段道路工程。2003年11月17日,中铁十九局经金凯公司确认为岚峰隧道工程分包商,并与重庆建工集团签订《单项工程项目承包合同》,分包合同约定对合同最终结算价约定按照业主审计为准。2008年,重庆市审计局对该道路工程竣工决算进行审计，其中岚峰隧道工程审减8 168 328.52元。重庆建工集团以重庆市审计局的审计报告为依据，向中铁十九局主张返还多付的工程款。

最高人民法院裁判观点

关于重庆建工集团主张案涉工程属于法定审计范围，因此必须按照国家审计机关的审计结果进行结算的问题，根据《审计法》的规定及其立法宗旨，法律规定审计机关对政府投资和以政府投资为主的建设项目的预算执行情况和决算进行审计监督，目的在于维护国家财政经济秩序，提高财政资金使用效益，防止建设项目中出现违规行为。重庆建工集团与中铁十九局之间关于案涉工程款的结算，属于平等民事主体之间的民事法律关系。因此，本案诉争工程款的结算，与法律规定的国家审计的主体、范围、效力等，属于不同性质的法律关系问题，即无论案涉工程是否依法须经国家审计机关审计，均不能认为国家审计机关的审计结论可以成为确定本案双方当事人之间结算的当然依据，故对重庆建工集团的上述主张，不予采信，对案涉工程的结算依据问题，应当按照双方当事人的约定与履行等情况确定。

关于分包合同是否约定了案涉工程应以国家审计机关的审计结论作为结算依据的问题，分包合同中对合同最终结算价约定按照业主审计为准，系因该合同属于分包合同，其工程量与工程款的最终确定，需依赖合同之外的第三人即业主的最终确认。因此，对该约定的理解，应解释为工程最终结算价须通过专业的审查途径或方式来确定结算工程款的真实合理性，该结果须经业主认可，而不应解释为须在业主接受国家审计机关审计后，依据审计结果进行结算。根据《审计法》的规定，国家审计机关的审计系对工程建设单位的一种行政监督行为，审计人与被审计人之间因国家审计发生的法律关系与本案当事人之间的民事法律关系性质不同。因此，在民事合同中，当事人对接受行政审计作为确定民事法律关系依据的约定，应当具体明确，而不能通过解释推定的方式，认为合同签订时，当事人已经同意接受国家机关的审计行为对民事法律关系的介入。因此，重庆建工集团所持分包合同约定了以国家审计机关的审计结论作为结算依据的主张，缺乏事实和法律依据，本院不予采信。

法律评析

合同约定与审计结论不一致，工程造价应当如何确定？2001 年 4 月 2 日，最高人民法院民一庭针对河南省高级人民法院的请示作出《关于建设工程承包合同案件中双方当事人已确认的工程决算价款与审计部门审计的工程决算价款不一致时如何适用法律问题的电话答复意见》(〔2001〕民一他字第 2 号)，内容为："你院'关于建设工程承包合同案件中双方当事人已确认的工程决算价款与审计部门审计的工程决算价款不一致时如何适用法律问题的请示'收悉。经研究认为，审计是国家对建设单位的一种行政监督，不影响建设单位与承建单位的合同效力。建设工程承包合同案件应以当事人的约定作为法院判决的依据。只有在合同明确约定以审计结论作为结算依据或者合同约定不明确、合同约定无效的情况下，才能将审计结论作为判决的依据。"在上述案件中，最高人民法院明确认定在民事合同中，当事人对接受行政审计作为确定民事法律关系依据的约定，应当具体明确，而不能通过解释推定的方式，认为合同签订时，当事人已经同意接受国家机关的审计行为对民事法律关系的介入。因此，最高人民法院没有支持重庆建工集团所持分包合同约定的以国家审计机关的审计结论作为结算依据的主张。

案例索引 最高人民法院(2012)民提字第 205 号民事判决书

12.《建筑工程施工发包与承包计价管理办法》不应直接作为结算依据

▶案情简介

金达工贸与太原一建签订《建设工程施工合同》，约定由太原一建承包建设案涉工程，合同中并未约定发包人收到竣工结算文件后，在约定期限内不予答复,承包人提交的竣工结算文件作为工程款结算的依据。2005 年太原一建完工,现太原一建就工程款提起诉讼,请求本案应参照适用建设部《建筑工程施工发包与承包计价管理办法》第十六条和《建设工程司法解释》第二十条的规定结算工程款。

最高人民法院裁判观点

根据金达工贸的再审申请理由以及太原一建提交的意见,原判决适用《建筑工程施工发包与承包计价管理办法》第十六条的规定,属于适用法律错误。依照《建设工程司法解释》第二十条的规定,只有当事人之间约定了发包人收到竣工结算文件后,在约定期限内不予答复,承包人提交的竣工结算文件才可以作为工程款结算的依据。本案中,双方当事人未作这种约定,不能依据《建筑工程施工发包与承包计价管理办法》第十六条的规定简单地推论出双方当事人具有发包人收到竣工结算文件一定期限内不予答复,则视为认可承包人提交的竣工结算文件的一致意思表示,承包人提交的竣工结算文件不能作为工程款结算的依据。综上,金达工贸的再审申请符合《民事诉讼法》第二百条第(六)项规定的情形。依照指令山西省高级人民法院再审本案。

法律评析

《建筑工程施工发包与承包计价管理办法》①第十六条明确规定,发包方应当在收到竣工结算文件后的约定期限内予以答复。逾期未答复的,竣工结算文件视为已被认可。发、承包双方在合同中对上述事项的期限没有明确约定的,可认为其约定期限均为 28 日。据此,很多人认为即使合同没有约定,发包人应在收到竣工结算文件后至迟 28 天内予以答复。逾期未答复的,竣工结算文件视为已被认可。对此,最高人民法院在上述裁判中已经明确认定,原判决适用《建筑工程施工发包与承包计价管理办法》第十六条的规

① 2001 年 10 月 25 日建设部第 49 次常务会议审议通过,自 2001 年 12 月 1 日起施行;2014 年 2 月 1 日起失效,由新办法替代。

定属于适用法律错误。依照《建设工程司法解释》第二十条的规定，只有当事人之间约定了发包人收到竣工结算文件后，在约定期限内不予答复，承包人提交的竣工结算文件才可以作为工程款结算的依据。本案中，双方当事人未作这种约定，因此，承包人提交的竣工结算文件不能作为工程款结算的依据。

案例索引 最高人民法院(2014)民申字第999号民事裁定书

13. 承包人与实际施工人对工程计价没有约定的，以当地市场价作为计价依据

▶案情简介

中交公司中标政府工程后，将案涉工程的跨新沂河特大桥的桥梁基础、匝道和路基工程交由左某某组织施工，但双方之间未就工程施工达成过任何形式的书面协议，亦未就工程分包单价作出过口头约定。现左某某就其施工部分提起诉讼，请求中交公司支付相应工程款。诉讼中法院申请鉴定机构对案涉工程进行造价鉴定，中交公司主张参照与业主的建设工程施工合同中约定的中标价对左某某施工工程进行结算，双方对鉴定依据发生争议。

最高人民法院裁判观点

根据本案一、二审审理查明的事实，中交公司与左某某之间未就工程施工达成过任何形式的书面协议，中交公司亦未能举证证明双方曾就工程分包单价作出过口头约定，现其申请再审主张应参照与业主的建设工程施工合同中约定的中标价对左某某施工工程进行结算，有违合同相对性原则，事实依据不足。左某某施工内容主要是跨新沂河特大桥的桥梁基础、匝道和

路基工程,与其他标段的工程状况不具有完全的可比性,且中交公司提供的与其他标段的结算单据和合同亦系合同所涉当事人根据具体施工内容、施工企业状况等实际情况多次磋商达成,中交公司申请再审主张应参考其他标段平均中标价依据市场价结算左某某施工工程价款,亦欠缺事实依据。本案中,左某某进行了实际施工,且所施工工程已竣工验收合格并交付中交公司使用,根据《建设工程司法解释》第二条之规定,中交公司应向其支付工程价款。鉴于左某某施工工程系交通建设工程,双方亦未就工程计价标准或计价方法达成过任何书面或口头约定,根据《建设工程司法解释》第十六条之规定,一、二审法院采信建行宿迁分行造价中心出具的鉴定结论,根据施工期间的2008版《交通建设工程清单计价规范》计算左某某施工工程的价款,适用法律并无不当,应予维持。

法律评析

对于实际施工人与承包人就计价标准没有约定的情形下,应当如何确定工程价款,司法解释对此并没有明确的规定。在司法实践中一般有三种做法:一是按照承包人与发包人约定的计价标准确定工程价款;二是按照施工当地当时的定额确定工程价款;三是按照施工当地当时的市场价确定工程价款。对于第一种方式,考虑到合同最基本的相对性原则,上述做法已经不属于主流观点。现在争议最大的就是后面两种,即到底是按照定额确定工程价款还是按照市场确定工程价款。最高人民法院在上述裁判中,显然是支持按照定额确定工程价款并认为中交公司申请再审主张的应参考其他标段平均中标价依据市场价确定工程价款欠缺事实依据。其理由就是《建设工程司法解释》第十六条第二款的规定,当事人对价款不能协商一致的,可以参照签订建设工程施工合同时当地建设行政主管部门发布的计价方式或计价标准结算工程价款。对此,笔者并不认可。笔者认为应当按照市场价确定工程价款,依据就是《合同法》第六十二条规定:当事人就合同价款或者报酬约定不明确的,按照订立合同时履行地的市场价格履行;依法应当执行政府定价或者政府指导价的,按照规定履行。对于建筑市场的定价已经是完全放开的,并没有政府定价也没有政府指导价,定额仅仅反映的是一个社会平均生产率,并不属于政府定价或政府指导价的范畴。因此,笔者认为应当优先适用《合同法》的规定,而不是适用《建设工程司法解释》的规定,即在建筑市场中对于价款约定不明时,就应当按照履行地的市场价确定工程价款。

案例索引 最高人民法院(2014)民申字第1781号民事裁定书

14.《建设工程司法解释》第二条本意是合同当事人只能依据合同的约定进行工程价款的结算

▶案情简介

南方公司与螺丝公司签订《建设工程施工合同》,约定由螺丝公司承包建设案涉工程。在合同履行过程中,南方公司未按约定支付进度款,导致螺丝公司无法继续施工,工程未竣工。螺丝公司就欠付工程款提起诉讼,南方公司认为承包人可以根据实际情况,选择请求参照合同约定或者其他方法支付工程价款,双方就合同结算方式发生争议。

最高人民法院裁判观点

《建设工程司法解释》第二条规定,建设工程施工合同无效,但建设工程经竣工验收合格,承包人请求参照合同约定支付工程价款的,应予支持。该规定意在强调,双方当事人签订的合同反映了建筑业市场的供求关系,体现了当事人的利益平衡。因此,在建设工程竣工验收合格的情况下,应以合同约定价格确定工程款。以此标准请求给付工程款,是双方当事人的权利;以此标准确定工程款,是人民法院的裁判依据。因此,螺丝公司以该规定需要区分不同情况、承包人有权选择以该标准或者其他标准作为工程款结算依据的理由不能成立。

法律评析

承包人在合同无效但工程竣工验收合格的情形下请求按建筑工程费用定额或市场价结算工程价款，是否应予以支持？甚至还有一部分学者认为，承包人在上述情形下应当按照其实际投入的成本确定应得的工程价款。根据《建设工程司法解释》第二条的规定，似乎对其他的结算方式没有禁止性规定，承包人似乎有权选择采取任何一种结算方式确定工程价款。对此，最高人民法院在上述裁判中明确认定，双方当事人签订的合同反映了建筑业市场的供求关系，体现了当事人的利益平衡，因此，在建设工程竣工验收合格的情况下，应以合同约定价格确定工程款。

案例索引　最高人民法院(2014)民申字第933号民事裁定书

15. 不得以《建设工程司法解释》第二十六条的规定作为免除承包人支付工程款义务的依据

▶案情简介

泰森公司与秦龙公司签订《施工合同》，由秦龙公司作为承包人施工建设，秦龙公司又与宋某某签订内部承包协议，将案涉工程转包给宋某某实际施工。现宋某某以泰森公司和秦龙公司为被告提起诉讼要求支付工程款。该案的一、二审法院仅判决由泰森公司支付工程价款。

最高人民法院裁判观点

泰森公司与秦龙公司签订施工合同，由秦龙公司作为承包人施工建设，秦龙公司又与宋某某签订内部承包协议，将案涉工程转包给宋某某实际施工。因宋某某与秦龙公司具有合同关系，根据合同相对性原则，如果存在欠付宋某某工程款的事实，应由秦龙公司承担付款责任。发包人泰森公司与实际施工人宋某某不具有合同关系，依据《建设工程司法解释》第二十六条第二款的规定，实际施工人突破合同相对性向发包人主张权利的前提是发包人欠付工程款。二审法院依据上述司法解释的规定，直接判决发包人泰森公司向实际施工人宋某某承担责任，适用法律不当。

法律评析

《建设工程司法解释》第二十六条第二款规定，实际施工人以发包人为被告主张权利的，人民法院可以追加转包人或者违法分包人为本案当事人。发包人只在欠付工程价款范围内对实际施工人承担责任。此条规定虽已突破了合同的相对性原则，但由于发包人仅在欠付承包人工程价款的范围内对实际施工人承担责任，所以在实质上并没有加重发包人的负担。现在的问题是，能否依此规定直接判决仅由发包人承担工程款义务，而免除承包人支付工程款的义务呢？在上述案件的一、二审过程中，实际施工人作为原告已经将承包人和发包人作为共同被告要求支付工程价款，而此案的一、二审判决均直接援引上述司法解释的规定判由发包人支付尚欠工程价款，且驳回了实际施工人对承包人的诉讼请求。笔者认为，发包人依照上述司法解释的规定对实际施工人所承担的仅仅是一种补充责任，而非一种连带责任或直接单独责任，在此情形下免除承包人的付款责任显然不妥。退一步讲，即使是连带责任，也不应任意免除连带责任一方的责任，这显然不当。最高人民法院在上述裁判中明确认定，依据《建设工程司法解释》的规定，直接判决发包人泰森公司向实际施工人宋某某承担责任，适用法律不当。泰森公司的再审申请符合法律规定，故指令陕西省高级人民法院再审本案。

案例索引 最高人民法院(2013)民申字第2375号民事裁定书

---

16. 发包人不得以承包人未能移交竣工资料而拒绝支付工程价款

▶案情简介

2010 年，祥维公司与中铁五建签订《建设工程施工合同》，约定由中铁五建承建案涉工程。嗣后，祥维公司以中铁五建未在约定时间内交验完毕工程资料而拒绝支付工程价款，中铁五建就工程款提起诉讼。

最高人民法院裁判观点

2010 年双方当事人签订的《协议》第四条约定："乙方尽快整理施工范围的竣工交验资料，钢结构加工安装部分资料由甲方整理。由甲方组织工程交验，在 2010 年 5 月 31 日前交验备案完毕。"第五条约定："甲方承诺 2010 年 4 月 30 日前支付乙方 200 万元以上，余款分三次在 2010 年 7 月 30 日内支付完毕。"本案系建设工程施工合同纠纷，发包方的主要义务是依照合同约定及时支付工程款，承包方的主要义务是按照合同约定时间施工并交付合格工程。根据双务合同的本质，合同抗辩的范围仅限于对价义务。一方不履行对价义务的，相对方才享有抗辩权。支付工程款与交付竣工验收资料是两种不同性质的义务，前者是合同的主要义务，后者是承包方的附随义务，二者不具有对等关系。本案中，祥维公司以中铁五建未及时交付竣工验收资料作为拒绝支付工程余款的抗辩理由不能成立。二审法院适用《合同法》第六十七条认定中铁五建在交付竣工验收资料前主张祥维公司支付其余工程款的条件尚未成就明显不当，中铁五建的再审申请符合法律规定的情形，故指令四川省高级人民法院再审本案。

法律评析

在施工合同纠纷中，经常发生发包人以承包人尚未移交竣工资料来抗辩承包人主张工程价款的权利。这属于合同法的哪种抗辩权,此抗辩权能否成立?《合同法》第六十六条、第六十七条和第六十八条,分别对同时履行抗辩权、后履行抗辩权和不安抗辩权进行了明确规定。抗辩权产生的基础就是双方互负债务且此债务必须具有对等性或相应的关联性,否则不能产生抗辩权。抗辩权的实质就是妨碍他人行使权利的对抗权。笔者认为,除非双方当事人的合同明确约定发包人支付工程结算款的前提必须是承包人提交完成的竣工资料,否则,发包人不应以承包人未能提交竣工资料作为拒绝支付工程价款的理由。最高人民法院在上述裁判中明确认定,本案系建设工程施工合同纠纷,发包方的主要义务是依照合同约定及时支付工程款,承包方的主要义务是按照合同约定时间施工并交付合格工程。根据双务合同的本质,合同抗辩的范围仅限于对价义务。一方不履行对价义务时,相对方才享有抗辩权。支付工程款与交付竣工验收资料是两种不同性质的义务,二者不具有对等关系,本案中祥维公司以中铁五建未及时交付竣工验收资料作为拒绝支付工程余款的抗辩理由不能成立。

案例索引 最高人民法院(2014)民申字第651号民事裁定书

17.《建设工程司法解释》第二十条规定,发包人未在约定期限内给予承包人提交的竣工结算文件答复的,视为认可竣工结算文件

▶案情简介

临沂焦化公司与滕州安装公司双方之间签订《建设工程施工合同》,并在合同专用条款中约定发包人收到承包人递交的竣工结算报告及结算资料后45日内进行核实或提出合理的修改意见,如45日内不予以答复,视为认可承包人的竣工结算报告。临沂焦化公司于2010年10月26日接收了滕州

安装公司提交的竣工资料，包括建筑工程造价结算书。临沂焦化公司当时对该结算书没有加盖印章并未提出异议。嗣后，滕州安装公司就临沂焦化公司未足额支付工程款提起诉讼，诉讼中临沂焦化公司以结算书没有加盖印章为由，不认可以此作为结算依据。

最高人民法院裁判观点

双方之间签订的《建设工程施工合同》专用条款中约定，发包人收到承包人递交的竣工结算报告及结算资料后45日内进行核实或提出合理的修改意见，如45日内不予以答复，视为认可承包人的竣工结算报告。《建设工程司法解释》第二十条规定，当事人约定，发包人收到竣工结算文件后，在约定期限内不予答复，视为认可竣工结算文件的，按照约定处理。承包人请求按照竣工结算文件结算工程价款的，应予支持。临沂焦化公司于2010年10月26日接收了滕州安装公司提交的竣工资料，包括建筑工程造价结算书。临沂焦化公司当时对该结算书没有加盖印章并未提出异议，现临沂焦化公司以该结算书没有加盖印章为由，否定该结算书的法律效力，没有事实和法律依据。临沂焦化公司在接收该结算书后，应当在约定的45日内，对滕州安装公司提交的工程结算价款作出同意或不同意的答复，临沂焦化公司在一审时虽提供了一些证据欲证明其对工程结算书的结算价格有异议，但是这些证据均不能证明临沂焦化公司在约定的期限内，完成了对滕州安装公司提交的结算书予以答复的法律义务。综上，临沂焦化公司收到滕州安装公司递交的结算文件后45日内未予答复，符合上述双方约定及相关司法解释的适用条件，二审法院以滕州安装公司提交的结算文件作为结算依据并无不当。

法律评析

笔者认为，《建设工程司法解释》第二十条的立法本意主要是民商事活动应当充分尊重当事人的意思自治原则。在此条款的适用中会产生一个问题——如果承包人所提交的结算文件的价格明显畸高或有明显错误，但发包人没有在合同约定的期限内提出异议或作出答复。在此情形下法院是否还依照上述规定以承包人结算文件作为双方结算依据呢,发包人还有无其他救济方式,发包人是否可以依照显失公平为由行使撤销权?这些问题都值得探讨。在上述案例中最高人民法院明确认定,临沂焦化公司在一审时提供的证据无法证明其在约定的期限内,完成了对滕州安装公司提交的结算书予以答复的法律义务。故二审法院以滕州安装公司提交的结算文件作为结算依据并无不当。

案例索引 最高人民法院(2013)民申字第1617号民事裁定书

18. 当前定额与当事人的约定不一致时,应当以当事人的约定作为结算依据

▶案情简介

兴达公司于2006年8月23日和2007年4月3日经市建设与规划委员会批准,以1998年定额为计算依据对其开发的东方家园小区六栋商住楼工程进行两次招标,城建公司两次中标,双方签订《建设工程施工合同》。后案涉工程竣工验收后,城建公司于2009年6月8日向兴达公司送达工程结算书,该结算书以1998年定额作为结算工程款的依据。现双方就工程价款结算依据的问题产生争议诉至法院,城建公司提出案涉工程应当采用2005年定额结算工程款的主张。

最高人民法院裁判观点

关于工程价款结算依据的问题,2006年6月9日,广西壮族自治区建设厅、广西壮族自治区发展和改革委员会、广西壮族自治区财政厅联合颁布的2005年《广西壮族自治区装饰装修工程消耗量定额》和《广西壮族自治区建筑工程消耗量定额》规定:2005年《广西壮族自治区装饰装修工程消耗量定

额》和 2005 年《广西壮族自治区建筑工程消耗量定额》(以下简称 2005 年定额)于 2006 年 7 月 1 日起在本自治区行政区域内施行,1998 年《全国统一建筑工程基础定额广西壮族自治区单位估价表》(包括其补充定额,以下简称 1998 年定额)同时停止执行。城建公司对上述定额的调整应当明知。兴达公司于 2006 年 8 月 23 日和 2007 年 4 月 3 日经市建设与规划委员会批准,以 1998 年定额为计算依据对其开发的东方家园小区六栋商住楼工程进行两次招标。城建公司在一审庭审时承认其按照 1998 年定额投标,并两次中标。即中标通知书和投标书均采用 1998 年定额计算工程款。《建设工程施工合同》第一部分协议书第六条载明中标通知书、投标书及其附件为合同文件,并在第二部分通用条款第二条明确,合同文件的优先解释顺序如下:(1)本合同协议书;(2)中标通知书;(3)投标书及其附件;(4)合同专用条款;(5)合同通用条款;(6)标准、规范及有关技术文件等。故采用 1998 年定额为案涉工程款的结算依据是双方当事人的真实意思表示,并已在合同文件中作出了特殊约定,上述约定不违反法律、行政法规的强制性规定,符合《建设工程司法解释》第十六条第一款"当事人对建设工程的计价标准或者计价方法有约定的,按照约定结算工程价款"规定的情形,合法有效,对上述约定双方当事人均应遵照执行。

法律评析

定额是指在规定工作条件下,完成合格的单位产品所需要用的劳动、材料、机具、设备以及有关费用的数量标准。建设工程定额标准是各地建设主管部门或企业自身根据建筑市场"建安成本"的平均值确定的,可以理解为完成单位工程量所消耗的劳动、材料以及机械台班等标准额度。根据法律规定,价格的确定实行市场调节价、政府指导价或者政府定价。由于建筑市场在我国属于一个完全竞争、放开的市场,基本不存在任何形式的管制。笔者认为,工程定额仅仅是完成单位产品的一个平均值而尚不属于价格确定的方式或范畴。因此,各级建设行政主管部门所颁布的定额也仅是区域内的一个平均值而已,不属于部门规章、更不属于法律法规的强制性规范。因此,在合同当事人的约定不违反法律法规规定的前提下,不排除当事人就工程价款或计价标准、方法自行作出约定,应当允许当事人订立与定额标准不一致的工程结算价格。对此,最高人民法院认为,合同采用1998年定额为案涉工程款的结算依据是双方当事人的真实意思表示,并已在合同文件中作出了特殊约定,且不违反法律、行政法规的强制性规定,符合《建设工程司法解释》第十六条第一款规定的情形,合法有效,对上述约定双方当事人均应遵照执行。

案例索引 最高人民法院(2013)民申字第1872号民事裁定书

19.《建设工程司法解释》第二十二条所述"固定价"应当理解为固定总价

▶案情简介

杨某分包五建公司下设项目部在云南省迪庆藏族自治州维德二级公路改造工程的施工工作。双方在《工程劳务分承包合同》以及施工过程中,对各项工程单价有约定。现杨某就其完成的工程量主张工程款提起诉讼,诉讼中,双方对施工总量和欠付工程款数额存在争议,经鉴定杨某完成工程量的造价为14 202 740.6元。杨某认为案涉工程已明确固定价,不应鉴定。

最高人民法院裁判观点

固定价应指工程结算的总造价,双方对工程单价的约定并不等同于对工程总价的固定约定。一审法院根据杨某的申请对案涉工程量和工程造价进行鉴定后,杨某现申请再审又认为该鉴定违反《建设工程司法解释》第二十二条关于"当事人约定按照固定价结算工程价款,一方当事人请求对建设工程造价进行鉴定的,不予支持"的规定,没有事实和法律依据。

法律评析

对于固定价,根据《建设工程价款结算暂行办法》第八条的规定,有固定总价和固定单价之分,对于工期较短且工程合同总价较低的工程,可以采用固定总价的合同。固定单价是指双方在合同中约定综合单价包含的风险范围和风险费用的计算方法,在约定的风险范围内综合单价不再调整。风险范围以外的综合单价的调整方法,应当在合同中约定。同时,《建设工程工程量清单计价规范(2013)》也是将合同分为单价合同和总价合同。此处的单价也就是指综合单价或固定单价,也称为工程量清单计价。对此,很多人认为《建设工程司法解释》第二十二条中的固定价包括了固定总价和固定单价。笔者对此并不赞同,因为现在的施工合同的计价方式不是单价合同,就是总价合同,如果固定价既包括总价又包括单价,那就不存在鉴定的问题了。故最高人民法院在上述案例中明确认定:固定价应指工程结算的总造价,双方对工程单价的约定并不等同于对工程总价的固定约定。

案例索引 最高人民法院(2013)民申字第2135号民事裁定书

20. 固定总价包干的施工合同,如中途停工,应付工程价款按承包人实际完成工程量的比例确定

▶案情简介

凤生纸业公司与东嘉公司签订《施工合同》,由东嘉公司承建案涉工程,其中合同第六条约定,双方订立的承包合同属于固定价款合同,合同总价为不变价款586万元。在施工过程中,凤生纸业公司未办理施工许可证,东嘉公司采取停止施工、撤回现场机具设备材料的措施。现东嘉公司主张应当以实际完成的工程量造价4 065 286.23元为结算依据,双方发生争议诉至法院。

最高人民法院裁判观点

关于凤生纸业公司应按何种标准支付东嘉公司已完工程未付工程款及利息的问题，根据当事人双方在《施工合同》第六条中的约定，双方订立的承包合同属于固定价款合同，合同总价为不变价款586万元。双方发生纠纷诉至法院后，由于双方对已完工程量未进行结算，一审法院经双方当事人的同意，委托双方选定的四川恒中工程造价咨询有限责任公司（现已更名为四川信永中和工程造价咨询有限责任公司），对东嘉公司承建的碱回收车间工程已完工程量和已完工程量占送鉴施工图总工程量的比例进行鉴定。该鉴定结论显示，东嘉公司已完工程量造价占送鉴施工图总工程量造价的比例为52.78%。综上，东嘉公司已完成工程量的工程价款应为3 092 908元（586万元×52.78%），凤生纸业公司已支付工程款310.8万元，已超过已完成工程按合同约定支付的工程价款。一、二审法院对此认定，并无不妥。

法律评析

《建设工程司法解释》第二十二条规定，当事人约定按照固定价结算工程价款，一方当事人请求对建设工程造价进行鉴定的，不予支持。根据上述规定，对于固定总价包干施工合同的工程价款的确定，应当充分尊重当事人的意思自治，应按照合同约定的固定总价确定最终的应付工程价款。笔者认为，适用上述司法解释规定的前提是工程必须全部完工，如果工程在中途停工处于烂尾状态，还按照合同约定的固定总价确定最终的应付工程价款显然是不对的。在此，就应当对工程造价进行工程造价鉴定，如果对工程进行造价鉴定，到底是鉴定未完工程的造价（应付工程价款就等于固定总价减去未完工程造价），还是鉴定已完工程的造价（应付工程价款就直接等于已完工程造价）？对此问题法律和司法解释并没有明确规定。例如，一个固定总价包干的合同价款为1000万元，如果鉴定未完工程造价为400万元，因此，应付工程价款就应当是600万元。如果鉴定已完工程造价，可能所得出的结果就不一定是600万元，而是700万元，如此应付的工程价款就应当是700万元。根本的原因就是已完工程加上未完工程造价不一定完全等于合同约定的固定总价。在上述案例中，最高人民法院确定应当按照承包人已完工程量造价占送鉴施工图总工程量造价比例和固定总价确定应付工程价款,不失为一种公正、公平的做法。

案例索引 最高人民法院(2014)民申字第532号民事裁定书

21. 以未备案的中标合同作为结算依据

▶案情简介

2006年6月,天成公司与方泽公司签订施工合同。2007年3月,天成公司与天昕公司签订施工合同,两份合同都进行了备案。随后,弘盛公司作为实际施工人与天成公司、天昕公司签订了一份施工合同,又与天成公司、方泽公司签订了一份施工合同。该两份合同在结算方式上约定将决算总价按结算条款下调4%,两份合同都未备案。工程完工后,弘盛公司以实际施工人的身份起诉天成公司,要求天成公司以备案的施工合同为结算依据支付工程价款。

最高人民法院裁判观点

关于工程价款结算依据的问题,本案共涉及两类合同:一类为经过备案的中标合同,包括2006年6月天成公司与方泽公司之间签订的建设工程施工合同及2007年3月天成公司与天昕公司之间签订的建设工程施工合同;另一类为未经备案的三方合同,包括2007年3月天成公司、天昕公司与弘盛公司之间签订的建设工程施工合同,及2007年5月6日天成公司、方泽公司与弘盛公司之间签订的建设工程施工合同。根据《建设工程司法解释》第二十一条之规定,当事人就同一建设工程另行订立的建设工程施工合同与经过备案的中标合同实质性内容不一致的,应当以备案的中标合同作为结算工程价款的根据。第一,从文义上对上述条款进行理解,另行签订的合同与备案合同的主体应一致,“另行订立”是指合同实质内容的变更,而非合同主体的变更。第二,结合《招标投标法》第四十六条,招标人和中标人不得再行订立背离合同实质性内容的其他协议,可见,上述司法解释第二十一条的立法本意之一系避免招标人利用优势地位,迫使中标人在价款等方面作出让步,从而保护中标人的合法权益不受侵犯。对于非法转包、违法分包等行为,法律是予以禁止的,不应过分保护,因此《建设工程司法解释》第二十一条中所指的“当事人”,不应扩大解释到转包人、非法分包人、实际施工人等。第三,从合同相对性上看,弘盛公司并非备案合同的签订主体,而只是两份三方合同的当事人,故两份备案合同在天成公司与弘盛公司之间就不会形成法律约束力,两份备案合同不能成为工程价款的结算依据。至于二审判决中关于“相同主体就同一建设工程另行订立的建设工程施工合同与经过备案的中标合同实质性内容不一致”的表述,系对法条进行适用的阐述,并非对法条的直接引用,不构成对法条内容的擅自篡改。因此,弘盛公司关于二审法院在工程价款结算依据问题上存在适用法律错误的主张,不应予以支持。

法律评析

《建设工程司法解释》第二十一条规定,当事人就同一建设工程另行订立的建设工程施工合同与经过备案的中标合同实质性内容不一致的,应当以备案的中标合同作为结算工程价款的根据。如果随后签订的施工合同虽然在实质内容上与备案的中标合同不一致,但合同主体已经发生了变更,对此,是否仍以中标的备案合同作为结算依据呢?在上述案例中,最高人民法院明确认定不应以备案的中标合同作为结算依据。

案例索引 最高人民法院(2012)民申字第430号民事裁定书

---

22. 中标备案合同不一定作为双方的结算依据

▶案情简介

盛鑫公司承建科兴公司的案涉工程项目，双方就该工程项目签订了三份施工合同。一是在招投标之前签订的《建设工程施工合同》(以下简称标前合同)；二是招标后签订并备案的《建设工程施工合同》(以下简称中标合同)；三是2010年1月29日签订的《补充协议》。嗣后，双方就工程价款的结算依据是上述三份施工合同中的哪一份发生争议。

最高人民法院裁判观点

关于本案相关合同的效力及案涉工程结算的依据问题。本案工程施工单项合同在200万元以上，依法为必须进行招标的工程项目。盛鑫公司、科兴公司在招标前签订标前合同，即双方就工程价款、工程质量及施工时间等工程实质性内容进行了磋商和谈判，违反了《招标投标法》第四十三条关于在确定中标人前，招标人不得与投标人就投标价格、投标方案等实质性内容进行谈判的强制性规定，依照《招标投标法》第五十五条的规定，中标无效。另依照《建设工程司法解释》第一条的规定，由于案涉工程中标无效，一、二审法院认定标前合同及中标合同无效正确，但其认为中标合同无效的理由是以合法形式掩盖非法目的不当，应予以纠正。案涉标前合同、中标合同均无效，但由于标前合同是当事人的真实意思表示，实际施工中盛鑫公司、科兴公司也主要是依据标前合同的约定来履行，且从标前合同的内容看，其结算也主要是依照定额据实结算，因此，在一定情况下，将标前合同作为结算工程价款的一个参照也并不违背双方真实意思表示。

法律评析

《建设工程司法解释》第二十一条的规定，当事人就同一建设工程另行订立的建设工程施工合同与经过备案的中标合同实质性内容不一致的，应当以备案的中标合同作为结算工程价款的根据。在本案中，确实存在备案的中标合同，也存在未备案的标前合同。如果按照司法解释的上述规定，似乎应当以备案的中标合同作为结算依据。但是，最高人民法院在上述案例中并没有以备案的中标合同作为结算依据，原因就在于备案的中标合同属于无效合同。那么，如果存在两个或两个以上的无效合同，应当如何参照适用呢？上述司法解释第二条规定，建设工程施工合同无效，但建设工程经竣工验收合格，承包人请求参照合同约定支付工程价款的，应予以支持。但本案是有两个无效合同，且两个无效合同的结算方式是不一样的。对此，司法解释并没有在两个或两个以上无效合同中如何适用的规定。本案中最高人民法院明确认定：案涉标前合同、中标合同均无效，但由于标前合同是当事人的真实意思表示，在一定情况下，将标前合同作为结算工程价款的一个参照也并不违背双方真实意思表示。这也就是说，最高人民法院采取以真实意思表示来决定是否适用合同。

案例索引 最高人民法院(2013)民申字第884号民事裁定书

23. 备案的施工合同与双方实际履行的合同不一致时，应以双方实际履行的合同作为结算依据

▶案情简介

谷里公司承包建设乾豪公司的厂房和办公综合楼工程项目，双方于2005年8月21日签订《工程承包协议》（以下简称“8·21协议”），2005年10月26日签订《建设工程施工合同》并备案（以下简称“10·26备案合同”），但双方实际按照“8·21协议”约定履行。现就双方到底履行的是哪份合同及其效力发生争议。

最高人民法院裁判观点

关于双方实际履行的是“8·21 协议”还是“10·26 备案合同”以及该合同的效力问题,《建设工程司法解释》第二十一条规定,当事人就同一建设工程另行订立的建设工程施工合同与经过备案的中标合同实质性内容不一致的,应当以备案的中标合同作为结算工程价款的根据。以上条款适用于招投标工程中存在两份合同的情形。虽然本案中存在备案合同,但案涉工程并非招投标工程,故不存在备案合同效力优先的问题。从实际履行情况来看,双方也是按照“8·21 协议”中约定的开工时间进行施工和工程款的结算。谷里公司在诉讼中反诉主张工程款以及要求乾豪公司支付违约金也是以“8·21 协议”为依据。“8·21 协议”明确了工程名称、地点、工程价款、付款方式、违约责任,系双方当事人真实意思表示,不违反法律规定,应为有效合同。

法律评析

根据《建设工程司法解释》第二十一条规定,很多人认为备案合同应当具有优先适用的属性,备案合同的效力优先。笔者认为,适用上述司法解释的前提是案涉项目经过了招投标程序,且备案合同属于中标合同。否则,就不存在备案合同效力优先的问题。在实践中经常会发生当事人的备案合同仅仅是取得施工行政许可的手续而已,其备案合同并不是当事人的真实意思表示的情况。在此情形下,就应当以能够体现双方当事人真实意思表示的合同作为双方履行的依据,而非以备案合同作为双方履行的依据。最高人民法院在上述案例中明确认定,本案中存在备案合同,但案涉工程并非招投标工程,故不存在备案合同效力优先的问题。且双方实际履行的也是“8·21 协议”,故应以“8·21 协议”为双方履行的依据。

案例索引 最高人民法院(2010)民申字第 1281 号民事裁定书

24. 过错责任的认定不影响无效施工合同的结算问题

▶案情简介

2003年4月,莫某某与东深公司签订《长富商贸广场工程合作协议》。2003年5月,莫某某借用施工单位东深公司的名义与长富广场公司签订《长富广场工程初步协议》。现莫某某就工程款支付等问题提起诉讼,诉讼中就案涉合同效力认定、工程款结算依据发生争议。

最高人民法院裁判观点

双方当事人对于合同无效均不存在争议,但莫某某认为原判决对于合同无效的责任认定有失公正。莫某某认为,长富广场公司对于其挂靠东深公司的行为应当知情,但未提供相应证据证明其主张。从莫某某与东深公司签订的保密协议的内容看,保密协议以外的第三人很难知晓他们之间的挂靠关系。案涉合同的签订主体为长富广场公司与东深公司,长富广场公司提交的收款收据表明案涉工程进度款是向东深公司支付的,且莫某某参加有关协调会议亦是以东深公司的工作人员身份,莫某某所提交的借条及借据也均是以东深公司大朗长富商贸广场工程项目经理部的名义进行借款的。以上证据及事实表明,在合同的签订和履行过程中与长富广场公司发生法律关系的是东深公司,而非莫某某。因此,莫某某与东深公司对于合同无效应当承担全部责任,原判决对于合同无效后责任的认定并无不当。即便长富广场公司对此知情,应承担一定的过错责任,也不影响本案的实体处理。过错责任的划分,仅在计算损失赔偿时有意义,对于案涉工程款数额的认定并无影响。依据《合同法》第五十八条的规定,合同无效或者被撤销后,因该合同取得的财产,应当予以返还;不能返还或者没有必要返还的,应当折价补偿。有过错的一方应当赔偿对方因此所受到的损失,双方都有过错的,应当各自承担相应的责任。而本案中双方仅对工程款的计算数额存在争议，双方当事人均未提起损害赔偿之诉，因此，过错责任的认定并不影响对于案涉工程款数额的计算。

法律评析

《建设工程司法解释》第二条规定，建设工程施工合同无效，但建设工程经竣工验收合格，承包人请求参照合同约定支付工程价款的，应予支持。对此，有人认为，对于施工合同的无效的结算首先应当进行追责，是因为谁的原因导致施工合同无效，然后再进行工程价款的结算。那么，对于导致施工合同无效的责任承担是否影响工程价款的结算呢？根据《合同法》的规定，合同无效以后三个主要的法律后果是返还财产、折价补偿和赔偿损失，因此上述司法解释第二条的法律依据就是折价补偿。笔者认为，对于施工合同的无效的追责所影响的仅仅是损失的赔偿，即按照过错大小赔偿损失，而不应影响折价补偿。在上述案例中，最高人民法院明确认定过错责任的划分，仅在计算损失赔偿时有意义，对于案涉工程款数额的认定并无影响。而本案中双方仅对工程款的计算数额存在争议，双方当事人均未提起损害赔偿之诉，因此，过错责任的认定并不影响对于案涉工程款数额的计算。

案例索引　最高人民法院(2011)民提字第235号民事判决书

25．“参照合同约定支付工程价款”主要是指参照合同有关工程款计价方法和计价标准的约定，而不是参照约定的条件

▶案情简介

2006年2月9日，泉三高速公路公司与江西通威公司签订《施工合同

书》与《补充合同书》,约定由江西通威公司承建案涉工程。2006 年 6 月 12 日,江西通威公司项目经理与黄某某签订《公路建设工程施工劳务承包合同》。现黄某某就工程款支付问题提起诉讼,诉讼中,江西通威公司主张双方签订的合同明确了双方的结算原则是以第三人(业主)的最终确认为准,在第三人与江西通威公司尚未最终确认结算的情况下,黄某某无权要求江西通威公司先行支付工程款以及逾期付款利息。

最高人民法院裁判观点

一审判决根据诉争工程已经竣工验收并交付使用的实际情况,依照《建设工程司法解释》第二条之规定,判令江西通威公司支付黄某某、林某某工程款,并自工程交付之日起承担尚欠工程款的利息,适用法律正确。上述司法解释条款规定“参照合同约定支付工程价款”主要指参照合同有关工程款计价方法和计价标准的约定。江西通威公司主张“参照”应当包括合同对支付条件的约定,其与业主泉三高速公路公司未完成结算,本案所涉合同约定的工程款支付条件尚未成就,其应在付款条件成就时承担向黄某某的付款义务,于法无据,不予支持。

法律评析

在工程实践中,特别是对于大量的违法分包或转包合同中承包人经常约定,承包人向分包人或转包人支付工程价款的前提条件是承包人必须先收到业主所支付的工程款,如果承包人没有收到业主支付的工程款,分包人或转包人无权向承包人主张工程价款,这就是所谓的“背靠背条款”。对于此类条款在司法实践中应当如何认定并适用呢,效力到底如何?很多人认为,即使合同无效,上述条款也应当予以执行,理由就是《建设工程司法解释》第二条规定,承包人请求参照合同约定支付工程价款的,应予以支持。此处的“参照约定”不应当包含“参照约定的条件”。最高人民法院在上述案例中已经明确认定,上述司法解释条款规定“参照合同约定支付工程价款”主要指参照合同有关工程款计价方法和计价标准的约定,故对江西通威公司的主张不予支持。

案例索引 最高人民法院(2013)民一终字第93号民事判决书

26. 依据《建设工程司法解释》第二十六条规定，发包人应当对是否欠付工程款承担举证责任

▶案情简介

民盛公司就案涉工程发包给利兴公司，利兴公司又将案涉工程转包给张某某等159人实际施工。嗣后，张某某等159人就案涉工程款问题提起诉讼，诉讼中因民盛公司未与利兴公司就案涉工程进行最终结算，张某某等159人能否请求发包人民盛公司承担支付工程款的责任发生争议。

最高人民法院裁判观点

对民盛公司申请再审的理由，分析认定如下：民盛公司作为本案工程的发包人和业主，在一审中提交了其向利兴公司支付工程款的凭据和单方所做的工程结算，主张其已超付工程款；而利兴公司根据民盛公司支付工程款的凭据和单方所做的工程结算，主张民盛公司还欠付工程款。根据《最高人民法院关于民事诉讼证据的若干规定》第二条的规定："当事人对自己提出的诉讼请求所依据的事实或者反驳对方诉讼请求所依据的事实有责任提供证据加以证明。没有证据或者证据不足以证明当事人的事实主张的，由负有举证责任的当事人承担不利后果。"尽管民盛公司提供了其支付工程款的证据，但因其和利兴公司并未就案涉工程进行最终结算，故不能证明其不欠付利兴公司工程款。在民盛公司无证据证明其不欠付利兴公司工程款的情况下，二审法院适用《建设工程司法解释》第二十六条第二款的规定，判决民盛公司在欠付工程款范围内对张某某等159人承担支付工程款的责任，并无

不当。民盛公司关于本案不具备适用上述司法解释规定条件的理由,不予采信。

法律评析

《建设工程司法解释》第二十六条第二款规定,实际施工人以发包人为被告主张权利的,人民法院可以追加转包人或违法分包人为本案当事人。发包人只在欠付工程价款的范围内对实际施工人承担责任。在司法实践中,如何证明发包人欠付承包人的工程价款呢,欠付工程价款的数额到底是多少,上述证明事实的举证责任主体是作为被告的发包人,还是作为原告的实际施工人?有人认为举证责任的主体应当是原告实际施工人,理由就是《最高人民法院关于民事诉讼证据的若干规定》第二条的规定,当事人对自己提出的诉讼请求所依据的事实或者反驳对方诉讼请求所依据的事实有责任提供证据加以证明。既然实际施工人要求发包人在尚欠工程价款的范围内承担责任,就应当举证证明发包人尚欠承包人工程款的事实和相应数额。但在客观上,由于发包人与实际施工人没有直接的合同关系和结算关系,也没有直接的款项支付关系,实际施工人很难证明发包人尚欠承包人工程款的事实和相应数额。在上述案例中,最高人民法院明确将举证责任归属于发包人,其明确认定尽管民盛公司提供了其支付工程款的证据,但因其和利兴公司并未就案涉工程进行最终结算,故不能证明其不欠付利兴公司工程款。因此,其在欠付工程款范围内对张某某等159人承担支付工程款的责任。民盛公司关于本案不具备适用上述司法解释规定条件的理由,不予采信。同样,在最高人民法院另一生效裁判[最高人民法院(2014)民申字第1614号民事裁定书]中也同样认定中原高速公司作为发包人在无证据证明已与华北公司、北方公司完成结算的情况下,其在上述二公司欠付的工程款范围内应承担连带付款责任。

案例索引 最高人民法院(2014)民申字第1132号民事裁定书

27. 工程是否验收合格不应作为发包人主张按《建设工程司法解释》第二条规定结算工程价款的前提条件

▶案情简介

2009年8月25日，吉源公司与永信公司经过招投标程序签订《建设工程施工合同》，约定吉源公司承建永信公司的嘉柏湾小区6号楼。2010年3月15日，双方签订补充协议，将工程改变为31层。嗣后，双方就工程款给付发生纠纷诉至法院。永信公司主张按照《建设工程司法解释》第二条结算工程款。

最高人民法院裁判观点

根据《招标投标法》第三条、《工程建设项目招标范围和规模标准规定》第三条、《建设工程司法解释》第一条的规定，该补充协议应认定无效，一、二审判决的认定是正确的。《建设工程司法解释》第二条确立了虽建设工程施工合同无效，但建设工程经竣工验收合格时的折价补偿原则，即"参照合同约定支付工程价款"，该条既未赋予承包人选择参照合同约定或者定额标准进行结算的权利，也非将请求参照合同约定支付工程价款的权利主体局限于承包人，根据该条规定的精神，发包人也可以请求参照合同约定支付工程价款。根据诚实信用的原则，除非当事人另行协商一致同意按照定额标准据实结算，否则，一般应当参照合同约定支付工程价款。此外，《建设工程司法解释》第二条关于"建设工程经竣工验收合格"作为支付工程价款前提条件的规定，仅是对承包人工程价款请求权能否实现所作的限制，故在永信公司对应参照当事人约定向吉源公司支付工程价款无异议的情形下，一审、二审判决对于已经完成的17层按照约定结算工程价款的处理并无不当。

法律评析

《建设工程司法解释》第二条规定，建设工程施工合同无效，但建设工程经竣工验收合格，承包人请求参照合同约定支付工程价款的，应予支持。这也就是说，只要工程经竣工验收合格的，承包人请求按照合同约定支付工程价款的，就应予以支持。最高人民法院在多个裁判中也明确认定，发包人也可以请求参照合同约定支付工程价款。根据诚实信用的原则，除非当事人另行协商一致同意按照定额标准据实结算，否则，一般应当参照合同约定支付工程价款。如果工程尚未竣工验收，发包人能否请求按照合同约定向承包人支付工程价款呢？在上述案例中，最高人民法院明确认定上述司法解释第二条关于"建设工程经竣工验收合格"作为支付工程价款前提条件的规定，仅是对承包人工程价款请求权能否实现所作的限制，故在发包人永信公司对应参照当事人约定向吉源公司支付工程价款无异议的情形下，对于已经完成的17层可以按照约定结算工程价款。

案例索引 最高人民法院(2014)民提字第00016号民事判决书

28. 发包人不应以竣工资料尚未移交作为拒绝支付工程款的抗辩理由

▶案情简介

齐鲁制药公司与中太公司签订施工合同，约定由中太公司承建案涉工程。工程竣工交付使用后，中太公司就齐鲁制药公司拖欠工程款问题提起诉讼，要求齐鲁制药公司支付欠付工程款及利息。齐鲁制药公司称中太公司没有提交合同约定的竣工资料，付款条件根本不具备，也就无法计算应付的利息，双方发生纠纷。

最高人民法院裁判观点

关于二审判令齐鲁制药公司支付工程款及利息的问题,该工程从交付使用至二审法院作出判决时,已经超过了一年。二审判决齐鲁制药公司给付工程款并从双方约定的付款日起承担利息并无不当。中太公司没有提交工程竣工资料,属于齐鲁制药公司反诉的范畴,但对此并未反诉,齐鲁制药公司认为未达到约定给付工程款的条件,不应支付工程款及利息的再审申请理由不能成立。

法律评析

在承包人要求发包人支付工程款时,发包人总以工程质量、工期、工程资料的移交等种种理由作为其抗辩理由,试图依此拒绝支付工程价款。那么,在此情形下到底什么可以作为抗辩理由,什么不应作为抗辩理由而应直接反诉呢?笔者认为,在承包人要求发包人支付工程款时,发包人只能以工程质量是否合格,工程量的多少和已付工程款数额作为其抗辩理由,而工期的延误、工程资料的移交和工程发票的移交一般不应作为其抗辩理由,而应以反诉的方式提出。在上述案件中,最高人民法院明确认定中太公司没有提交工程竣工资料,属于齐鲁制药公司反诉的范畴,而不能以此抗辩支付工程款及利息。

案例索引 最高人民法院(2014)民申字第211号民事裁定书

29. 在施工图重新设计的情形下，不应按照原合同的约定进行工程价款的结算

▶案情简介

职业学院与赤峰市中城公司签订《建设工程施工合同》，约定由赤峰市中城公司承建通辽职业技术学院的附属医院门诊楼、医学实验楼，合同价款约定一次性包死。嗣后，赤峰市中城公司就已完工程量提起诉讼，要求职业学院支付工程款，并支付因学院未及时拨款致延误工期造成中城公司停工、窝工损失的20%。

最高人民法院裁判观点

关于附属医院门诊楼、医学实验楼工程造价的问题，职业学院和中城公司在合同中约定附属医院门诊楼和医学实验楼工程价款采用一次性包死的方式确定。在合同履行过程中，附属医院门诊楼由原来的六层改至七层，重新设计了施工图纸，双方约定固定价的基础已不存在。根据《建设工程司法解释》第十六条第二款的规定，因设计变更导致建设工程的工程量或者质量标准发生变化，当事人对该部分工程价款不能协商一致的，可以参照签订建设工程施工合同时当地建设行政主管部门发布的计价方法或者计价标准结算工程价款，故附属医院门诊楼的工程造价应依定额进行鉴定。一审判决采信鉴定机构作出的鉴定结论确定附属医院门诊楼工程造价，二审判决予以认定，并无不当。

法律评析

在工程领域，几乎不存在没有工程变更的工程项目。对于工程项目的局部变更，双方还是按照合同的约定进行工程价款的结算。但是，对于整个

项目进行整体重新设计的情形下是否还应当按照原合同的约定进行工程价款的结算呢？特别是对于固定总价包干的项目，项目的重新设计将对合同的价格产生重大影响。笔者认为，如果项目重新进行设计，双方就应当按照原合同的约定进行工程价款的结算，因为合同的基础就是施工图纸，如果施工图纸进行整体重新设计，原合同的基础已经不存在。在上述案例中，最高人民法院明确认定在合同履行过程中，附属医院门诊楼由原来的六层改至七层，重新设计了施工图纸，双方约定固定价的基础已不存在。故根据《建设工程司法解释》第十六条第二款的规定，附属医院门诊楼的工程造价应依定额进行鉴定。

案例索引　最高人民法院(2013)民申字第1731号民事裁定书

30. 实际施工人有权依据《建设工程司法解释》第二条主张权利

▶案情简介

2009年3月5日，曹县人民政府与裕众公司就曹县青菏北路绿化景观带(10公里)工程签订《协议书》，约定由裕众公司出资代建。如双方发生纠纷，由菏泽市仲裁委员会仲裁解决。3月20日，裕众公司与通衢公司签订《劳务协作施工协议书》，将其从曹县人民政府承包的绿化景观带工程全部转包给通衢公司。通衢公司就工程款提起诉讼，诉讼中就通衢公司能否依据《建设工程司法解释》第二条约定向曹县人民政府主张权利引发争议。

最高人民法院裁判观点

关于适用法律问题，申请人认为原判决适用法律错误，主要表现在两个方面：一是按照《建设工程司法解释》规定，将参照无效建设工程施工合同索要工程款的请求权赋予了承包人,通衢公司无权直接起诉发包人;二是申请人与裕众公司就案涉工程款的争议已经菏泽市仲裁委员会处理完毕,不应适用该司法解释规定判令申请人承担责任。关于建设工程合同无效后工程款的追索权是否仅限于承包人问题,《建设工程司法解释》第二条规定,“承包人请求参照合同约定支付工程价款的,应予支持”,虽然司法解释中只规定了承包人,但并未限制其他人向发包人主张权利。同时,该解释第二十六条第二款实际施工人可以“以发包人为被告主张权利”的规定,直接以司法解释的形式明确了在建设工程施工合同法律关系中,实际施工人不仅有权向转包人主张权利,还可以直接以发包人为被告主张权利,因此在本案中,通衢公司起诉曹县人民政府和裕众公司请求给付工程款,法律依据充分。

法律评析

《建设工程司法解释》第二条规定,建设工程施工合同无效,但建设工程经竣工验收合格,承包人请求参照合同约定支付工程价款的,应予以支持。此条款规定在承包人与发包人所签订的施工合同无效的情形下,仍应当参照合同的约定进行工程价款的结算。那么,如果分包人与承包人所签订的分包合同无效或实际施工人与承包人所签订的施工合同无效,分包人、实际施工人或转包人能否依据上述司法解释的规定主张工程价款呢?有人认为,上述司法解释仅仅规定了承包人可以行使相关工程价款的请求权,其他人不得依据上述司法解释行使相关工程价款的请求权。在上述生效裁判中,最高人民法院认为虽然司法解释中只规定了承包人,但并未限制其他人向发包人主张权利。同时,实际施工人可以“以发包人为被告主张权利”的规定,直接以司法解释的形式明确了在建设工程施工合同法律关系中,实际施工人不仅有权向转包人主张权利,还可以直接以发包人为被告主张权利。

案例索引 最高人民法院(2013)民申字第1508号民事裁定书

31. 不能以1999年版施工合同通用条款第三十三条的约定适用《建设工程司法解释》第二十条规定

▶案情简介

发包人御景大酒店与承包人健升公司签订了《建设工程施工合同》,但在合同中没有明确约定有关工程结算的问题。现健升公司以御景大酒店拖欠工程款为由提起诉讼。诉讼中,双方在审计过程中就工程价款结算的问题产生了争议,承包人健升公司主张以其向御景大酒店提供的竣工结算文件作为确定案涉工程款的依据。

最高人民法院裁判观点

关于健升公司向御景大酒店提供的竣工结算文件能否作为确定案涉工程款的依据问题,首先,根据《建设工程司法解释》第二十条的规定,建设工程价款按照承包人提交的竣工结算文件结算工程价款的前提条件是,当事人在合同中明确约定,发包人收到竣工结算文件后在约定期限内不予答复,视为认可竣工结算文件。案涉《建设工程施工合同》及其补充协议并未就此作出明确约定。其次,本案中双方当事人签订的《建设工程施工合同》涉及工程价款结算的条款主要是《建设工程施工合同》(GF-1999-0201)"竣工结算"以及专用条款第二十三条。从上述合同条款可知,就工程结算的相关问题,双方的合同约定并不明确。二审法院根据《合同法》第一百二十五条的规定,将上述条款理解为:承包人向发包人递交竣工结算报告及结算资料后60天内要进行审核并作出确认或者提出修改的意见,如果发包方确认竣工结算报告,则应在确认之日起28天内支付工程价款;如果发包人提出修改意见且双方就工程款结算问题产生争议,则双方通过约定的方式解决争议,有法律依据。这与《最高人民法院关于如何理解和适用第20条的复函》(〔2005〕民一他字第23号)的答复意见是一致的。依据原审查明的事实,御景大酒店在收到竣工结算报告及结算资料后就开始进行审计,健升公司也予以相应配合。但是,双方在审计过程中就工程价款结算问题产生了争议并导致诉讼。由于御景大酒店未确认健升公司提交的工程结算报告,双方也未协商一致,因此,健升公司提交的竣工结算报告就不能作为确定案涉工程款的依据。一审法院根据御景大酒店的申请委托鉴定机构对案涉工程款进行鉴定,符合法律规定。

法律评析

《建设工程施工合同》(GF-1999-0201)第三十三条规定,发包人收到竣工结算报告及结算资料后28天内无正当理由不支付工程价款,从第29天起按照承包人同期向银行贷款利率支付拖欠工程款的利息,并承担违约责任。从此条款中是否能够得出发包人收到承包人的工程结算资料应在28天内审核完毕,逾期则视为认可呢?最高人民法院对上述条款的理解是从上述合同条款可知,就工程结算的相关问题,双方的合同约定并不明确。且之后双方在审计过程中就工程价款结算问题产生了争议并导致诉讼,由于御景大酒店未确认健升公司提交的工程结算报告,双方也未协商一致,因此,健升公司提交的竣工结算报告就不能作为确定案涉工程款的依据。

案例索引 最高人民法院(2013)民申字第180号民事裁定书

32. 不能以实际施工人向发包人交付工程及接受部分工程款的行为,认定双方形成事实上的承包合同关系,亦不能因此免除承包人给付工程欠款的义务

▶案情简介

2007年6月14日,凯城公司与圣达公司签订《建设工程施工合同》,将

中油吉利街项目B区16栋楼的工程发包给圣达公司承建。随后,圣达公司又将本案争议的B2#、B3#、B4#三栋楼工程分包给了华洋公司,并签订了《中油吉利街B区工程项目施工管理协议书》。华洋公司借款垫资施工,2009年9月10日案涉工程已竣工验收。因圣达公司和凯城公司未按约支付工程进度款,华洋公司诉请由圣达公司和凯城公司向其支付工程欠款,凯城公司在未支付华洋公司的工程款范围内承担给付责任。诉讼中,圣达公司认为三方已就债务转移问题达成协议,工程款支付主体为凯城公司,而凯城公司对此给予否认。现就工程款支付主体认定发生争议。

最高人民法院裁判观点

关于圣达公司应否对欠付华洋公司的工程款承担给付义务,合同相对性原则为处理合同纠纷的基本原则,应予遵循。《建设工程司法解释》第二十六条第一款明确规定,实际施工人以转包人、违法分包人为被告起诉的,人民法院应当依法受理。本案中,虽然华洋公司向发包人凯城公司直接交付案涉工程,并接收了凯城公司支付的部分工程款,但其与圣达公司签订的《中油吉利街B区工程项目施工管理协议书》并未解除,圣达公司作为案涉合同当事人,仍受该合同约束。且根据已经查明的事实,2009年9月10日,圣达公司以其名义,对华洋公司施工的案涉工程向建设单位凯城公司发出竣工验收报告,这说明圣达公司一直在实际履行其相应的合同义务,且圣达公司并未提供充分的证据证明三方已就债务转移问题达成协议。因此,圣达公司仍是案涉合同支付工程款的义务主体。不能以华洋公司向凯城公司交付工程及接受部分工程款的行为,认定双方形成事实上的承包合同关系。原判决认定华洋公司因此与凯城公司直接形成建设工程施工合同关系,并进而免除合同相对人圣达公司的给付工程欠款义务,无事实和法律依据,应予以纠正。虽然华洋公司与圣达公司签订的案涉合同为无效合同,但作为合同当事人的圣达公司对无效合同亦应承担相应的民事责任。本案中,案涉工程已经实际交付使用,圣达公司和凯城公司亦均未对工程质量提出异议,故华洋公司请求参照合同约定支付工程价款,有事实依据,予以支持。

法律评析

在施工实践中，经常发生发包人直接向实际施工人支付工程价款的行为，实际施工人直接向发包人交付已完工程。据此，是否可以认为发包人与实际施工人形成直接的施工合同关系呢？再进一步分析，如果存在直接的施工合同关系，是否可以免除承包人向实际施工人支付工程价款的义务呢？首先，根据《建设工程司法解释》第二十六条之规定，实际施工人以发包人为被告主张权利的，发包人只在欠付工程价款范围内对实际施工人承担责任。据此规定，并不能必然得出免除承包人向实际施工人支付工程款的义务。其次，合同的相对性乃合同的基本原则，不能因为发包人与实际施工人的直接交易行为就改变合同的相对性原则。在上述案例中，最高人民法院明确认定不能以华洋公司向凯城公司交付工程及接受部分工程款的行为，认定双方形成事实上的承包合同关系。并且，虽然华洋公司与圣达公司签订的案涉合同为无效合同，但作为合同当事人的圣达公司对无效合同亦应承担相应的民事责任。

案例索引 最高人民法院(2013)民提字第156号民事判决书

33. 当事人不得因合同无效获得比合同有效更多的利益

▶案情简介

2003年10月14日，建安十分公司与开发公司签订《建设工程施工合同》，承建将军小区12#住宅楼工程。其随后将工程转包给工程处，工程处又将工程交由韩某某负责施工。嗣后，工程处就工程款支付的问题以建安公司、建安十分公司为被告、开发公司为第三人提起诉讼。诉讼中就案涉合同效力和案涉工程的工程价款应该如何确定等问题发生争议。

最高人民法院裁判观点

本案的争议焦点为,本案参照合同约定结算工程价款是否有法律依据。按照《建设工程司法解释》第二条规定,建设工程施工合同无效,但建设工程经竣工验收合格,承包人可以请求参照合同约定支付工程价款。该规定确立了建设工程施工合同无效而建设工程经竣工验收合格的情形下,可参照合同约定结算工程价款的折价补偿原则。从本案建设工程实际履行情况来看,合同被确认无效后,如果采取鉴定结论2的结算方式,会造成无效合同比有效合同的工程价款还高,这不仅超出了当事人签订合同时的预期,也会导致合同当事人反而因无效合同获得额外利益。因此,除非双方当事人另行协商一致达成新的结算合意,否则,均应当参照合同约定进行结算。

法律评析

《建设工程司法解释》第二条规定,建设工程施工合同无效,但建设工程经竣工验收合格,承包人请求参照合同约定支付工程价款的,应予支持。承包人在上述情形下应该请求按建筑工程费用定额或市场价或鉴定结论结算工程价款,还是按照其实际投入的成本确定应得到的工程价款?根据上述司法解释的规定,似乎对其他的结算方式没有禁止性规定,承包人似乎有权选择采取任何一种结算方式确定工程价款。对此,最高人民法院在本案中明确认定,从本案建设工程实际履行情况来看,合同被确认无效后,如果采取鉴定结论2的结算方式,会造成无效合同比有效合同的工程价款还高,这不仅超出了当事人签订合同时的预期,也会导致合同当事人反而因无效合同获得额外利益。因此,除非双方当事人另行协商一致达成新的结算合意,否则,均应当参照合同约定进行结算。这说明,当事人不得因合同无效获得比合同有效更多的利益,该判案思路符合了无效合同处理原则以及上述司法解释为达到规范建筑市场、促进建筑业的良性发展提供法律保障的初衷。

案例索引 最高人民法院(2013)民提字第59号民事判决书

34. 实际施工人主张以承包人加盖公章的《工程结算书》作为其与承包人的结算依据的,应予以支持

▶案情简介

2007年12月18日,云南十建公司与保山伟业公司签订《建设工程施工合同》,约定云南十建公司承建位于保山市永昌商贸园二期(永昌兰郡)B区工程,合同签订后云南十建公司与胡某签订了《工程施工承包协议》。案涉工程已于2008年12月竣工验收合格并交付使用,云南十建公司主张在《工程结算书》上加盖公章并不代表其认可工程量及工程价款,其主要是履行协助义务。双方随之对云南十建公司加盖公章的《工程结算书》能否作为与胡某进行工程价款结算的依据发生争议。

最高人民法院裁判观点

云南十建公司加盖公章的《工程结算书》应作为与胡某进行工程价款结算的依据。理由如下:根据查明事实,胡某所做的工程造价系胡某与云南十建公司共同委托昆明禹泰公司所做,云南十建公司与胡某均按要求报送相应资料并参与了该造价鉴定,据以定案的《工程结算书》正是胡某以该造价鉴定结论为基础所制作。云南十建公司对委托昆明禹泰公司就案涉事实予以评估是明知且认可的,其在《工程结算书》上加盖公章的行为表明其认可胡某施工队所做工程量及工程价款。另外,云南十建公司主张胡某已按《工程施工承包协议》和《协议书》约定,与保山伟业公司进行结算并将《工程结算书》公证送达保山伟业公司,证明云南十建公司只是履行协助义务。该主张并不成立,因胡某不具有相应资质,《工程施工承包协议》和《协议书》无效,协议中规定的结算程序并不对胡某产生法律效力,作为实际施工人,胡某既可以向保山伟业公司主张在欠付工程价款范围内对其承担责任,亦可以向转包方云南十建公司主张工程价款,胡某放弃向保山伟业公司主张是

其权利处分,并无不当,其虽以个人名义公证送达《工程结算书》,但该《工程结算书》加盖云南十建公司印章,表明云南十建公司对此知悉并认可。综上,二审法院确认胡某所完成的工程价款结算以其提交并经云南十建公司加盖印章的《工程结算书》为依据并无不当,云南十建公司该项主张事实依据和法律依据不足,不予支持。

法律评析

《建设工程司法解释》第二条规定:"建设工程施工合同无效,但建设工程经竣工验收合格,承包人请求参照合同约定支付工程价款的,应予支持。"建设工程施工合同被确认无效后,如果合同已经履行完毕,承包人的劳动及投入已经物化到建设工程之中,无法返还财产,该司法解释规定无效合同的结算规则也是基于建设工程特殊性的考虑,采取折价补偿的方式进行处理。实际施工人因没有相应施工资质,其与承包人所签订的案涉合同因违反《建筑法》及该司法解释第一条之相关规定,而被确认无效,但根据该司法解释第二条的规定,工程经竣工验收合格的,实际施工人有权向承包人主张工程款。在上述案例中,最高人民法院明确认定云南十建公司对委托昆明禹泰公司就案涉事实予以评估是明知且认可的,其在《工程结算书》上加盖公章的行为表明其认可胡某施工队所做工程量及工程价款。因此,确认胡某所完成的工程价款结算以其提交并经云南十建公司加盖印章的《工程结算书》为依据并无不当。

案例索引 最高人民法院(2013)民申字第1608号民事裁定书

35. 不能仅凭《确认函》作为发包人与承包人的结算依据

▶案情简介

华建公司与万通公司签订了《建筑工程施工合同》,约定由华建公司承建案涉工程。张某某系华建公司在案涉工程中的实际负责人。2010 年 4 月 19 日,张某某代表华建公司向万通公司出具了一份《确认函》,要求万通公司增加支付工程款,万通公司盖章确认。2008 年 5 月 20 日工程完工。2010 年 8 月,因万通公司欠付工程款,华建公司提起本案诉讼。万通公司主张《确认函》没有双方面对面的协商过程,并非万通公司的真实意思表示。该函非双方协商一致的结果,是错误的。

最高人民法院裁判观点

2010 年 4 月 19 日,张某某代表华建公司向万通公司出具了一份《确认函》,要求万通公司增加支付工程款。本案施工合同项下的工程总造价经审计确定为 66 438 864 元,如按照《确认函》计算工程款,总造价应为 104 254 008 元,即《确认函》所增加的工程款达到 3700 余万元。如此巨额的工程款的增加,万通公司未提出任何异议,未经过双方的磋商即予以确认,显然与常理不符。该函件上虽盖有万通公司的公章,但华建公司不能提交证据证明其与万通公司就该函件所涉及的工程价款进行磋商的过程,且该函件除了万通公司的公章外,并无万通公司人员的签名,与双方在施工过程中签署的变更联系单均由万通公司的现场代表人员签字确认的惯例不符。二审判决认定《确认函》来源不明,且该函中的内容均为单方加重万通公司一方的义务,金额达 3700 余万元之巨,不符合一个理性民事主体的正常行为。故在无其他证据佐证该函系万通公司真实意思表示的情况下,对该函不予认定,并无不当。当事人对自己提出的主张,有责任提供证据。本案中,华建公司起诉请求万通公司按照《确认函》的内容增加工程价款,但其不能提交充分证据证明《确认函》系万通公司的真实意思表示。一审判决依据上述法律规定,对华建公司的诉讼请求不予支持,适用法律正确。

法律评析

工程价款的结算是一个复杂的专业性工作,需要承包人向发包人提供完整的竣工结算资料,由发包人根据承包人报送的竣工资料进行审核,双方再进一步进行核对确认。但是,在实践中,经常出现发包人或承包人仅凭一张签证单或确认单就确认工程变更价款达到数十万元或上百万元,司法实践中上述签证单或确认单能否直接作为双方的结算依据呢?在上述案例中,最高人民法院明确认定,本案《确认函》来源不明,且该函中的内容均为单方加重万通公司一方的义务,金额巨大,不符合一个理性民事主体的正常行为,故对该函不予认定。

案例索引 最高人民法院(2013)民申字第282号民事裁定书

36. 实际施工人主张以承包人与发包人之间的合同约定作为结算依据,不予支持

►案情简介

神木发电公司将案涉工程发包给龙净环保公司,龙净环保公司将案涉工程转包给龙净安装公司,龙净安装公司又将案涉工程转包给山东一箭公司,熊某某以山东一箭公司的名义进行施工。龙净安装公司与山东一箭公司签订的《神木cds023项目安装施工合同》约定了价款,即结算总价为2 813 149元;神木发电公司与龙净环保公司签订的施工合同书约定的总价为4960万元。现熊某某以其完成的工程量请求支付相应的工程款,诉讼中熊某某认为应按

照神木发电公司与龙净环保公司签订的施工合同书约定的总价结算工程款。

最高人民法院裁判观点

原判决认定实际施工人熊某某在案涉烟气脱硫安装工程中所应得的工程款，只能以《神木 cds023 项目安装施工合同》约定的价款，即结算总价 2 813 149元予以确定，而不能参考神木发电公司与龙净环保公司签订的总价为 4960 万元的《中电国华神木发电有限公司（2 × 100MW 机组）烟气脱硫项目总承包合同书》确认，并无不当。首先，根据合同相对性原则，神木发电公司与龙净环保公司之间的合同与熊某某没有关联；其次，熊某某是以山东一箭公司的名义施工，其与山东一箭公司之间存在事实上的合同转包关系，即使合同有效，其在洽商对案涉安装工程实际施工问题时所得到的有关工程款的允诺，不可能超过山东一箭公司自己承包工程所取得的工程款数额。因此，原判决参考《神木 cds023 项目安装施工合同》约定的价款，即结算总价 2 813 149 元确定熊某某应得工程款的数额，并无不当。

法律评析

在工程层层转包多次分包的情形下，如何进行工程价款的结算？笔者认为，合同相对性原则是合同的基本原则，尤其在工程存在多次转包或层层分包的情形下，各方当事人在工程结算中更应遵守这一基本原则。在上述案例中，最高人民法院根据合同相对性原则，认定神木发电公司与龙净环保公司之间的合同与熊某某无关，且熊某某在洽商对案涉安装工程实际施工问题时所得到的有关工程款的允诺，不可能超过山东一箭公司自己承包工程所取得的工程款数额，故应按龙净安装公司与山东一箭公司签订的合同约定进行结算。

案例索引 最高人民法院（2014）民申字第 1454 号民事裁定书

37.《工程承包合同》无效，独立性《纠纷处理协议》应认定为有效，并可以该协议作为双方结算的依据

▶案情简介

2011年10月20日鑫臻房地产开发公司与黑龙江建工集团签订《建筑工程承包合同》，约定由黑龙江建工集团承建案涉工程，工程量结算方式为按实结算。2013年4月15日，鑫臻酒店与黑龙江建工集团签订《“鑫臻酒店”工程建筑工程承包合同》，约定由黑龙江建工集团承建案涉工程，工程量结算方式为按实结算。按合同的约定黑龙江建工集团进场施工。后因鑫臻房地产开发公司与黑龙江建工集团之间因案涉项目施工发生纠纷，县委常委、副县长组织召开专题会议，就该纠纷进行协调再处理，双方就此签订《纠纷处理协议》，同意案涉工程经评估后结算。后因鑫臻房地产开发公司、鑫臻酒店未依据协议支付工程款，黑龙江建工集团遂提起本案诉讼，要求支付工程款同时主张享有优先受偿权。

最高人民法院裁判观点

案涉《“鑫臻酒店·鑫臻苑工程”建筑工程承包合同》《“鑫臻酒店”工程建筑工程承包合同》为无效合同，《纠纷处理协议》是在本案双方当事人因项目施工发生纠纷，普定县人民政府组织双方进行协调并达成一致意见的情况下，双方就纠纷处理方案签订的协议。该协议在性质上属于鑫臻房地产开发公司、鑫臻酒店和黑龙江建工集团对双方之间既存债权债务关系的结算和清理，因而具有独立性。《纠纷处理协议》作为清算协议，具有单独的法律效力，应当作为处理双方争议的依据。案涉工程交付、工程款结算及违约责任的确定等，应当根据《纠纷处理协议》的内容确定。

法律评析

《担保法》第五条规定，担保合同是主合同的从合同，主合同无效，担保合同无效。这就是主从合同的相关效力性规定，而《合同法》和《民法通则》并没有上述类似性规定，且上述规定的适用范围也仅为担保法律事务。就施工合同而言，能否扩大适用上述规定呢？在司法实践中，建设工程施工合同补充协议有两种：一种是依附性补充协议，此类补充协议主要是对工期、工程款支付等事宜进行变更或补充的约定；另一种是独立性补充协议，此类补充协议主要是施工合同的善后处理，包括对结算、工程交付等事宜进行约定。在上述案例中，最高人民法院认为，案涉两份承包合同无效，而《纠纷处理协议》系双方发生纠纷后所形成的对既存债权债务关系的结算和清理，系双方当事人的真实意思表示，具有独立性，应认定为有效，并应作为双方结算的依据。

案例索引 （2016）最高法民终107号民事判决书

38. 第三人依据发包人委托对工程结算报告出具的审核意见可作为结算依据

▶案情简介

1993年2月世贸中心与中建八局签订《建设工程施工合同》。2001年世贸中心与监理中心签订了《工程结算审核协议》，协议约定监理中心协助世贸中心负责案涉工程项目的结算审核。据此，监理中心对中建八局编报的工程造价进行了审核并编制了《工程审核决算书》，加盖了监理中心的印章，中建八局在上述《工程审核决算书》上盖章对审核结果予以确认。现就该《审核决算书》能否作为双方工程结算依据发生争议。

最高人民法院裁判观点

监理中心按照世贸中心的委托及授权，协助世贸中心审核中建八局提交的工程决算书，并非作为专业鉴定单位独立进行工程结算的审计工作。监理中心这种有偿协助工程款结算审核的经营活动并没有违反法律、行政法规的强制性规定。监理中心按照世贸中心的委托，将双方的审核结果形成《工程审核决算书》并提交中建八局。中建八局在该《工程审核决算书》上签字认可，该《工程审核决算书》即对世贸中心和中建八局产生了约束力。一审法院在庭审中对监理中心出具的《工程审核决算书》组织质证，世贸中心没有提出正当的理由和充分的依据否定上述《工程审核决算书》的真实性及其确定的工程款数额的准确性，一审法院依此作为本案认定工程款的依据，适用法律并无不当。世贸中心上诉认为监理中心的审核只针对集团内部，属于内部审核。监理中心不具有相关的鉴定资质，参加审计的人员未取得相关的专业鉴定资格，故认定监理中心出具的《工程审核决算书》不能作为认定工程款依据的主张没有事实和法律依据，本院不予支持。

法律评析

在本案中，对于承包人提交的竣工结算报告，发包人委托第三方对该报告进行审核，就第三人出具的审核意见能否作为发包人和承包人之间的结算依据呢？笔者认为，这主要取决于发包人与第三人之间的法律关系，其双方之间是委托合同法律关系，第三人（即受托人）的行为最终的法律后果应当由发包人（即委托人）承担。在发包人授权或委托第三方与承包人直接进行工程款决算审核工作时，第三方根据发包人的授权代表发包人与承包人达成的一致意见，应当视为发包人和承包人决算工程款的依据。

案例索引 最高人民法院(2003)民一终字第77号民事判决书

39. 想推翻《工程退场协议》作为案涉工程的结算依据，简单抗辩是远远不够的

▶案情简介

2014年1月20日龙跃公司与京鑫公司签订《工程退场协议》，约定：京鑫公司完成的工程价款3000万元，龙跃公司应于2014年1月21日给付700万元，2014年3月底给付1200万元，2014年5月底前付清剩余款项。现龙跃公司认为双方签订的《工程退场协议》不具有客观性及真实性，不应作为认定工程价款的依据。《工程退场协议》虽然约定了被上诉人（京鑫公司）完成的工程价款为3000万元，但在签订协议前，双方并未进行结算，这3000万元的金额完全是双方主观臆断的产物，不具有客观性。上诉人（龙跃公司）原法定代表人肖延波与被上诉人签订《工程退场协议》，其真实目的是让被上诉人尽快退场，他就可以收取后续承包单位的保证金，从而为其挪用创造条件，而不是真正为了结算，因此，协议的内容是不真实的。河南企业工程管理公司对被上诉人实际完成的工程量出具的审查报告书，证明了被上诉人实际完成的工程量与《工程退场协议》相差甚远，进而再次证明《工程退场协议》不具有真实性及客观性。

最高人民法院裁判观点

关于《工程退场协议》能否作为案涉工程款结算依据的问题，一审中，经龙跃公司申请司法鉴定，确认该协议上加盖的龙跃公司印章是真实的。《工程退场协议》系京鑫公司与龙跃公司的真实意思表示，不违反法律法规的强制性规定，合法有效，可以作为案涉工程款结算的依据。龙跃公司原法定代表人肖延波是否构成挪用资金罪和职务侵占罪的犯罪事实与本案无关，不因此影响《工程退场协议》的效力。龙跃公司主张《工程退场协议》相关内容不真实，事实与法律依据不足，一审、二审法院未予支持，并无不妥。

法律评析

在本案中,《工程退场协议》可否作为据以结算的依据,其核心问题就是没有经过结算程序的确认书可否作为结算依据。一般的结算程序是先由施工单位向业主单位报送工程结算书,业主单位进行审核,再由双方对于审核结果进行对账,最终双方签订结算书。但在有些情形下,没有经过正常的结算程序而由双方直接确认具体结算数额。这一行为客观上并没有违反法律法规的强制性规定,理应作为最终的结算依据。如果建设单位想推翻上述退场协议及其所确定的结算数额,简单的抗辩是远远不够的。建设单位应当依据《合同法》第五十四条的规定以合同价格显失公平为由,以诉讼或反诉的方式请求撤销或变更。在本案中,龙跃公司的抗辩均被一审、二审和最高人民法院以法律依据不足驳回。

案例索引　(2016)最高法民申1608号民事裁定书

六

其他问题

(一)工程款利息问题

1. 施工合同无效,工程垫资款利息仍应当受到法律保护

▶案情简介

无施工资质的琼华公司与临高县政府就案涉工程签订《施工合同》,约定由琼华公司承包建设案涉工程。合同中同时约定,由琼华公司垫资施工作业,并对该垫资约定利息支付标准。现琼华公司以临高县政府未足额支付工程款为由提起诉讼,诉讼中就欠付工程款利息支付标准的认定发生争议。

最高人民法院裁判观点

因琼华公司无相应施工资质,二审判决依照《建设工程司法解释》第一条第(一)项之规定,认定案涉施工合同无效正确。根据上述司法解释第十七条的规定,当事人对欠付工程价款利息计付标准有约定的,按照约定处理;没有约定的,按照中国人民银行发布的同期同类贷款利率计息。在案涉《施工合同》被依法认定为无效的情况下,二审判决认定双方对欠付工程款利息支付没有约定,并按照中国人民银行规定的同期一年期一般流动资金贷款基准利率标准判决临高县政府支付相应利息,符合上述司法解释确定的裁判原则,并无不当。琼华公司要求临高县政府按照双方合同约定的利息标准支付相应垫资款、欠付工程款利息,均缺乏事实和法律依据,其该项申请再审理由不能成立。

法律评析

《建设工程司法解释》第六条规定,当事人对垫资和垫资利息有约定,承

包人请求按照约定返还垫资及其利息的,应予以支持。当事人对垫资利息没有约定,承包人请求支付利息的,不予支持。根据上述规定,对于垫资工程款的利息,应当在施工合同中明确约定,如果没有约定,对于垫资工程款的利息不予支持。如果施工合同无效,无效合同约定的垫资款利息能否视为当事人对垫资利息的约定?目前,司法实践中对此问题始终没有统一的认识。对此,笔者认为,由于合同无效,对于合同所约定的垫资工程款的利息当然无效。但是,即使合同无效,发包人还是应当参照合同的约定向承包人支付工程款的,此时工程款的利息属于法定孳息,非约定孳息。发包人应当向承包人支付相应的工程款本金和相应利息。同时根据上述司法解释第十七条的规定,当事人对欠付工程价款利息计付标准有约定的,按照约定处理;没有约定的,按照中国人民银行发布的同期同类贷款利率计息。据此笔者认为,如果施工合同无效,对于垫资工程款的利息应当按照《建设工程司法解释》第十七条的规定予以支付,而不能按照双方当事人的约定予以支付。

案例索引 最高人民法院(2015)民申字第152号民事裁定书

2. 施工合同无效,工程款利息仍应当支付

▶案情简介

刘某某没有建设工程施工资质,2009年10月10日、2010年10月15日其通过虞某某借用云阳公司资质与合发公司签订两份《建设工程施工合同》。随后,刘某某进场施工。嗣后,刘某某以拖欠工程款为由,而以云阳公司、合发公司为被告提起诉讼,要求云阳公司、合发公司按照上述合同约定支付工程价款及利息。诉讼中法院认定案涉的两份施工合同均无效,认定以双方实际履行的合同作为案涉工程款结算依据。现就案涉施工合同无

效，工程款利息应否支付的问题产生争议。

最高人民法院裁判观点

虽然合发公司与云阳公司签订的建设工程施工合同被认定无效，但该工程已竣工验收合格，根据《建设工程司法解释》第二条的规定，承包人请求参照合同约定支付工程价款的，应予支持。2010 年 10 月 15 日合同约定，工程达到正负零时付总工程款的 20%，工程完工竣工验收并报决算后付至工程款的 75%，待竣工决算经审计部门审批后付至总工程款的 95%（每次报批进度款经监理审核后报甲方，甲方在二十个工作日完成审批手续，在该时间内不能停工及影响整个进度计划）。2011 年 11 月 22 日刘某某函告合发公司尽快验收，云阳公司于 2011 年 11 月 25 日作出工程决算书，该工程 2012 年 5 月 3 日验收合格。此后，合发公司仍未将决算书报审计部门审批，2012 年 7 月，刘某某提起本案诉讼。一审法院参照合同的约定，综合考虑履行和结算情况，酌定合发公司最迟应于 2012 年 5 月 19 日支付完毕全部工程款，并判决合发公司以 10 352 689.75 元为基数在欠付工程款范围内自 2012 年 5 月 20 日起按照同期同类银行贷款利率支付利息，并无不当。

法律评析

《建设工程司法解释》第十七条规定："当事人对欠付工程价款利息计付标准有约定的，按照约定处理；没有约定的，按照中国人民银行发布的同期同类贷款利率计息。"该条规定仅明确了利息的计付标准，并没有明确合同有效是否是适用上述司法解释的前提条件。笔者认为，根据上述司法解释的规定，在没有约定利息的情况下，按照中国人民银行发布的同期同类贷款利率计算，即明确了工程价款利息并非违约金而系法定孳息，因此无论合同是否有效，承包人基于其工程款请求权均有权主张利息损失。

案例索引　最高人民法院（2015）民申字第 1232 号民事裁定书

---

3. 发包人拖延支付工程价款的，利息和违约金可以并处

▶案情简介

湾里公司承建商检局的商检楼，双方签订的《建设工程施工合同协议条款》约定违约责任是以不按时付款的利息率计算的。嗣后，湾里公司起诉商检局，要求支付工程款，并支付违约金和利息损失。一审法院认为商检局未按协议约定支付工程款，应当按协议约定支付拖欠工程款的利息并承担违约责任。

最高人民法院裁判观点

根据双方当事人在协议条款第二十八条和第三十一条的约定，违约责任是以不按时付款的利息率计算的，是当事人约定的一种对违约金的计算方式，并不属于利息的重复计算。一审判决按照双方当事人合同的约定判令商检局以银行计划外贷款利息标准承担拖欠工程款利息损失的同时，以金融机构计收逾期贷款利息的标准判令商检局承担拖欠工程款的违约责任，并无不当。

法律评析

利息是本金所生之孳息，属于法定孳息。所谓违约金，是指法律规定或当事人在合同中约定，一方当事人违约时应支付给对方的一定数额财物。违约金的适用并不以实际损害发生为前提，而是以当事人违约为前提。对于利息和违约金能否同时并处，法律和相关司法解释没有禁止性规定。因此，在上述案例中最高人民法院明确认定根据合同的约定，利息和违约金同时适用，并无不当。

案例索引 最高人民法院(2000)民终字第136号民事判决书

---

4. 违约金按照同期贷款利息的四倍计算，应予以支持

▶案情简介

2012年，福建仙峰公司与浙江建工公司签订《建设工程施工合同》的补充协议，约定双方终止合作，并约定了违约金为银行同期贷款利率的四倍。由于福建仙峰公司怠于履行协议约定的义务，浙江建工公司提起诉讼，诉讼中就利息和违约金的认定发生争议。

最高人民法院裁判观点

原审判决关于利息和违约金的认定并无不当。本案中，《终止合作协议书》约定垫资款利息计为250万元，该250万元是双方对浙江建工公司在施工过程中垫付约3000万元款项所产生的利息的结算，并非是尚欠款项527.4038万元所产生的利息。另外，本案违约金为银行同期贷款利率四倍是双方当事人的明确约定，且与市场融资成本相比，并不过高。福建仙峰公司关于原审判决的利息及违约金标准超过法律规定上限，适用法律错误的主张，不能成立。

法律评析

《最高人民法院关于适用〈中华人民共和国合同法〉若干问题的解释(二)》第二十九条规定，当事人主张约定的违约金过高请求予以适当减少的，人民法院应当以实际损失为基础，兼顾合同的履行情况、当事人的过错程度以及预期利益等综合因素，根据公平原则和诚实信用原则予以衡量，并作出裁决。当事人约定的违约金超过造成损失的百分之三十的，一般可以认定为《合同法》第一百一十四条第二款规定的“过分高于造成的损失”。因此，很多法院对于未约定违约金的判决是以中国人民银行同期同类人民币

贷款利率为基础上浮百分之三十计算。笔者认为,在民间借贷如此繁荣的今天,按照贷款利息上浮百分之三十客观上是无法弥补当事人的损失的。在上述案例中,最高人民法院明确认定本案违约金为银行同期贷款利率四倍是双方当事人的明确约定,且与市场融资成本相比,并不过高。

案例索引 最高人民法院(2015)民申字第1729号民事裁定书

(二)工程质量问题

1. 发包人擅自使用未经竣工验收的工程,不仅视为工程质量合格(地基基础和主体结构工程质量除外),还丧失了向承包人主张保修期质量异议的权利

▶案情简介

2009年,发包人福海公司与承包人正见公司签订《建筑工程施工合同》,约定工程竣工10日内,乙方须组织相关部门对工程进行验收,施工单位在交房后10日内报送竣工决算资料,甲方在收到决算书3个月内审定完毕,扣除质保金3%后的余款,在工程竣工决算后8个月内付清。工程施工完成后,2012年12月26日福海公司未经竣工验收擅自入住。嗣后,双方因工程款纠纷而诉至法院。

最高人民法院裁判观点

关于欠付工程款利息的计算问题,双方在《建设工程施工合同》第四十七条第四款约定:"工程竣工10日内,乙方须组织相关部门对工程进行验收,施工单位在交房后10日内报送竣工决算资料,甲方在收到决算书3个月

内审定完毕，扣除质保金 3% 后的余款，在工程竣工决算后 8 个月内付清。”案涉工程未经竣工验收提前使用，除地基基础和主体结构工程质量外，福海公司丧失一般质量异议抗辩权，不存在保修期的问题，亦不存在欠付工程款利息从扣除质保金后开始计算的问题。另根据原审查明的事实，2012 年 10 月 6 日，福海公司邹某某签收正见公司提交的工程决算书，包括 1 号、2 号、3 号、7 号楼工程决算书等决算申请报告，福海公司既未组织竣工验收，双方也未进行决算，导致上述合同条款无法履行，二审法院依据《建设工程司法解释》第十八条第（一）项之规定，以福海公司 2012 年 12 月 26 日接收并实际占有使用工程开始计算欠付工程款利息并无不当。

法律评析

《建设工程司法解释》第十三条规定，建设工程未经竣工验收，发包人擅自使用后又以使用部分质量不符合约定为由主张权利的，不予支持。但是，承包人应当在建设工程的合理使用寿命内对地基基础工程和主体结构质量承担民事责任。根据上述规定，如工程未经竣工验收发包人擅自使用的，则发包人丧失对承包人的一般质量异议抗辩权，但地基和主体结构除外。进一步深入分析，如果发包人丧失一般质量异议抗辩权，对于质量保证金应当如何处理，工程保修期应当如何认定，如何确定工程价款应付之日？最高人民法院的上述裁判明确认定，案涉工程未经竣工验收提前使用，除地基基础和主体结构工程质量外，福海公司丧失一般质量异议抗辩权，不存在保修期的问题，亦不存在欠付工程款利息从扣除质保金后开始计算的问题。所以，以福海公司接收并实际占有使用工程开始计算欠付工程款利息。据此，如果工程尚未竣工验收发包人擅自使用的，发包人不仅丧失一般质量异议抗辩权，还丧失了向承包人主张保修期质量异议的权利。如此，发包人就不能从应付给承包人的工程价款中扣除质量保证金。同时，还应当以实际占有之日确定为工程款的应付之日，并开始起算利息。

案例索引 最高人民法院（2015）民申字第 1384 号民事裁定书

2. 工程质量合格，是支付工程价款的前提条件

▶案情简介

2009年12月30日，总承包人中太公司与余某某、黄某某签订的《工程施工承包协议》约定，其承接的海南椰岛（集团）股份有限公司保健酒异地扩建、技改项目一期工程由余某某、黄某某承包施工，余某某、黄某某与案外人签订部分工程分包合同。嗣后，余某某、黄某某就工程款以中太公司为被告提起诉讼，诉讼中就中太公司支付工程结算款条件是否具备发生争议。

最高人民法院裁判观点

《合同法》第二百七十九条规定，建设工程竣工后，发包人应当根据施工图纸及说明书、国家颁发的施工验收规范和质量检验标准及时进行验收。验收合格的，发包人应当按照约定支付价款，并接收该建设工程。按照此规定，讼争工程竣工验收合格是付款前提和基础，也是付款条件成就的节点；据此，中太公司在讼争工程竣工验收合格后应当支付工程尾款。一般来讲，施工人向发包人移交工程资料、协助办理工程备案手续等，属施工人应当遵循诚实信用原则履行的协助义务。如本案余某某、黄某某等实际施工人不移交工程竣工资料、不配合办理工程竣工备案手续，中太公司或其他权利人有权另行主张权利。欠付工程款利息为应付工程款本金的法定孳息，与本金间有随附关系，原则上应在支付本金时支付利息，故中太公司对欠付实际施工人的工程款应当付息。中太公司未对付息起止时间、计息标准等提出再审请求，不予审查。

法律评析

《合同法》第二百七十九条规定，建设工程竣工后，发包人应当根据施工

图纸及说明书、国家颁发的施工验收规范和质量检验标准及时进行验收。验收合格的，发包人应当按照约定支付价款，并接收该建设工程。建设工程竣工经验收合格后，方可交付适用；未经竣工验收或验收不合格的，不得交付使用。同时，《建设工程司法解释》第二条规定，建设工程施工合同无效，但建设工程经竣工验收合格，承包人请求参照合同约定支付工程价款的，应予支持。据此，笔者认为，不论合同的效力如何，只要工程质量合格，发包人就应当向承包人支付工程价款。这也就是说，只有工程质量合格，承包人才有权向发包人主张工程价款，如果质量不合格的，承包人则无权向发包人主张工程价款。在上述案例中，最高人民法院明确认定，讼争工程竣工验收合格是付款前提和基础，也是付款条件成就的节点。据此，中太公司在讼争工程竣工验收合格后应当支付工程尾款。

案例索引 最高人民法院(2014)民申字第861号民事裁定书

3. 非地基基础工程和主体结构方面的质量问题不应作为拒付工程价款的理由

▶案情简介

毕胜得公司与扬子江公司签订《建设工程施工合同》，约定由扬子江公司承建案涉工程。施工部分工程后，案涉建设工程并未完工，亦未经过竣工验收，双方均同意解除相关合同。扬子江公司就工程款提起诉讼，诉讼中毕胜得公司认为扬子江公司已完工部分存在质量问题，不同意支付相应款项。

最高人民法院裁判观点

本案事实表明，案涉建设工程并未完工，亦未经过竣工验收，双方当事人均同意解除相关合同。在此情况下，毕胜得公司如果认为扬子江公司已完工部分存在质量问题，应当提供支持其抗辩意见的初步证据，但其并未在一、二审过程中提交该等证据。建设工程合格并不等于工程不会存在质量瑕疵。二审法院认定，案涉工程造价鉴定虽然不是工程质量鉴定，但对案涉工程质量问题具有初步的判断价值，现无证据表明案涉工程存在"地基基础工程和主体结构"方面的质量问题。毕胜得公司在申请再审过程中亦未提交任何证明二审法院上述认定存在错误的证据。二审法院已经认定"关于案涉工程质量是否存在非地基基础工程和主体结构方面的质量瑕疵，毕胜得公司可另诉保修事宜"。

法律评析

根据《建设工程司法解释》第二条、第三条、第十条的规定，质量合格是支付工程价款的前提条件，如果工程质量不合格，承包人有权拒绝支付工程价款。那么，对于一些非地基基础工程和主体结构方面的质量瑕疵工程是否可以认定为质量不合格，并以此拒绝支付工程价款？笔者认为，对于非地基基础工程和主体结构方面的质量瑕疵不应视为质量不合格，如果严格按照规范和验收标准来讲，几乎没有完全合格的工程。如果以此来拒付工程价款，显然对承包人不利。最高人民法院在上述案例中也明确认定，建设工程合格并不等于工程不会存在质量瑕疵。同时，也将地基基础工程和主体结构方面的质量问题和非地基基础工程和主体结构方面的质量瑕疵进行区分。

案例索引　最高人民法院(2015)民申字第994号民事裁定书

---

4. 对于发包人的非擅自使用行为，承包人不得依据《建设工程司法解释》第十三条免除其责任

▶案情简介

发包人滨辉水务公司与承包人承远建设公司就磴口县污水处理厂工程签订《建设工程施工合同》，随后承远建设公司组织进场施工，于2009年10月完工，案涉工程初次验收不合格，而政府下令发包人恢复使用污水处理厂。嗣后，承远建设公司提起工程款之诉，诉讼中就案涉工程是否合格发生争议。

最高人民法院裁判观点

关于原判决认定案涉工程是不合格工程是否有证据支持、驳回承远建设公司诉请适用法律是否有误问题，依据与滨辉水务公司签订的《建设工程施工合同》，承远建设公司以包工包料的形式承建了磴口县污水处理厂工程，并于2009年10月完工。在当月进行的工程初验中，因其不符合验收要求，被质监站书面通知要求整改。后被巨宇监理公司认定案涉工程存在九项质量问题，系不合格工程。关于整改后的工程质量问题，2010年12月31日，质监站在《污水处理厂验收情况报告》中明确，承远建设公司虽于2009年10月31日、2010年9月20日两次报送整改报告，但经质监站复查，并未全部整改完毕，不具备竣工验收条件。本案所涉污水处理厂工程系市政基础设施工程，工程竣工验收虽由建设单位负责组织实施，但依据双方合同履行期间生效的原建设部颁发的《房屋建筑工程和市政基础设施工程竣工验收暂行规定》第五条第（十一）项规定，工程符合下列要求方可进行竣工验收：建设行政主管部门及其委托的工程质量监督机构等有关部门责令整改的问题全部整改完毕。因承远建设公司并未按照质监站要求履行全部整改义务，案涉工程未能进行最终竣工验收的责任在承远建设公司而非滨辉水务公司。据此，原判决认定案涉工程是不合格工程有事实与法律依据。《建

筑法》第五十八条规定，建筑施工企业对工程的施工质量负责。施工单位获得工程款的对价应是交付合格工程。滨辉水务公司虽使用了案涉工程，但因工程质量存在问题暂停运行后，被磴口县人民政府以磴政办字（2010）77号《关于恢复污水处理厂生产运行的通知》要求恢复使用，并非擅自使用。承远建设公司在初次验收为不合格工程且未全面履行整改义务的情形下，即提起本案工程款之诉。原判决依据《建设工程司法解释》第三条第一款第（二）项"修复后的建设工程经竣工验收不合格，承包人请求支付工程价款的，不予支持"的规定，对承远建设公司的诉请不予支持，适用法律并无不当。

法律评析

《建设工程司法解释》第十三条规定，建设工程未经竣工验收，发包人擅自使用后，又以使用部分质量不符合约定为由主张权利的，不予支持；但是承包人应当在建设工程的合理使用寿命内对地基基础工程和主体结构质量承担民事责任。很多施工单位将此规定视为其"尚方宝剑"，并错误地认为不管何种情形只要发包人使用未经竣工验收的工程，就应当视为工程质量合格（地基基础工程和主体结构除外）。笔者认为，这种理解是不正确的。上述司法解释规定的是发包人"擅自"使用，擅自是指超越权限自作主张（做某事），如果发包人的使用是由于客观情形所迫使、第三方政府机关要求或发包人与承包人协商一致时，就不应当属于"擅自使用"的范畴。笔者代理的一起水利工程质量纠纷案件中，承包人施工的是防护片工程（挡水大坝）。对于此防护片工程就不应当以上述司法解释第十三条的规定免除承包人责任，其根本原因就在于挡水大坝不管有无竣工验收都必须使用。这是挡水大坝的特性所决定的，也是客观现实所决定的，其不属于发包人擅自使用的范畴。在上述案例中，最高人民法院明确认定滨辉水务公司虽使用了案涉工程，但因工程质量存在问题暂停运行后，被磴口县人民政府通知要求恢复使用，并非擅自使用。故对承远建设公司的诉请不予支持。

案例索引　最高人民法院（2014）民申字第1336号民事裁定书

5. 关于工程质量问题而请求承包人予以修理、返工或损害赔偿的诉讼时效

▶案情简介

二十五局中标承建案涉工程后,将部分工程分包给联讯公司、华艺公司组织施工。现因二十五局未足额支付工程款,遂提起本案诉讼。诉讼中就案涉工程款诉讼时效问题发生争议。

最高人民法院裁判观点

案涉工程的质量问题已经超过二年诉讼时效。二十五局在反诉状中陈述:"被反诉人未按设计图纸的要求进行施工,弄虚作假,对 12398 平方米应当喷混植生的部分,只做了喷播植草。直到 2009 年后,我们在复查时才发现这一问题。"就此,华艺公司、联讯公司在一审中已辩称,二十五局已经自认发现施工"存在质量问题"的时间是在 2009 年,应从此时间点开始起算诉讼时效,而二十五局提起反诉的时间为 2012 年 11 月 25 日,已超过二年的诉讼时效。

法律评析

《民法通则》第一百三十五条规定:"向人民法院请求保护民事权利的诉讼时效期间为二年,法律另有规定的除外。"2017 年 3 月 15 日全国人民代表大会通过《民法总则》,并于 2017 年 10 月 1 日起生效。《民法总则》第一百八十八条规定:向人民法院请求保护民事权利的诉讼时效期间为三年。法律另有规定的,依照其规定。这是关于普通诉讼时效的最新规定。笔者认为,在关于工程质量索赔的诉讼时效起算的问题上,应遵守民事基本法律制度关于诉讼时效的规定,除非法律对建设工程质量索赔的诉讼时效期间另

有规定,否则应适用《民法总则》的规定,即发包人请求承包人履行修复义务或者承担违约责任的诉讼时效期间为三年。在最高人民法院的上述裁判中,认定了二十五局发现施工“存在质量问题”的时间是 2009 年,应从此时间点开始起算诉讼时效期间,其提起反诉的时间为 2012 年 11 月 25 日,已超过两年的诉讼时效期间。虽然本案中的诉讼时效仍按照《民法通则》的规定,但在《民法总则》施行之后,发包人请求承包人履行修复义务或者承担违约责任的诉讼时效期间应为三年。

案例索引 最高人民法院(2014)民申字第 1473 号民事裁定书

(三)工期问题

1. 在发包人未能按约支付工程款时,承包人可以依据同时履行抗辩权免除自身工期逾期的违约责任

▶案情简介

武汉三星公司和四川神宇公司签订《工程施工合同》,约定由四川神宇公司承建案涉工程。嗣后,武汉三星公司提起诉讼,以四川神宇公司逾期完工为由请求其承担违约责任。四川神宇公司提起反诉,要求武汉三星公司支付尚欠工程价款。诉讼中,双方就四川神宇公司逾期完工是否应当承担违约责任发生争议。

最高人民法院裁判观点

《合同法》第六十六条规定,当事人互负债务,没有先后履行顺序的,应

当同时履行。一方在对方履行之前有权拒绝其履行要求。一方在对方履行债务不符合约定时,有权拒绝其相应的履行要求。建设工程施工合同中,工程资金能否及时到位将直接影响到工程进度能否按时完成。虽然双方约定了四川神宇公司对工程款可能出现的无法及时到位情形表示一定的理解与配合,但是不能据此排除四川神宇公司依法享有的法定抗辩权,在武汉三星公司没有及时足额支付工程进度款的情况下,四川神宇公司有权拒绝履行相应的义务,否则将导致合同履行的不公平。故四川神宇公司有权在武汉三星公司未及时履行支付工程款义务时,调整或延迟施工进度,不构成迟延履行。此外,双方于 2012 年 1 月 9 日对主体工程结算时,在已经超过合同约定的竣工日期的前提下,对工程进行确认并进行了协商和结算,应当视为双方已经就工程逾期完工的事项进行了处理并达成一致意见。武汉三星公司又以四川神宇公司逾期完工为由要求其承担违约责任,一、二审判决均不予支持是正确的。

法律评析

如果合同当事人的债务不是基于同一双务合同而发生,即使在事实上有密切关系,也不得主张同时履行抗辩权。因此,成立同时履行抗辩权,必须有双方当事人基于同一双务合同互负债务这一要件。同时履行抗辩权规定一方违约之后,另一方享有同时履行抗辩权。在施工合同中,发包人的主要义务就是支付工程价款,承包人的主要义务就是按期完成工程施工。根据上述裁判,最高人民法院明确将发包人和承包人的主要义务纳入同时履行抗辩权范畴,在发包人逾期支付工程款的情形下适用同时履行抗辩权的规定免除承包人逾期竣工的违约责任。

案例索引 最高人民法院(2014)民申字第 648 号民事裁定书

2. 施工许可证载明的开工日期与实际进场日期不一致，应以实际进场日期作为工期起算点

▶案情简介

建筑集团与东顺公司分别于2004年7月30日和2004年9月28日签订了《建设工程承包合同》和《建设工程施工合同》，且《建设工程施工合同》经过了备案，约定由建筑集团承建案涉工程。在合同的履行过程中，双方实际履行的是《建设工程承包合同》。嗣后，东顺公司就建筑集团延误工期、工程结算依据哪一份合同而发生争议诉至法院。

最高人民法院裁判观点

关于案涉工程的开工时间问题，东顺公司主张开工日期为2004年8月1日，即建筑集团实际进场施工之日。建筑集团主张其虽然在2004年8月1日进场，但因不符合全面施工条件，而无法全面施工，故开工时间应以《建筑工程施工许可证》核发之日的2004年12月6日为准。经查，双方当事人在2004年7月30日签订的《建设工程承包合同》中，对合同工期进行了约定：开工日期2004年8月1日。而从建筑集团于2004年8月24日向东顺公司发出的《关于计划延误事宜通知的复函》、2004年11月25日向东顺公司发出的《关于确认第二期工程进度款的函》、2005年8月4日向东顺公司发出的《关于提前支付合同款的说明》内容来看，建筑集团均认可并实际已于2004年8月1日组织各有关施工人员进场施工，在2004年11月时，案涉工程已建到第五层，建筑集团向东顺公司确认收取第二期进度款为200万元。案涉工程的《建筑工程施工许可证》的核发时间虽然是2004年12月6日，但在核发《建筑工程施工许可证》之前，建筑集团早已对案涉工程进行施工建设，并未影响建筑集团的开工建设，故二审判决认定案涉工程开工日期为2004年8月1日，符合本案履约实际，并无不当。

法律评析

对于工期问题,最为关键的就是开工日期和竣工日期。那么,开工日期如何确定,是以合同约定的开工日期,或监理开工通知中所载明的开工日期,或施工单位实际进场的开工时间,或施工许可证中所载明的开工日期为准?笔者认为,首先,对于开工日期应当优先以监理开工通知中所载明的开工日期为准。监理人在发出开工通知之前应当征得发包人的同意,且发出开工通知的前提是发包人已经取得了工程开工所需要的全部行政许可。监理人发出开工通知后因承包人原因不能按时开工的,仍以开工通知所载明的开工日期为准。其次,在合同约定的开工日期之前,如监理人没有发出开工通知,是否应当以合同约定的开工日期为工期起算点呢?笔者认为,根据2007年和2013年施工合同示范文本通用条款的约定,监理人应当在计划开工日期前7日发出开工通知,否则,承包人有权提出价格调整、解除合同等主张。这也就是说,合同计划开工日期仅作为发出具体开工通知的参照物,并不能以此作为开工日期的起算点。最后,对于实际开工日期与施工许可证的开工日期不相符,应如何认定?笔者认为,施工许可证仅仅是发包人应当获取的行政许可,其属于发包人与行政主管单位的行政法律关系,体现的是行政管理机关对施工行为的一种管理。最高人民法院在上述案例中,也明确认定案涉工程的工期起算点为承包人实际进场进行施工的日期。

案例索引 最高人民法院(2013)民申字第862号民事裁定书

3. 承包人工期顺延的反证证据证明标准问题

▶案情简介

新领国泰公司与机械公司签订了《钢结构厂房工程承包合同》,并在合同中约定总工期为100天(日历天),自2002年8月16日开工至2002年11月26日竣工,工程竣工验收后30天内支付95%的工程款。事实上,直至2004年4月底,机械公司在未与新领国泰公司办理工程移交的情况下,擅自撤场。2005年6月17日,新领国泰公司收到机械公司竣工资料至今也没有办理竣工验收手续。2007年6月,双方就拖欠工程价款问题发生争议诉至法院,机械公司要求新领国泰公司支付欠付款及利息,而新领国泰公司以工期延误为由拒付工程款。

最高人民法院裁判观点

关于工期顺延的问题,《钢结构厂房工程承包合同》约定总工期为100天(日历天),自2002年8月16日开工至2002年11月26日竣工。而事实上,直至2004年4月底,新领国泰公司才完工撤场,的确存在工期过长的问题。但一、二审法院查明:本案在施工过程中工程设计发生多次变更,工程量增加,从北京中新国地工程造价咨询有限公司对案涉合同外工程造价的鉴定意见和法院对合同外工程价款的认定可以看出,存在300多万元的合同外工程量;新领国泰公司还直接分包部分工程、指定材料供应商,影响工期;2003年北京"非典"疫情的发生,客观上影响了工期。况且,在机械公司起诉主张工程款之前,新领国泰公司从未要求机械公司承担工程逾期的责任。因此,一、二审法院认定,现有证据无法认定工期系机械公司单方的原因造成延误,工期理应顺延。一、二审法院的认定并无不当。

法律评析

证明标准也可以称为证明要求,是指法院在诉讼中认定案件事实所要达到的证明程度。证明标准确定后,一旦证据的证明力达到这一标准,待证事实就算得到证明,法院就应当认定该事实并以之作为裁判的依据。民事诉讼的证明标准主要三种,即排除合理怀疑、高度盖然性和优势证据。上述三种证明标准是针对负有举证责任的当事人对于"本证"的证明标准。对于"反证"的证明标准呢?2015年《最高人民法院关于适用〈中华人民共和国民事诉讼法〉的解释》第一百零八条第二款规定,对一方当事人为反驳负有举证证明责任的当事人所主张的事实而提供的证据,人民法院经审查并结合相关事实,认为待证事实真伪不明的,应当认定该事实不存在。这也就是说,针对不负有举证责任的当事人提供证据对本证进行反驳的“反证”,其证明标准更低,即只需要使待证事实陷入真伪不明的状态即可动摇法官对于本证所形成的内心确定。在本案中,发包人所主张的事实就是工期延误,发包人应当承担举证责任。其所举证的证据为“本证”,其主要证据就是实际开工时间、合同约定应当竣工的时间和实际竣工时间。承包人对工期延误不负有举证责任,但承包人为了反驳发包人所主张的工期延误而提供的证据就属于“反证”。其主要证据主要有发包人多次变更工程设计、直接分包部分工程、指定材料供应商和其他不可抗力因素。此时的反驳证据使发包人所主张的工期延误限于真伪不明,即无法确定工期的延误完全是承包人的原因造成的。据此,就可以认定发包人所主张的工期延误不存在,故最高人民法院最终认定工期应当顺延。

案例索引 最高人民法院(2013)民申字第659号民事裁定书

4. 工程施工合同中工期的鉴定

▶案情简介

四川化建与凯涟捷公司签订《建设工程施工合同》,约定由四川化建承建案涉工程。四川化建以凯涟捷公司拖欠工程款为由提起诉讼。因双方在合同中约定完成400万元价值工程量所需工期135天,而施工期间,实际工程量在原约定工程量基础上增幅较大,但是双方未对增加工程量后工期如何顺延作出约定。现凯连捷公司提出四川化建应承担工期违约赔偿责任。

最高人民法院裁判观点

双方当事人在《建设工程施工合同》中约定完成400万元价值工程量所需工期135天。而施工期间,实际工程量在原约定工程量基础上增幅较大,工期理应顺延,但是双方未对增加工程量后工期如何顺延作出约定。虽然双方一致认可新工期的计算方法,但是这种只考虑工程造价而不兼顾其他因素变化的计算方法并不符合施工进度特点,不具有科学性、合理性,因此,二审判决对双方要求以该计算方法认定新工期的主张不予支持,并无不当。鉴于双方未对工期的变更作出约定,目前也没有合理有效的计算办法,故无法确定工程应当完工的时间,因而不能确定工期是提前还是延迟,二审判决对凯涟捷公司延期交工罚金的主张不予支持,是正确的。

法律评析

目前,法律、行政法规并未对工期鉴定机构的资质作出相关规定,因此没有一家机构具有工期鉴定的相关资质。注册造价工程师执业范围包括以下几点:(1)建设项目建议书、可行性研究投资估算的编制和审核,项目经济评价,工程概、预、结算,竣工结(决)算的编制和审核;(2)工程量清单、标底(或者控制价)、投标报价的编制和审核,工程合同价款的签订及变更、调整、工程款支付与工程索赔费用的计算;(3)建设项目管理过程中设计方案的优化、限额设计等工程造价分析与控制,工程保险理赔的核查;(4)工程经济纠纷的鉴定。因此,工程造价咨询机构也不具有工期鉴定业务能力。在施工过程中,判断工程的变更对工期的影响远比判断变更对工程造价的影响要复杂得多,因为其待定因素或前提因素要更多。在上述案例中,最高人民法院明确认定鉴于双方未对工期的变更作出约定,目前也没有合理有效的计算办法,故无法确定工程应当完工的时间,因而不能确定工期是提前还是延迟。

案例索引 最高人民法院(2012)民申字第464号民事裁定书

(四)表见代理

1. 私刻的印章不影响表见代理行为的成立

▶案情简介

德鑫公司与八建公司签订《建设工程施工合同》,约定由八建公司承建案涉工程,史某某与八建公司云南分公司签订《工程项目安全责任书》。施工过程中,史某某代表八建公司与杨某某签订《钢材买卖合同》。后杨某某要求八建公司履行钢材买卖合同的付款义务,但八建公司否认史某某为其公司的代理人。杨某某以买卖合同纠纷为由诉至法院,要求八建公司支付相应货款。

最高人民法院裁判观点

关于史某某是否构成表见代理的问题分析如下:(1)杨某某是否有理由相信史某某具有代理权。史某某在购买钢材时手中持有德鑫公司与八建公司签订的《建设工程施工合同》和史某某与八建公司云南分公司签订的《工程项目安全责任书》。经鉴定,《建设工程施工合同》上的公章为八建公司的真实印章,虽八建公司云南分公司的印章经鉴定与工商企业登记管理档案中的印章不是同一枚印章,但对于杨某某来说,已足够使其相信史某某具有代理权。(2)杨某某是否善意且无过失。八建公司称欠条可能是杨某某与史某某借购买钢材之名行民间借贷之实,但是八建公司并未提交证据证明其主张。八建公司亦未提交其他证据证明杨某某存有恶意及过失行为。故杨某某应为善意无过失。(3)史某某和杨某某之间是否发生钢材买卖法律关系。经二审法院向案外人德鑫公司调查,八建公司与德鑫公司签订《建设工程施工合同》时陈某某和史某某均到现场,并在合同上签字,合同系史某某实际履行,工程款也是向史某某支付的。杨某某提供了由史某某签字的发货单和收据。以上证据可以证明杨某某与史某某发生了钢材买卖法律关系，结合前述理由，史某某的行为已经构成表见代理。二审判决认定八建公司对杨某某承担责任，并无不当。至于八建公司与史某某之间的纠纷，应由双方另行解决。

法律评析

实际施工人以承包人的名义进行施工材料的采购，承包人是否应当承担货款的支付责任？对于此问题，主要看实际施工人的行为是否构成表见代理，如是，则承包人要承担支付义务；反之，承包人无须承担义务。实践中，经常会有实际施工人私刻承包人印章或承包人项目部的印章进行施工材料的采购。承包人据此以实际施工人私刻印章为由认为案涉合同与承包人无关，承包人不应承担相应责任。笔者认为，单纯的以印章属于私刻为由来拒绝承担相应责任，略显牵强。在正常的商业交往中，交易各方不可能也没有办法去核实交易对方印章的真假。因此，承包人是否承担责任还应当结合合同的签订、合同的履行和结算程序来评判。在上述案例中，最高人民法院明确认定，虽然八建公司云南分公司的印章经鉴定与工商企业登记管理档案中的印章不是同一枚印章，但已足够使杨某某相信史某某具有代理权，且无证据证明杨某某存有恶意及过失行为。故史某某的行为已经构成表见代理，八建公司应对杨某某承担责任。

案例索引　最高人民法院(2013)民申字第1060号民事裁定书

2. 刻有"此印章签订合同无效"字样的项目部印章对外签订合同不构成表见代理

▶案情简介

同景公司作为案涉工程的发包人与东冠公司签订施工合同，将案涉工程交由东冠公司承包建设。随后,东冠公司将部分工程分包给刃楗公司施工。刃楗公司则以内部承包的方式将工程转包张某某个人。2008 年 5 月 15 日,东冠公司发出了《公告》,并发送给刃楗公司。载明“我公司因生产经营的需要,现变更同景国际城 H 组团工程项目部章,原项目部章到 2008 年 5 月 16 日起作废”。2008 年 9 月 19 日,刃楗公司向东冠公司提交《关于调整劳务费的报告》,要求调增劳务费,东冠公司项目部书面回复同意部分调增,回复上盖有东冠公司项目部新的刻有“此章签订合同无效”的印章。现实际施工人张某某要求东冠公司按《关于调整劳务费的报告》上的调增劳务单价支付增加的劳务费。

最高人民法院裁判观点

关于调增的劳务单价应否支持的问题,合同当事人关于价款的约定是订立合同的重要条款,对价款的调整属于合同内容的重大变更,是对当事人权利义务的重新约定,属于签订合同的范畴。因此,在项目部无权对外签订合同的情况下,其盖章认可的价款变更,未经东冠公司追认,不具有法律效力。此外,2009 年 2 月 8 日东冠公司与刃楗公司签订《协议书》,约定:“双方以原合同及签证为据计算刃楗公司已完成工程劳务费,东冠公司将能够统一的部分工程欠款向刃楗公司付清;双方不能统一的部分如协商不能达成一致意见,由刃楗公司向南岸区人民法院起诉,结果以法院判决为准。”进一步证明东冠公司认可按合同价支付,并未认可调增价款。张某某在该协议书上签字,对此亦是确认的。东冠公司原再审申请书中,已经提出项目部无权代表公司对价款进行变更,不认可项目部对劳务费调增事项回复的效力,与否认项目部构成表见代理是相同的意思表示,故原再审判决否定项目部构成表见代理,认定项目部的回复行为对东冠公司没有约束力,不属于超出诉讼请求的情形。因此,张某某关于东冠公司应支付调增劳务费的主张依据不足,不予支持。

法律评析

《合同法》第四十九条规定,行为人没有代理权、超越代理权或者代理权终止后以被代理人名义订立合同,相对人有理由相信行为人有代理权的,该代理行为有效。构成表见代理有以下四个要件:(1)须行为人无代理权。成立表见代理的第一要件是行为人无代理权。(2)须有使相对人相信行为人具有代理权的事实或理由。这是成立表见代理的客观要件。(3)须相对人为善意且无过失。这是表见代理成立的主观要件。(4)须行为人与相对人之间的民事行为具备民事行为的有效要件。在上述案件中,法院不认定刻有“此印章签订合同无效”字样的项目部印章对外签订合同不构成表见代理的主要原因就在于相对人非善意。表见代理中相对人是否善意无过失,是对相对人订立协议时主观形态的判断。在本案中,由于新的项目部印章上明确刻有“此印章签订合同无效”字样,相对人也就应当知道此印章的法律后如何,故相对人的过失和非善意是显而易见的,最高人民法院在上述案件中他并没有认定构成表见代理。

案例索引　最高人民法院(2012)民再申字第302号民事裁定书

3. 是否构成表见代理的举证责任

▶案情简介

永阳公司与望建公司签订《建设工程施工合同》以及《补充合同》,约定由望建公司承建案涉工程。望建公司授权李某某代表望建公司签订上述合同。合同签订后,望建公司进场施工,后李某某以望建公司的名义解除上述合同并将永阳公司退回的履约保证金收归个人所有。现望建公司提起本案诉讼,要求永阳公司退回履约保证金。

最高人民法院裁判观点

本案争议焦点为永阳公司应否向望建公司返还100万元履约保证金。

首先,关于李某某的行为是否符合表见代理的构成要件。《合同法》第四十九条规定:“行为人没有代理权、超越代理权或者代理权终止后以被代理人名义订立合同,相对人有理由相信行为人有代理权的,该代理行为有效。”根据该规定,永阳公司主张李某某的行为构成表见代理,应当承担举证责任,其不仅应当举证证明李某某的代理行为存在有权代理的客观表象形式要素,而且应当证明其善意且无过失地相信行为人具有代理权。(1)李某某虽代表望建公司与永阳公司签订《建设工程施工合同》以及《补充合同》,但这仅仅说明望建公司赋予其缔结上述合同的代理权,并不能据此得出其有权解除合同以及将履约保证金收归个人所有,也就是说仅参与缔约本身并不能当然作为认定后续履行行为构成表见代理的客观表象。事实上,解除讼争合同系李某某个人行为,并未获得望建公司的授权以及追认。(2)永阳公司将履约保证金收据交付给李某某,并在备注栏内注明实际缴款人为李某某。但是,该收据原件一直保存在李某某手中,在本案诉讼中亦由李某某提交给一审法院,永阳公司并没有证据证明望建公司已经知悉李某某取得上述保证金收据以及收据备注栏的内容。更为关键的是,李某某有权代表望建公司取得该履约保证金收据,也不意味着其有权将本应返还给望建公司的履约保证金收归自己所有,这需要有望建公司的明确授权或者追认。因此,仅持有保证金收据并不能作为认定李某某存在有权代理的客观表象形式要素,同时,由于讼争100万元款项系由望建公司转账支付给永阳公司,如合同解除的,该笔款项也应汇入望建公司账户或其指定的其他账户,永阳公司在没有就此征询望建公司意见的情况下直接将该100万元款项退还给李某某,没有尽到相应的注意义务,不符合表见代理善意且无过失的构成要件。综上,可以认定永阳公司对于其所主张的表见代理并未尽到相应的举证责任,故二审判决认定永阳公司应向望建公司返还100万元履约保证金并无不妥。永阳公司关于其已经将讼争100万元款项支付给李某某,而李某某代表望建公司缔约、取得履约保证金收据以及持有该收据向永阳公司申请退款等行为符合表见代理的构成要件,据此应认定望建公司已经收到讼争100万元履约保证金等申请理由不能成立。

法律评析

表见代理中举证责任的分配与代表人责任不尽相同。依照《合同法》第四十九条关于“相对人有理由相信行为人有代理权”的要求，在涉及表见代理的民事诉讼过程中，举证责任的分配一般按以下顺序进行：首先，由被代理人承担对行为人无代理权的举证责任。其次，由相对人举证说明行为人的代理行为存在有权代理的客观表象形式要素，而且应当证明相对人善意且无过失地相信行为人具有代理权。由此可见，在表见代理中，相对人的举证责任要比被代理人沉重得多。如相对人无法举证说明行为人的代理行为客观上存在有权代理的表象，且主观上不能证明其善意且无过失的，则不应认定构成表见代理。在上述案例中，最高人民法院亦不认可李某某的行为构成表见代理。

案例索引 最高人民法院(2015)民申字第2734号民事裁定书

4. 相对人应对涉及工程项目上的工作人员身份进行必要审查，如其未尽合理的审查义务而与实际上没有代理权的人发生交易的，不应认定构成表见代理

▶案情简介

永升公司中标承建案涉工程，陈某某系该工程的施工员。在施工过程中，陈某某与丰业公司签订《采购合同》购买建筑材料，并出具欠条。现因陈某某未依约支付采购款，丰业公司以陈某某、永升公司为被告提起本案诉讼，要求他们共同承担支付责任。诉讼中，就陈某某的行为是否构成职务代理或表见代理，应否就该欠款承担支付责任发生争议。

最高人民法院裁判观点

关于陈某某向丰业公司购买建筑材料的行为是否构成职务代理或表见代理的问题，首先，陈某某在与丰业公司签订《销售合同书》时，没有出示任何证明其与永升公司有关的身份证件或授权文件；且在永升公司的《投标书》以及《建筑工程内部承包合同》中也没有任何关于陈某某的授权规定。因此，即使认定陈某某是永升公司的工作人员，也不能表明陈某某有代表永升公司与丰业公司签约的职务权限。故陈某某与丰业公司之间签订《销售合同书》，并不属于履行职务的行为。其次，丰业公司在签约时并未对陈某某的身份、权限尽合理的审查责任，也没有要求陈某某出示任何与永升公司有关的身份证明或授权文件，故丰业公司在主观上并非是善意且无过失的。客观上，陈某某并未持有具有代理意义的介绍信、授权委托书、印鉴等，也没有证据证明其作为永升公司的业务员与丰业公司有永升公司承认的长期业务往来等。而根据《建筑工程内部承包合同》的约定，若急需用料，永升公司下属的物流公司一时无法组织解决，陈某某需自行采购的，必须事前写书面报告，上报自购计划，报永升公司主管领导审批同意后，方可自行采购。陈某某与丰业公司之间的采购行为并未经过永升公司主管领导审批同意，合同也未在永升公司备案。故陈某某向丰业公司采购建筑材料纯属个人行为，并不符合表见代理的构成要件。因此，虽然永升公司在向建设方提交的案涉工程《投标书》中记载陈某某为施工员，并附陈某某的身份证、学历证书、资格证书等资料，永升公司在二审过程中亦承认陈某某是其员工，但是不能当然认定陈某某与永升公司的签约行为是职务代理或表见代理行为。

法律评析

《合同法》第四十九条明确规定，行为人没有代理权、超越代理权或者代理权终止后以被代理人名义订立合同，相对人有理由相信行为人有代理权的，该代理行为有效。构成表见代理的，被代理人对代理人的代理行为，需要承担民事责任，因此要严格认定表见代理行为。从上述法律规定可以看出，表见代理的构成不仅要求代理人的无权代理行为在客观上形成具有代理权的表象，而且要求相对人在主观上善意且无过失地相信行为人有代理权。在建设工程领域,常常出现项目施工的工作人员,如项目经理、施工员、负责人等以公司名义对外进行交易,该交易是否构成表见代理就意味着是否需要被代理人即公司一方承担相应的责任。在上述案例中,陈某某在与丰业公司签订《销售合同书》时,没有出示任何证明其与永升公司有关的身份证件或授权文件;且丰业公司在签约时并未对陈某某的身份、权限尽合理的审查责任,故最高人民法院认为,陈某某向丰业公司采购建筑材料纯属个人行为,并不符合表见代理的构成要件。通过该案例给人们一个警示:作为合同相对人应对工程项目上的工作人员身份进行必要的审查;另外,作为公司一方应严格管理授权手续,在必须出示授权手续时特别要重视授权事项、范围、期限等信息的列明。

案例索引 最高人民法院(2014)民申字第536号民事裁定书

5. 盖章与表见代理认定的关系

▶案情简介

成城公司承建案涉工程后,任命胡某某作为案涉工程项目部的代表。在工程施工过程中,胡某某与世昌公司签订《钢材购销合同》,约定由世昌公司提供钢材。现因钢材款尚未支付,世昌公司遂提起本案诉讼,要求胡某某与成城公司支付钢材款。诉讼中,成城公司主张其与胡某某是工程分包关系,且未授权胡某某与世昌公司签订《钢材购销合同》,胡某某的签约行为是个人行为,应由胡某某个人承担支付钢材款的责任。

最高人民法院裁判观点

关于胡某某与世昌公司的签约行为是否属于职务行为的问题,成城公司主张其与胡某某是工程分包关系,且未授权胡某某与世昌公司签订《钢材购销合同》,胡某某的签约行为是个人行为,应由胡某某个人承担支付钢材款的责任。本院认为,原审认定《钢材购销合同》有效是正确的。胡某某的签约行为是代表成城公司的,其后果应由成城公司承担。理由是:(1)从《钢材购销合同》落款看,合同买方盖有成城公司工程项目部的印章,而且胡某某既作为该项目部的代表又作为担保人在合同上签字。如果是胡某某个人与世昌公司签约,那就无须加盖成城公司项目部的印章,胡某某也不可能是担保人,而应当是购买人。该签约行为构成表见代理,世昌公司有理由相信胡某某作为买方的签约行为是代表成城公司的。(2)另有两份合同证明,胡某某曾代表成城公司对外签约并承包该公司项目,一是在成城公司与四川万景房地产开发有限公司岷江大道分公司签订的《建筑工程承包合同》中,成城公司作为承包人在合同上盖章,胡某某作为该公司委托代理人在合同上签字;二是从成城公司与胡某某签订的《工程项目施工管理责任承包合同》来看,该公司实行项目负责人管理承包责任制,并指定胡某某为上述工程承包合同项下的四栋住宅楼的项目负责人。(3)成城公司主张胡某某在私刻成城公司工程项目部印章后签订案涉《钢材购销合同》,其已向公安机关报案,但并未提供证据证明该事实。原判决认定这是成城公司内部管理问题并无不当。综上,胡某某与世昌公司签订《钢材购销合同》的行为属于职务行为,成城公司关于其与胡某某系工程分包关系,应由胡某某承担支付钢材款责任的主张,依据不足,本院不予支持。

法律评析

在司法实践中,对盖章在表见代理构成上的影响程度,存在较大分歧。一种观点认为,盖章是证明表见代理的充分条件,虽然单位没有授权,但是只要有盖章就应当构成表见代理;另外一种观点则认为,盖章只是一个重要的证据,不应当作为认定表见代理构成的充分条件。笔者支持第二种观点,盖章不是构成表见代理的充分条件,要区分不同情况并结合相关证据,才能更好地判断是否构成表见代理。当然,在实践中,签字和盖章对相对人而言,对信赖程度的影响是不一样的,通常来说,对盖章合同的信赖程度要高于没有盖章的合同。如果一个单位想要以合同是无权或越权签订为由而否认合同的效力,其举证责任也要大得多。所以,在表见代理的构成上,盖章合同构成表见代理的概率要高于没有盖章而仅仅有签字的合同。最高人民法院在上述案例中,认定《钢材购销合同》有效,胡某某的签约行为是代表成城公司,其后果应由成城公司承担的主要理由也是合同买方盖有成城公司工程项目部的印章,而且胡某某既作为该项目部的代表又作为担保人在合同上签字。该签约行为构成表见代理,世昌公司有理由相信胡某某作为买方的签约行为是代表成城公司的。

案例索引 最高人民法院(2015)民申字第595号民事裁定书

6. 建设工程的项目负责人在无明确授权的情形下,不具备对外借款的职权,其擅自以公司名义对外借款的行为不构成表见代理,公司不承担还款责任

▶案情简介

中城公司中标承建案涉工程后,任命余某某为案涉工程的项目部经理。在案涉工程施工过程中,余某某向吴某借款,并出具借条,该借条上仅有余某某个人署名而未加盖中城公司单位印章。现吴某就该借款未依约偿还向法院提起诉讼,要求余某某及中城公司承担还款责任。诉讼中就中城公司应否承担还款责任发生争议。

最高人民法院裁判观点

所谓表见代理,是指代理人虽然不具有代理权,但具有代理关系的某些表面要件,这些表面要件足以使无过错的第三人相信其具有代理权而与之实施民事法律行为,在这种情形下,法律使这种代理行为发生与有权代理同样的法律后果。表见代理的本质特征是具有外观授权的表象,并足以使相

对人完全有理由相信该无权代理人具有代理权,且相对人对此作出的判断已尽到一个善良注意人的审慎义务,并无过失。我国《合同法》第四十九条规定了表见代理有如下构成要件:(一)行为人应以被代理人的名义与相对人实施“代理”行为。本案中,余某某以其个人名义与吴某之间产生借款关系,借条上仅有余某某个人署名而未加盖中城公司单位印章,不能得出以中城公司名义向吴某借款的结论。余某某的借款行为不符合表见代理构成要件(一)的情形。(二)行为人实施“代理”行为并没有代理权。本案中,余某某的身份仅为中城公司下属分公司的负责人并担任本案所涉工程的项目经理,其不具有代表中城公司对外擅自借款的职能,中城公司法人未授予其对外借款的代理权,事后亦未对其借款行为予以追认。故余某某的借款行为本质上属于无权代理,符合表见代理构成要件(二)的情形。(三)客观上须具有使相对人相信行为人具有代理权的情形。在本案中,中城公司允许余某某作为其分支机构的负责人从事公司经营活动并担任本案所涉工程的项目经理,容易造成余某某被公司授予借款代理权的假象,客观上使合同相对人有理由相信余某某的身份具备借款代理权。故余某某的借款行为符合表见代理构成要件(三)的情形。(四)相对人系基于善意且无过失而信赖该行为人有代理权。在本案中,吴某将系争款项借与余某某时,对余某某的借款行为究竟代表个人还是中城公司并未尽到一个善良注意人的合理审慎义务,其主观上存在较大的过失。具体表现在:其一,吴某作为浙江好运通担保有限公司的股东,一名商人,对系争借款合同订立主体的认知能力理应有一定的商场经验。吴某对余某某的身份明知,根据通常情况应当知道余某某在未经中城公司法人授权情形下,不具有代表中城公司对外擅自借款的职能,余某某并无对外借款的代理权。但吴某未尽审慎之责,主观上的过失不可推卸。其二,如果余某某以中城公司名义向吴某借款,则在借条上理应加盖中城公司单位印章而绝非仅由余某某单独个人署名即可,事后亦未取得中城公司授权或追认,故对系争借款在合同订立形式上存在的重大瑕疵,吴某并未尽到合理、善良的注意义务。其三,若确属中城公司的借款,按常规应将款项汇入中城公司的账户,而不是汇入余某某个人账户,除非中城公司指令同意将所借款项划至余某某个人账户,但吴某对此节事实并无相关证据予以佐证。故从系争借款的资金走向上也无法认定本案系争款项属中城公司的借款。吴某认为系争款项借予中城公司的观点显然违背常理。其四,余某某所支付的材料款和人工工资款的资金来源难以认定是吴某的出借款。现有证据反映,余某某同时还收到浙江爱侣健康科技发展有限公司支付的工程款,故余某某支付材料款和人工工资款的资金来源并不仅限于吴某的借款,系争借款的用途无法形成全面的对应关系。据此,余某某的借款行为不符合表见代理构成要件(四)的情形。

鉴于上述阐明的理由,余某某的借款行为不符合表见代理法律构成要件(一)和(四)的情形,不构成《合同法》上的表见代理。其借款行为对外不代表公司,属个人行为,应由其个人承担相应还款责任。中城公司不应为此承担本案系争借款本息的还款义务。

法律评析

《合同法》第四十九条明确规定,行为人没有代理权、超越代理权或者代理权终止后以被代理人名义订立合同,相对人有理由相信行为人有代理权的,该代理行为有效。这是法律对于表见代理的明确规定,从法条中可看出,表见代理的构成不仅要求代理人的无权代理行为在客观上形成具有代理权的表象,而且要求相对人在主观上善意且无过失地相信行为人有代理权。在最高人民法院印发的《关于当前形势下审理民商事合同纠纷案件若干问题的指导意见》中也明确规定,人民法院在判断合同相对人主观上是否属于善意且无过失时,应当结合合同缔结与履行过程中的各种因素综合判断合同相对人是否尽到合理注意义务,此外还要考虑合同的缔结时间、以谁的名义签字、是否盖有相关印章及印章真伪、标的物的交付方式与地点、购买的材料、租赁的器材、所借款项的用途、建筑单位是否知道项目经理的行为、是否参与合同履行等各种因素,作出综合分析判断。在本案中,余某某以其个人名义与吴某之间产生借款关系,借条上仅有余某某个人署名而未加盖中城公司单位印章,吴某作为出借人也未尽到善良注意人的合理审慎义务。故最高人民法院认为,余某某的借款行为不构成表见代理,其借款行为对外不代表公司,属个人行为,应由其个人承担相应还款责任,中城公司不应为此承担还款义务。据此,建设工程的项目负责人在无明确授权的情形下,不具备对外借款的职权,其擅自以公司名义对外借款不能认定为职务行为,亦不构成表见代理,公司不承担还款责任。

案例索引 最高人民法院(2012)民再申字第92号民事裁定书

7. 授权委托书载明授权范围与承包事项,客观上形成具有代理权的表象且主观上是善意的,应认定为构成表见代理

▶案情简介

路桥公司与常青公司签订《建设工程施工劳务合同》,约定由常青公司承建案涉工程。该合同签订之前,常青公司为邱某某向路桥公司出具了全权代理的授权委托书,该委托书载明授权范围为与路桥公司之间就案涉工程承包事项协商并任命邱某某为项目经理。随后邱某某与路桥公司签订《设备租赁、劳务输入合同书》,现常青公司因工程款支付问题提起本案诉讼,诉讼中就邱某某与路桥公司所签订的《设备租赁、劳务输入合同书》应否对常青公司产生拘束力而发生争议。

最高人民法院裁判观点

从合同签订主体来看,该合同虽由邱某某与路桥公司签订,但根据查明事实,邱某某为常青公司的工程项目经理,邱某某所实施的有关案涉工程的实际施工行为应是其为常青公司履行的职务代理行为;常青公司在与路桥公司签订《建设工程施工劳务合同》之前,为邱某某向路桥公司出具了全权代理的授权委托书,该委托书载明授权范围为与路桥公司之间的沪蓉西高速公路第十合同段工程承包事项,而非仅签订为应付检查为目的的《建设工程施工劳务合同》。另外,常青公司再审申请书中陈述"早在2005年8月8

日,常青公司已经授权邱某某作为常青公司全权代表参与施工,并未对方某某进行任何授权。路桥公司完全清楚这一事实,就工程建设中的重大事项,邱某某代表常青公司进行处理”。因此,常青公司申请再审主张《设备租赁、劳务输入合同书》不真实,对其不具有约束力不能成立。

法律评析

《合同法》第四十九条规定了表见代理制度,但自《合同法》颁布实施以来,关于表见代理制度在司法实践中的具体运用也是时有争议的。由于表见代理属于市场交易法则中的例外情形,为维护正常的市场交易秩序,在实践中对于表见代理制度适用的主要精神也是要严格认定其构成要件。目前,最高人民法院的主流观点认为,构成表见代理需要同时满足:“在订立合同行为与过程中存在表见行为”“相对人有理由相信行为人有代理权,主观上属于善意”这两个条件。在最高人民法院的上述裁判中也明确,本案中邱某某作为常青公司的工程项目经理,常青公司对其出具了全权代理的授权委托书,这说明邱某某与路桥公司签订《设备租赁、劳务输入合同书》时,存在客观上的表见行为。而路桥公司完全清楚就工程建设中的重大事项,邱某某代表常青公司进行处理这一事实。故最高人民法院认定邱某某构成表见代理。

案例索引 最高人民法院(2015)民申字第340号民事裁定书

8. 伪造担保人印章进行担保的行为,担保人并不因此免除担保责任

▶案情简介

2011年7月19日,吴某某与出借人雷某某签订还款协议时,以江建公

司的名义提供担保，但协议上加盖的江建公司的印章是吴某某伪造的。因此，江西省东乡县人民法院于2014年4月18日作出刑事判决，认定吴某某已构成伪造公章罪并判处吴某某有期徒刑。现雷某某提起民事诉讼要求江建公司承担连带责任。

最高人民法院裁判观点

对于借款人是否涉嫌犯罪的认定，不影响担保责任的认定与承担。在由第三人提供担保的民间借贷中，就法律关系而言，存在出借人与借款人之间的借款关系以及出借人与第三方的担保关系两种法律关系，而借款人涉嫌犯罪或者被生效判决认定有罪，并不涉及担保法律关系。刑事案件的犯罪嫌疑人或犯罪人仅与民间借贷纠纷中的借款人重合，而出借人要求担保人承担担保责任的案件，其责任主体与刑事案件的责任主体并不一致。因此，借款人涉嫌构成刑事犯罪时，出借人起诉担保人的，应适用“民刑分离”的原则。吴某某与雷某某达成的《还款协议》是双方真实意思表示，应为有效，《还款协议》上江建公司作为担保人加盖公章。虽然该公章已被刑事判决认定为系吴某某伪造，但从一审查明的情况看，吴某某多次使用该枚公章从事一系列经营活动，且该公章已为施工单位和相关政府职能部门确认。本案中，吴某某通过挂靠江建公司，取得了“金迪商厦”项目的开发人资格，吴某某是该项目的实际控制人，吴某某所借款项部分用于“金迪商厦”项目。江建公司为案涉款项提供担保的行为合法有效。吴某某在《招标通知书》和《建设工程施工招标备案资料》以及与施工单位订立的《建设工程施工合同》中均使用了该枚私刻的公章。上述法律行为必须要使用公章，在此情况下，二审判决推定江建公司对于吴某某使用该枚公章知情并无不当。且依据一审时的鉴定结论，吴某某使用的该枚公章与其向东乡县房管局申报《承诺书》中的公章相同。上述事实使雷某某对于该公章形成合理信赖，雷某某的合理信赖利益应当受到保护。一、二审判决认定江建公司承担担保责任并无不当。

法律评析

在本案中，虽然借款人私刻担保人的印章且因此已经被法院认定构成犯罪，说明客观上保证人没有实际参与借款合同的签订和履行，但从保护出借人的角度出发，上述被伪造的印章已经多次使用，包括在《招标通知书》、《建设工程施工招标备案资料》、《建设工程施工合同》和给予房管局的《承诺书》中的使用，借款人以此挂靠担保人的名义中标相关工程进行施工。在此情形下，从保护债权人、保护信赖利益的角度出发，认定保证人仍应当承担保证责任。

案例索引 （2016）最高法民申425号民事裁定书

9. 在施工合同中包工头以委托代理人的名义出现，随后其以个人名义进行的采购行为可认定为表见代理行为，承包人应承担货款的支付义务

▶案情简介

工建三公司与十堰市林森房地产开发有限公司签订建设工程施工合同时，张某某是以工建三公司委托代理人身份在承包人栏内签名，并加盖了工建三公司公章。张某某在与王某某签订《钢材供应合同》后，王某某按约将钢材运送至建设项目施工现场，嗣后结算时，王某某与张某某就供货钢材的结算提货明细表中注明的是“省工建三公司张某某”，工建三公司是否应当对上述货款承担责任发生争议。

最高人民法院裁判观点

关于张某某向王某某购买钢材的行为是否构成表见代理的问题，关于表见代理，《合同法》第四十九条规定：“行为人没有代理权、超越代理权或者代理权终止后以被代理人名义订立合同，相对人有理由相信行为人有代理权的，该代理行为有效。”首先，在与发包人十堰市林森房地产开发有限公司

签订“水岸新都”房地产项目建设施工合同时，张某某是以工建三公司委托代理人身份在承包人栏内签名，并加盖了工建三公司公章，随后十堰市林森房地产开发有限公司（甲方）与工建三公司（乙方）签署的补充协议亦由张某某在乙方栏签名。施工合同履行过程中，张某某在该工程中全面负责施工，并将办公地点设在项目现场。据此应当认定工建三公司对于张某某以该公司名义开展施工活动予以认可。其次，张某某在与王某某签订《钢材供应合同》后，王某某按约将钢材运送至建设项目施工现场，嗣后结算时，王某某与张某某就供货钢材的结算提货明细表中注明的是“省工建三公司张某某”发生争议。因此，虽然张某某以自己的名义与王某某签订了《钢材供应合同》，但基于上述事实，王某某有理由相信张某某的行为代表工建三公司，二审判决据此认定张某某的行为构成表见代理，符合《合同法》第四十九条的规定。综上，工建三公司关于张某某的行为不构成表见代理，二审判决认定为表见代理突破了合同相对性原则，并与认定张某某为实际施工人相互矛盾，以及二审判决以发生在后的事实来推断在先事实等申请理由均不能成立。

法律评析

在承包人与发包人签订合同时，经常有包工头以委托代理人的名义出现在施工合同中；甚至有的包工头利用工作之便，自行将其姓名加入到合同之中。在此情形下，案外的第三人完全有理由相信包工头是承包人的委托代理人，并据此与包工头签订相关协议。在上述案例中，最高人民法院明确认定虽然张某某以自己的名义与王某某签订了《钢材供应合同》，但基于张某某是以工建三公司委托代理人身份在承包人栏内签名，并加盖了工建三公司公章的事实，王某某有理由相信张某某的行为代表工建三公司，故张某某的行为构成表见代理，符合《合同法》第四十九条的规定。

案例索引　最高人民法院（2015）民申字第2687号民事裁定书

10. 承包人书面授权的项目负责人进行采购，承包人应对货款承担支付义务

▶案情简介

圣达公司承包宗骏公司在海城西柳宗骏美馨庄园二期工程，圣达公司与尚某某于2011年1月1日签订《宗骏美馨庄园项目分包协议书》。主要内容为：项目部承包人不能再对外分包工程，经营过程中的一切财产与工程结算均属个人所有，并承担本项目约定的一切法律责任；尚某某在集团公司的监督下独立经营管理，该项目是尚某某与开发单位联系承包，施工过程中的一切事务由尚某某与开发单位接洽……2011年5月18日，圣达公司出具授权委托书一份，内容为：(1)委托沈阳分公司经理刘某对美馨庄园二期项目实施全面监督管理。(2)委托尚某某任该项目负责人，履行施工现场工程技术、质量、安全生产、文明施工、施工管理人员、机械调配、民工工资核算、工程进度监督和工程款结算、竣工验收。尚某某与李某某于2011年5月14日签订《钢材购销合同书》，袁某某提供担保。李某某已提供价值7 598 256元的钢材，收到货款4 088 256元人民币，尚欠货款351万元及违约金至今未付。现就圣达公司是否应当对上述货款承担连带责任发生争议。

最高人民法院裁判观点

第一，案涉美馨庄园二期项目系以圣达公司的名义承包建设，根据圣达公司与尚某某签订的《宗骏美馨庄园项目分包协议书》，圣达公司2011年5月18日出具的《授权委托书》，圣达公司在已生效的另案刑事判决、民事判决中的自认以及法院认定的事实，可以认定美馨庄园项目部是圣达公司设立的具体负责案涉工程施工的部门，尚某某、刘某是圣达公司委托任命的项目负责人，负责案涉工程项目施工管理。尽管永和公司否认尚某某、刘某系圣达公司的工作人员，但无论尚某某、刘某与圣达公司是否具有劳动法意义

上的劳动合同关系，根据现有证据，足以认定尚某某、刘某均是受圣达公司委托从事与项目有关的民事行为，美馨庄园项目部、尚某某实施的与案涉工程有关的行为对外可以代表圣达公司。而且，圣达公司在天津市滨海新区人民法院审理的另案庭审笔录中已经自认美馨庄园二期项目是由该公司实际施工，并成立了项目部，项目负责人是尚某某，刘某和尚某某是该公司的工作人员。第二，案涉《钢材购销合同书》虽然是以尚某某个人名义与李某某签订，但是2012年6月1日尚某某、刘某给李某某出具欠条时，欠条上加盖了圣达公司和美馨庄园项目部的印章。尽管欠条上圣达公司的印章与该公司备案印章不一致，但是对于欠条上加盖的美馨庄园项目部印章和尚某某、刘某的签字各方当事人均无异议。美馨庄园项目部在欠条上加盖印章和尚某某、刘某签字的行为，不仅表明了欠付货款的事实，也表明了美馨庄园项目部对于尚某某与李某某之间钢材购销合同的追认，如前所述，美馨庄园项目部是由圣达公司设立，尚某某、刘某受圣达公司委托负责项目部的工作，因此，圣达公司应当被视为尚某某与李某某钢材购销合同法律关系的当事人，受到该购销合同的约束。第三，尚某某是否是案涉工程的实际施工人并非本案的审理范围，圣达公司依据其与尚某某之间订立的分包协议主张美馨庄园项目部并非由该公司设立，尚某某独立对案涉工程进行施工建设，以及无特别授权不能对外代表圣达公司等，属于其与尚某某的内部约定，不具有对外的效力。第四，李某某虽然是与尚某某个人签订的钢材购销合同，但此时尚某某已经与圣达公司签订了项目分包协议，其项目部承包人的身份已经确定，并且要在圣达公司的监督下独立经营管理，因此，李某某有理由相信尚某某与其订立钢材购销合同是代表圣达公司的，而之后圣达公司于2011年5月18日出具的《授权委托书》以及案涉钢材购销合同的履行过程也证明了尚某某是代表圣达公司签订的本案钢材购销合同，并且，该购销合同法律关系也得到了圣达公司和美馨庄园项目部的认可。圣达公司抗辩主张尚某某和李某某利用假的圣达公司印章伪造2012年6月1日授权委托书，企图将责任嫁祸给圣达公司，李某某并非善意相对人，没有事实依据。综上所述，本院认为，美馨庄园项目部系圣达公司设立，刘某、尚某某系圣达公司的工作人员，具体负责该项目，因此在工程施工过程中尚某某、刘某对外签订本案购销钢材合同及出具欠条的行为,应视为履行圣达公司职务的行为,根据《民法通则》第四十三条规定,企业法人对它的法定代表人和其他工作人员的经营活动,承担民事责任,故圣达公司应对其工作人员尚某某、刘某在案涉钢材购销合同中实施的民事行为承担责任。

法律评析

在实践中,对于项目实际负责人或项目包工头以其个人名义进行的采购行为,承包人是否应当承担责任,至今没有一个统一的裁判尺度。就上述案件,一审、二审法院均认定圣达公司不应对尚某某、刘某在案涉钢材购销合同中实施的民事行为承担责任。但最高人民法院明确认定圣达公司应对其工作人员尚某某、刘某在案涉钢材购销合同中实施的民事行为承担责任。最高人民法院从四个方面进行了论证:(1)美馨庄园项目部是圣达公司设立的具体负责案涉工程施工的部门,尚某某、刘某是圣达公司委托任命的项目负责人,负责案涉工程项目施工管理。(2)案涉《钢材购销合同书》虽然是以尚某某个人名义与李某某签订,但尚某某、刘某给李某某出具的欠条上加盖了圣达公司和美馨庄园项目部的印章。美馨庄园项目部在欠条上加盖印章和尚某某、刘某签字的行为,不仅表明了欠付货款的事实,也表明了美馨庄园项目部对于尚某某与李某某之间钢材购销合同的追认。(3)尚某某对案涉工程进行施工建设,以及无特别授权不能对外代表圣达公司等,属于其与尚某某的内部约定,不具有对外的效力。(4)李某某虽然是与尚某某个人签订的钢材购销合同,但李某某有理由相信尚某某与其订立钢材购销合同是代表圣达公司的。此案件对于施工单位的警示意义重大,施工单位应当引以为戒。

案例索引 (2016)最高法民再5号民事判决书

(五)工程司法鉴定

1. 不得以鉴定机构超越资质等级而认定其出具的鉴定报告无效

▶案情简介

2004年11月10日,南通六建与嘉和泰公司签订的《建设工程施工合同》约定,由南通六建承建案涉工程。2005年4月15日,双方签订补充协议,嘉和泰公司先后支付1000万元的工程款,南通六建开始施工。由于双方在签订上述合同时未履行招标程序,2005年9月22日,通过招投标程序,南通六建中标后双方再次签订《建设工程施工合同》。嗣后,南通六建就工程款提起诉讼,诉讼中山西三源工程造价咨询有限公司出具鉴定报告,现就鉴定机构超越资质等级而出具的鉴定报告效力认定而产生争议。

最高人民法院裁判观点

关于鉴定结论能否作为计算案涉工程款依据的问题,案涉工程的鉴定机构的资质等级为乙级,嘉和泰公司主张其作出的鉴定结论无效。其依据是《工程造价咨询企业管理办法》第十九条的规定,乙级工程造价咨询企业可以从事工程造价5000万元人民币以下的工程造价咨询业务。第三十八条规定,超越资质等级承接工程造价咨询业务的,出具的工程造价成果文件无效。但上述规定是原建设部的部门规章,属于管理性规范,不能作为评判鉴定结论效力的依据,且嘉和泰公司在一审中并未提出鉴定资质不合格的主张,因此,应当以鉴定结论作为计算案涉工程款的依据。一审法院已经组织双方当事人对于鉴定结论进行质证,鉴定机构亦对双方当事人提出的异议予以解答,因此,鉴定程序合法。关于质量问题,一审时,法院曾征求嘉和泰公司的意见,对于工程质量与修复费用进行鉴定。嘉和泰公司不同意对此进行鉴定并且未缴纳鉴定费用,因此鉴定机构未对工程质量与修复费用进行鉴定并无不当之处。鉴定结论可以作为计算案涉工程款的依据。

法律评析

《建设工程司法解释》第一条规定,承包人未取得建筑施工企业资质或超越资质等级的,所签订建设工程施工合同应当根据《合同法》第五十二条的规定,认定无效。众所周知,建筑行业实行严格的资质等级管理,上述司法解释仅规定了施工单位超越资质等级所签订合同的效力,但是对于监理单位超越资质的行为和造价咨询公司超越资质的行为如何认定呢?一部分人认为,在建筑施工领域对于超越资质等级行为的认定都应当参照上述司法解释的规定认定为无效,否则,资质等级管理将变得毫无意义。事实上,《最高人民法院关于适用〈中华人民共和国合同法〉若干问题的解释(一)》第四条已经明确规定,人民法院确认合同无效,应当以全国人大及其常委会制定的法律和国务院制定的行政法规为依据,不得以地方性法规、行政规章为依据。因此,不得以鉴定机构超越资质等级而认定其出具的鉴定报告无效。

案例索引 最高人民法院(2014)民一终字第72号民事判决书

2. 价格鉴定师作出的工程质量瑕疵修复造价鉴定,不应予以采纳

▶案情简介

2014年,金太阳公司与安华公司签订《施工合同》,约定由安华公司承建案涉工程。嗣后,安华公司就工程款提起诉讼,一审法院对该工程的质量问

题委托价格认证中心对其进行了鉴定。金太阳公司称：该价格鉴定中心的资质为价格鉴定，鉴定人员也为价格鉴定师，其所作的工程造价鉴定应为无效，主张按照合同约定来确定结算工程价款。诉讼中就质量修复方案的鉴定机构及鉴定人的资质、资格、工程价款结算依据等问题发生争议。

最高人民法院裁判观点

关于质量修复方案鉴定机构及鉴定人的资质、资格问题，黄山市价格认证中心接受一审法院的委托，根据安徽省建筑工程质量第二监督检测站鉴定出具的质量瑕疵鉴定意见，作出工程质量瑕疵修复方案和费用鉴定技术报告并据此出具鉴定结论，核定案涉工程质量瑕疵修复总价为 202 457. 78 元。然而，经本院调卷审查发现，黄山市价格认定中心《价格鉴定机构资质证》上核准的资质范围仅为价格鉴定，鉴定人员凌某某、汪某的鉴定资格为价格鉴证师。由此说明，无论是该价格中心还是两鉴定人均不具有进行瑕疵修复鉴定的资质和资格，该中心的鉴定结论不能作为定案依据。

法律评析

价格鉴定师是指经全国统一考试合格，取得《价格鉴证师执业资格证书》并经注册登记，从事价格鉴定、认证、评估工作的专业人员。造价工程师，是指经全国造价工程师执业资格统一考试合格，并注册取得《造价工程师注册证》，从事建设工程造价活动的人员。价格鉴定师和造价工程师是两个不同的职业范畴。在上述案例中，最高人民法院明确认定《价格鉴定机构资质证》上核准的资质范围仅为价格鉴定，鉴定人员凌某某、汪某的鉴定资格为价格鉴证师，故该中心的鉴定结论不能作为定案依据。

案例索引　最高人民法院(2015)民申字第 44 号民事裁定书

3. 不应以工程造价鉴定机构未取得《司法鉴定许可证》而认定鉴定结果无效

▶案情简介

恒熙公司与蓉信公司签订《施工合同》,约定由恒熙公司承包建设案涉工程。现恒熙公司就工程价款提起诉讼。诉讼中,法院依申请委托亚通会计公司就案涉工程造价进行鉴定。亚通会计公司作出《工程造价鉴定报告书》,恒熙公司认为亚通会计公司未进行登记,不具备受理工程造价审核和鉴定的资格,不属司法鉴定机构,主张鉴定结论无效,要求重新鉴定以确定工程价款。

最高人民法院裁判观点

关于亚通会计公司所作造价鉴定结论能否予以采信的问题,恒熙公司认为亚通会计公司不具备受理工程造价审核和鉴定的资格,不属司法鉴定机构,且所作鉴定是在缺少真实工程资料的情况下伪造形成的。经查,亚通会计公司属四川省高级人民法院公布的工程造价类鉴定单位之一,具有工程造价审核和鉴定资格,且根据《全国人民代表大会常务委员会关于司法鉴定管理问题的决定》第二条规定,工程造价类咨询鉴定机构并不属于明确规定为需进行登记管理的机构。据此,恒熙公司以亚通会计公司未在四川省司法厅司法鉴定管理局登记而否认其司法鉴定资格无事实和法律依据。对恒熙公司提出的亚通会计公司鉴定中所依据的材料不全等问题,庭审中已经双方质证,该公司现未提供新的证据对该鉴定报告予以推翻,其再审申请的证据不足。

法律评析

根据《司法鉴定机构登记管理办法》的规定,司法鉴定机构是司法鉴定人的执业机构,应当具备本办法规定的条件,经省级司法行政机关审核登记,取得《司法鉴定许可证》,在登记的司法鉴定业务范围内,开展司法鉴定活动。那么,工程类的鉴定机构如果没有在相关的司法行政管理机关登记,尚未取得《司法鉴定许可证》,其作出的司法鉴定结果能否采信?在上述案例中,最高人民法院明确认定根据《全国人民代表大会常务委员会关于司法鉴定管理问题的决定》第二条规定,工程造价类咨询鉴定机构并不属于明确规定为需进行登记管理的机构,故案涉会计公司的司法鉴定结果可予采信。

案例索引 最高人民法院(2014)民申字第192号民事裁定书

4. 工程造价咨询单位司法鉴定登记并非从事工程造价鉴定的中介机构具备鉴定资质的前提条件

▶案情简介

2005年5月29日,福海公司与二建公司签订的《建设工程施工合同》约定,由二建公司承建案涉工程,并列明计价标准和计价方式。随后,二建公司进场施工,双方于2005年8月22日签订《施工现场签证单》,施工完成后,福海公司制作《建筑工程决算计算书》。但《签证单》、《结算书》与《5·29合同》载明的相关内容均不相同。现二建公司提起本案诉讼,要求根据《5·29合同》结算工程款。诉讼中就结算依据认定问题,法院委托智诚公司就案涉工程进行工程造价鉴定。现因智诚公司没有进行司法鉴定登记,其出具的鉴定结论应否予以采信出现争议。

最高人民法院裁判观点

本院经审查认为,福海公司主张因智诚公司没有司法鉴定资格,二审法院不应采信智诚公司对案涉工程造价作出的司法鉴定,但根据一审法院查明的事实,智诚公司的《企业法人营业执照》与《工程造价咨询企业乙级资质证书》表明其有资格从事工程造价鉴定,二审法院据该事实和《最高人民法院关于如何认定工程造价从业人员是否同时在两个单位执业问题的答复》(法函〔2006〕68 号)第一条“根据全国人大常委会《关于司法鉴定管理问题的决定》第二条的规定,工程造价咨询单位不属于实行司法鉴定登记管理制度的范围”之规定,认为司法鉴定登记并非从事工程造价鉴定的中介机构具备鉴定资质的前提条件,认定福海公司主张因智诚公司未在司法行政部门进行造价鉴定登记而不具备鉴定资质的理由不能成立,继而根据当事人的质证意见对智诚公司作出的相关鉴定结论予以采信,并无不妥,对福海公司的该项再审主张本院不予支持。

法律评析

《全国人民代表大会常务委员会关于司法鉴定管理问题的决定》第二条规定,国家对从事下列司法鉴定业务的鉴定人和鉴定机构实行登记管理制度:(一)法医类鉴定;(二)物证类鉴定;(三)声像资料鉴定;(四)根据诉讼需要由国务院司法行政部门商最高人民法院、最高人民检察院确定的其他应当对鉴定人和鉴定机构实行登记管理的鉴定事项。同时,在《最高人民法院关于如何认定工程造价从业人员是否同时在两个单位执业问题的答复》中明确:(一)根据全国人大常委会《关于司法鉴定管理问题的决定》第二条的规定,工程造价咨询单位不属于实行司法鉴定登记管理制度的范围。(二)根据《国务院对确需保留的行政审批项目设定行政许可的决定》(2004年国务院令第 412 号)以及国务院清理整顿经济鉴定类社会中介机构领导小组《关于规范工程造价咨询行业管理的通知》(国清〔2002〕6 号)精神,工程造价咨询单位和造价工程师的审批、注册管理工作由建设行政部门负责。由此可见,对从事工程造价咨询业务的单位和鉴定人员的执业资质认定,应当以工程造价行政许可主管部门的审批、注册管理和相关法律规定为依据。即,工程造价咨询单位不属于实行司法鉴定登记管理制度的范围,司法鉴定登记并非从事工程造价鉴定的中介机构具备鉴定资质的前提条件,工程造价咨询企业的鉴定资质应以建设行政部门的认定为准。最高人民法院在上述的案例中认为,司法鉴定登记并非从事工程造价鉴定的中介机构具备鉴定资质的前提条件,继而认定福海公司主张因智诚公司未在司法行政部门进行造价鉴定登记而不具备鉴定资质的理由不能成立。

案例索引　最高人民法院(2015)民申字第2842号民事裁定书

(六)诉讼管辖与仲裁

1. 发包人可以利用仲裁条款抗辩发包人对实际施工人的责任承担

▶案情简介

2012年,森科盐化公司与建安建设公司签订《建设工程施工合同》,约定由建安建设公司承建案涉工程,并约定仲裁条款。建安建设公司与熊某签订《协议书》,约定由熊某实际施工案涉工程,并约定纠纷通过诉讼解决。嗣后,熊某就工程款提起诉讼,诉讼中就管辖权引发争议。

最高人民法院裁判观点

本案系建设工程施工合同纠纷。熊某作为实际施工人向发包人森科盐化公司和承包人建安建设公司主张支付工程款的权利,涉及熊某与建安建设公司、建安建设公司与森科盐化公司之间的工程款结算问题。但是,建安建设公司与森科盐化公司签订的《建设工程施工合同》已经明确约定了仲裁条款,故双方之间的工程款结算和支付等争议,应提交由双方约定的仲裁委员会仲裁解决,不属于人民法院主管范围。一审法院受理熊某对森科盐化公司的起诉不当,应予驳回。因熊某与建安建设公司签订的《协议书》对"双方应本着公平、友好的原则,协商解决合作中的纠纷。如协商不成的,可在工程所在地人民法院起诉解决纠纷"进行了约定,而本案的工程所在地在青海省,根据级别管辖的相关规定,青海省高级人民法院可继续审理熊某诉建安建设公司建设工程施工合同纠纷。

法律评析

根据《建设工程司法解释》规定,实际施工人以发包人为被告主张权利的,发包人只在尚欠工程价款的范围内对实际施工人承担责任。上述规定客观上已经突破了合同的相对性原则,容易给发包人造成诉累。但是,根据最高人民法院的上述裁判可以得出适用上述司法解释隐含了一个必要条件,那就是发包人与承包人、承包人与实际施工人约定的解决争议的途径必须相同。如果发包人与承包人约定的是仲裁,承包人与实际施工人约定的是诉讼,则实际施工人在诉讼的过程中无法适用上述规定要求发包人承担责任。

案例索引 最高人民法院(2015)民一终字第170号民事裁定书

2. 以备案的中标合同作为确定案件管辖的依据

▶案情简介

建设公司与华创德隆房地产开发有限公司通过招投标签订了《建设工程施工合同》,且进行了备案。同时,双方又签订了另外一份未经备案的合同,随后建设公司依约进场施工。现建设公司就华创德隆房地产开发有限公司拖欠工程款提起诉讼。诉讼中,双方当事人争议体现在:实际履行的是备案合同还是未经备案的合同，在同时存在两份合同的情况下，能否以“是否是实际履行的合同”为标准来解决本案的管辖问题；在招标文件写明的管辖条款与备案合同的约定管辖条款不一致的情况下，如何认定备案合同中管辖条款的效力；在备案合同与未经备案合同同时存在的情况下，应依据哪份合同确定管辖。

最高人民法院裁判观点

本案双方当事人在同一天签订了备案合同和未经备案的合同。关于两份合同的效力及哪份合同是实际履行的合同，属于案件实体问题，有待实体审理时解决，故不宜在本案程序审查中作出认定。故建设公司关于其提供的未经备案的合同是实际履行的合同，应作为确定本案管辖问题的标准的主张不能予以支持。案涉备案合同中的通用合同条款第1.1.1.1项明确：“合同文件（或称合同）：指合同协议书、中标通知书、投标函及投标函附录、专用合同条款、通用合同条款、技术标准和要求、图纸、已标价工程量清单，以及其他合同文件。”故招标文件并不在该合同项下明确的范围内。因此，招标文件不是备案合同的一部分。当招标文件写明的内容与备案合同不一致时，不影响备案合同相关内容的效力。因此，建设公司以招标文件与备案合同约定的管辖条款不一致为由，请求认定备案合同管辖条款无效的主张，没有法律依据。案涉工程系招投标工程，经过了严格的招投标程序。双方当事人在确定工程价款后，签订了备案合同。建设公司虽主张备案合同中有关提交鞍山仲裁委员会仲裁的内容不具真实性，但其没有向法院提交相应的证据，故应承担举证不能的责任。根据《招标投标法》第四十六条规定，招标人和中标人应当自中标通知书发出之日起三十日内，按照招标文件和中标人的投标文件订立书面合同。招标人和中标人不得再行订立背离合同实质性内容的其他协议。有关工程范围、价款、质量、管辖争议条款等均是合同的实质性内容，在备案合同与未经备案合同约定的管辖条款不一致时，应当以备案合同确定案件的管辖问题。所以，建设公司主张按照未经备案的合同约定的解决争议条款确定本案管辖问题，没有事实和法律依据。

法律评析

《招标投标法》第四十六条规定,招标人和中标人应当自中标通知书发出之日起三十日内按照招标文件和中标人的投标文件订立书面合同。招标人和中标人不得再行订立背离合同实质性内容的其他协议。《建设工程司法解释》第二十一条规定,当事人就同一建设工程另行订立的建设工程施工合同与经过备案的中标合同实质性内容不一致的,应当以备案的中标合同作为结算工程价款的依据。上述规定仅解决了以备案的中标合同作为结算依据,并没有涉及两份合同的效力问题(两份合同是指中标的备案合同与违背实质性内容的其他协议,实务界称为“黑白合同”)。那么,两份合同所约定的案件争议解决方式不同,是否还应当以备案的中标合同作为确定案件管辖的依据呢?最高人民法院在上述生效的裁判文书中认为,有关工程范围、价款、质量、管辖争议条款等均是合同的实质性内容,在备案合同与未经备案合同约定的管辖条款不一致时,应当以备案合同确定案件的管辖问题。

案例索引 最高人民法院(2014)民一终字第00067号民事裁定书

3. “可向合同签订地法院起诉”应当视为确定管辖,而非选择性管辖

▶案情简介

龙之梦长峰公司与金帝建工公司签订《鞍山龙之梦畅园(dn4)施工总承包及土建工程承包合同》,约定由金帝建工公司承包建设案涉工程,同时约定:“甲乙双方在履行合同时发生争议,可以和解或者要求有关主管部门调解,若双方对结算有争议可委托社会审计机构进行审计。当事人不愿和解、

调解或者和解、调解不成的，双方可向合同签订地有管辖权的人民法院起诉。”现金帝建工公司就工程款提起诉讼，诉讼中就应否按双方约定确定管辖问题而产生争议。

最高人民法院裁判观点

关于本案应否按双方约定确定管辖问题。双方签订的《鞍山龙之梦畅园(dn4)施工总承包及土建工程承包合同》第33.1条约定：“甲乙双方在履行合同时发生争议，可以和解或者要求有关主管部门调解，若双方对结算有争议可委托社会审计机构进行审计。当事人不愿和解、调解或者和解、调解不成的，双方可向合同签订地有管辖权的人民法院起诉。”从上述内容来看，双方对争议管辖作出了明确约定，即双方可向合同签订地有管辖权的人民法院起诉。该约定中“可”能否理解为也可以到其他有法定管辖权的法院起诉，即该协议管辖是否具有排他性。根据《民事诉讼法》第三十四条的规定，合同或者其他财产权益纠纷的当事人可以书面协议选择被告住所地、合同履行地、合同签订地、原告住所地、标的物所在地等与争议有实际联系的地点的人民法院管辖，但不得违反本法对级别管辖和专属管辖的规定。协议管辖是法律允许当事人在法律规定的范围内以书面形式协商一致自行选择解决纠纷时的法院，其立法目的是在充分体现当事人意思自治的原则上，减少管辖争议，缩减诉讼成本。因此，协议管辖应是非常确定的管辖，应当是具有排他性的管辖，即能够通过当事人的意思表示确定争议管辖的法院。从本案协议约定看，虽然当事人使用了“可”字，但协议内容并没有既可以向选择管辖法院起诉，也可以向法定管辖法院起诉的意思表示。因此，二审法院将此约定理解为是选择性的约定，含义是可选择也可不选择，此认定缺乏事实依据。本案双方协议约定所使用的“可”字，系目前国内当事人进行协议管辖时的常用术语。“双方可向合同签订地有管辖权的人民法院起诉”的约定，应视为双方对管辖法院作出了单一确定的选择，应当解释为由被选择的法院行使排他性管辖权。因本案合同签订地在上海市长宁路，且本案诉讼标的额符合上海市长宁区人民法院管辖标准，因此，案件应由上海市长宁区人民法院管辖。辽宁省鞍山市中级人民法院对本案并无管辖权，其已作出的(2013)鞍民一初字第9号民事判决应予撤销。综上,一、二审裁定属适用法律不当,应予纠正。再审申请人龙之梦长峰公司申请再审理由成立,予以支持。

法律评析

"可以",表示"许可"的意思。在法律规范中凡带有"可以"的条文,从法律规范的角度说,是授权性的规范。这种规范的特点是法律赋予公民、法人或国家机关以某种权利,实施与否由有关者自己决定。某种行为法律规定可以为,也就同时允许可以不为。但以上仅是对于法律条文中"可以"的解释,那么,对于双方当事人在合同条款中约定的"可以"或"可"能否依照上述规则作出解释呢?很多人认为,"可"代表可以而不是必须,也就是说,合同约定的是一个选择性的条款,双方当事人可以选择向合同签订地人民法院起诉,也可以选择向其他有管辖权的人民法院起诉,此处"可"与前文中的"可以和解或要求有关主管部门调解"中的"可以"具有同等之意。但是,最高人民法院在上述生效的裁判文书中明确认定,虽然当事人使用了"可"字,但协议内容并没有既可以向选择管辖法院起诉,也可以向法定管辖法院起诉的意思表示,这里的"可"字系目前国内当事人进行协议管辖时的常用术语,应视为双方对管辖法院作出了单一确定的选择,应当解释为由被选择的法院行使排他性管辖权。

案例索引 最高人民法院(2014)民提字第154号民事裁定书

4. 确认施工合同无效,虽不涉及案件标的额,也应当按照合同标的额确定管辖法院

▶案情简介

2010年1月,西昌电力公司在案涉项目尚未取得国家有关部门立项手

续的情形下，通过自主邀标的方式对项目监理、引水隧洞和沙石骨料生产系统共计八个标段进行了招标。水利水电公司中标木里河固增水电站引水隧洞工程第Ⅱ标段。现西昌电力公司向四川省高级人民法院提起诉讼，请求确认案涉合同无效。

最高人民法院裁判观点

《民事诉讼法》第二十三条规定，因合同纠纷提起的诉讼，由被告住所地或者合同履行地人民法院管辖。这是确定一般合同纠纷地域管辖法院的基本原则。本案一审中，原告西昌电力公司提起的是确认其与上诉人水利水电公司签订的建设工程施工合同无效之诉，该诉讼属于因合同纠纷提起的诉讼。本案合同履行地在四川省辖区内，一审法院以合同履行地确定地域管辖并无不当。根据本院《关于调整高级人民法院和中级人民法院管辖第一审民商事案件标准的通知》第一条的规定，高级人民法院可管辖诉讼标的额在1亿元以上的第一审民商事案件，以及诉讼标的额在5000万元以上且当事人一方住所地不在本辖区或者涉外、涉港澳台的第一审民商事案件。故一审原告西昌电力公司主张的诉讼请求达到一审法院受理的诉讼标的额，是一审法院行使管辖权的一个条件。对于诉讼标的额的计算原则，应根据原告请求判决的权利主张将给原告带来的经济利益来确定。本案所涉合同标的金额为7470.5022万元，一审原告西昌电力公司提起的确认合同无效的请求能否得到支持，关系到7470.5022万元的合同是否继续履行，与一审原告西昌电力公司利益直接相关。故一审法院以合同标的额作为确定级别管辖的诉讼标的额并无不妥。且被告水利水电公司的住所地不在四川省辖区。一审法院四川省高级人民法院受理本案符合本院《关于调整高级人民法院和中级人民法院管辖第一审民商事案件标准的通知》的相关规定。

法律评析

很多人认为合同标的额不等同于案件标的额，对于确认合同无效案件由于未涉及案件标的额，因此不应按照合同金额来确定级别管辖。对此，在上述案例中,最高人民法院明确认定对于诉讼标的额的计算原则,应根据原告请求判决的权利主张将给原告带来的经济利益来确定。本案所涉合同标的金额与原告西昌电力公司提起的确认合同无效的诉讼利益直接相关,故一审法院以合同标的额作为确定级别管辖的诉讼标的额并无不妥。

案例索引 最高人民法院(2015)民一终字第178号民事裁定书

(七)违约金与损失赔偿

1. 在施工合同中,违约金的数额与工程款本金、尚欠工程价款无关

▶案情简介

2012年,艺辉公司与八建公司签订《建设工程施工合同》,约定由八建公司承建案涉工程。后因八建公司未按合同约定如期完成施工,导致工程未竣工,现艺辉公司提起诉讼要求其承担违约责任。艺辉公司认为八建公司存在违约行为,要求其按合同承担违约责任,八建公司主张违约金不应过高,应以工程造价为依据。

最高人民法院裁判观点

关于违约金应否调低的问题,双方关于违约金的约定系双方的真实意思表示,违约金的标准应当依照合同约定履行,总额应结合违约方的具体违约程度、给对方造成的损失等因素计算,与诉争工程的造价及违约方应

得的工程款数额无关，也不应以违约金总额接近或者超过工程价款而认定为过高。八建公司对工程逾期和停工存在过错，导致工程停工至一审终结约一年半时间，且至今仍未复工，造成艺辉公司无法使用诉争工程，损失巨大。对于2011年12月27日起至2013年2月17日一审判决确定之日止的逾期违约金1254万元，二审法院考虑到艺辉公司也应及时采取措施避免损失扩大，根据公平原则，已经对该部分违约金减半调整为627万元。八建公司要求继续调低违约金，没有事实和法律依据，不予支持。

法律评析

在司法实践中，部分律师认为违约金不应超过合同本金的20%或不应超过尚欠的工程价款等。事实上，法律或司法解释并没有对违约金的限额作出相应硬性规定。《最高人民法院关于适用〈中华人民共和国合同法〉若干问题的解释（二）》第二十九条规定，当事人主张约定的违约金过高请求予以适当减少的，人民法院应当以实际损失为基础，兼顾合同的履行情况、当事人的过错程度以及预期利益等综合因素，根据公平原则和诚实信用原则予以衡量，并作出裁决。当事人约定的违约金超过造成损失的百分之三十的，一般可以认定为《合同法》第一百一十四条第二款规定的“过分高于造成的损失”。也就是说，违约金的确定应当以实际损失为基础，综合衡量合同履行程度、当事人的过错、预期利益等多项因素予以综合权衡。最高人民法院在上述案例中明确表述，违约金的标准应当依照合同约定履行，总额应结合违约方的具体违约程度、给对方造成的损失等因素计算，与诉争工程的造价及违约方应得的工程款数额无关，故不应以违约金总额接近或者超过工程价款而认定为过高。

案例索引　最高人民法院(2013)民申字第2465号民事裁定书

2. 违约金和赔偿实际损失可以并处，也可以同时认定

▶案情简介

海通公司与贝盟公司签订《建设工程施工合同》，约定由贝盟公司承建案涉工程项目；同时，约定甲方（海通公司）未履行合同义务或将本工程交由除乙方（贝盟公司）以外的任何单位施工，甲方应承担违约责任，甲方违约，违约金最高限额为合同价的15%，损失按实际计算。施工过程中，海通公司单方解除合同，将案涉工程交由其他单位施工。现贝盟公司提起诉讼，主张海通公司的行为构成违约，应承担违约责任并赔偿实际损失。

最高人民法院裁判观点

本案中海通公司应依双方约定赔偿贝盟公司相应损失，同时还应支付一定数额的违约金。主要理由在于：（1）双方订立合同明确约定了违约金最高限额和损失计算方法，二者在合同中是并列的两种违约责任；（2）综合本案事实，案涉合同陷入履行僵局直至被解除，显系海通公司单方大幅取消施工范围及削减合同价款所致。对依法成立之合同，缔约双方应按照约定履行各自义务，不得擅自变更或解除合同。海通公司在缺乏事实及法律依据情况下对合同核心条款的变更，构成了根本违约，违背了诚实信用原则，贝盟公司因此丧失了履行合同的获利机会。海通公司仅赔偿贝盟公司实际损失对其有失公平，也不能体现合同约定的既赔偿损失又支付违约金的本意。综上，二审法院认为海通公司应支付违约金为贝盟公司实际损失额2 321 938元（施工发生费用1 571 938元加施工图设计费75万元），未予认定其他赔付金额，实际上并未支持贝盟公司要求支付违约金的主张，该认定与合同约定不符，对恶意违约的海通公司的责任分配较轻，属于适用法律不当。贝盟公司的部分再审申请理由成立，指令安徽省高级人民法院再审本案。

法律评析

违约金和实际损失是否可以同时认定并处，一直有争议。特别是《最高人民法院关于适用〈中华人民共和国合同法〉若干问题的解释（二）》颁布后，很多人认为违约金主要是对当事人损失的填补功能，并根据当事人的实际损失进行调减，因此，违约金和实际损失不能同时主张。笔者认为，法律法规并没有明确规定违约金和赔偿损失条款不能同时认定并处，应当尊重当事人的意思自治，以合同约定为原则。在上述案例中，最高人民法院明确认定海通公司应依双方约定赔偿贝盟公司相应损失，同时还应支付一定数额的违约金。

案例索引　最高人民法院（2014）民申字第1195号民事裁定书

3. 合同解除后，合同中约定的违约责任不再适用

▶案情简介

2003年3月12日，桂冠公司与泳臣公司签订《基地定向开发建设协议书》，委托泳臣公司为桂冠公司建设办公综合楼和商品住宅小区。2005年3月30日，桂冠公司（甲方）与泳臣公司（乙方）签订《广西桂冠电力股份有限公司基地定向开发建设补充协议书》，约定将办公楼主楼初定为26层，建筑面积为45 955平方米。2007年7月30日桂冠公司诉请依法解除合同并要求泳臣公司承担违约责任等。

最高人民法院裁判观点

对合同解除后的责任承担问题，桂冠公司诉请泳臣公司返还购房款、双倍返还定金、支付违约金并且赔偿购房款利息损失、办公楼重置费损失。本

院认为,依照《合同法》第九十七条的规定:合同解除后,尚未履行的,终止履行;已经履行的,根据履行情况和合同性质,当事人可以要求恢复原状、采取其他补救措施,并有权要求赔偿损失。因此,合同解除后,应由泳臣公司返还桂冠公司的购房款和利息。关于桂冠公司要求泳臣公司支付工期逾期违约金和泳臣公司擅自抵押土地的违约金的诉讼请求。本院认为,合同解除的法律效果是使合同关系归于消灭,对解除合同的后果,违约方的责任承担方式也不表现为支付违约金。因此,对桂冠公司要求支付违约金的主张,本院亦不予支持。

法律评析

《合同法》第九十八条规定,合同的权利义务终止,不影响合同中结算和清理条款的效力。合同解除后,违约金条款是否还可以适用?有观点认为,违约金是当事人预先确定的一种独立于合同债务履行之外的给付,违约金条款属于合同中的结算和清理条款。因此,即使合同解除,当事人也可以主张违约金。当事人违约是客观事实,不能因为合同的解除而抹杀或掩盖了当事人的违约行为。对此问题,最高人民法院明确认定合同解除的法律效果是使合同关系归于消灭,对解除合同的后果,违约方的责任承担方式也不表现为支付违约金。

案例索引 最高人民法院(2009)民一终字第23号民事判决书

4. 基于无效施工合同所主张的违约金、补偿金不应予以支持

▶案情简介

2005年7月25日,融港侨公司与天山实业公司签订《施工合同》,约定

由融港侨公司承包天山实业公司位于乌鲁木齐市沙依巴克区黑龙江路32号的天山大酒店装修工程。2008年3月和2008年8月融港侨公司与天山实业公司又签订的两份《协议书》约定天山实业公司向融港侨公司支付补偿款。2009年3月天山实业公司《承诺书》中载有向融港侨公司支付400万元违约金等问题。嗣后，双方就补偿款或违约金的适用而产生争议。

最高人民法院裁判观点

关于融港侨公司主张的违约金、补偿金等款项应否支持的问题，首先，由于案涉《施工合同》依法被认定为无效，故双方在合同中关于拖欠工程款的违约金等的约定也应当属于无效条款，因此融港侨公司基于双方所签《施工合同》主张按照工程总价款的20%计算违约金的请求，不予支持。其次，如何看待双方在后续2008年3月和2008年8月签订的两份《协议书》约定的补偿款，2009年3月《承诺书》中关于400万元违约金的约定等问题。本案系施工合同纠纷，由于天山实业公司原因造成工期拖长，故双方后续又签订了一系列的《协议书》和《承诺书》，其中约定了补偿款、违约金等内容。但无论是垫资款利息损失，还是违约金，这些事后单独签订的协议均因工程款未能及时给付产生，核心内容都是源于融港侨公司与天山实业公司之间的施工合同关系，并非在当事人之间缔结了与施工合同并行的新的债权债务关系，其效力如何终究取决于最初的合同关系。既然《施工合同》已经被认定无效，意味着在合同有效前提下的违约责任、工程利润等约定均无法得到支持，亦即融港侨公司只能就已经施工完成的工程主张相应工程款，而无权基于合同本身以及后续《协议书》等关于违约金的约定主张权利。另外，关于工程款的利息计算问题，一审法院也已经依法作出处理和认定，支持了融港侨公司的部分请求。有鉴于此，一审法院未单独支持融港侨公司关于违约金、补偿金等相关诉讼请求，于法有据，予以维持。

法律评析

如果合同无效，除合同解决争议条款之外的其他条款均为无效条款。因此在合同中所约定的违约金条款亦当然属于无效条款，当事人不可能基于一个无效的条款向对方主张任何形式的权利。同时,根据《建设工程司法解释》第二条的规定,建设工程施工合同无效,但工程质量合格,发包人仍应参照合同的约定支付工程价款。此条规定发包人应支付的范围也仅限定于工程价款而已,而违约金并不属于工程价款的组成之一,因此,不应当在支付的范围之内。在上述案例中,最高人民法院明确认定《施工合同》依法被认定为无效,故双方在合同中关于拖欠工程款违约金等的约定也应当属于无效条款,因此,对融港侨公司关于违约金的请求,不予支持。

案例索引 最高人民法院(2013)民一终字第12号民事判决书

5. 逾期支付工程价款的,承包人主张按约定标准计算违约金的,人民法院应予以支持

▶案情简介

2010年1月6日,天威公司与川海公司签订的《协议书》约定,天威公司不按期支付工程款,逾期一天向川海公司支付逾期付款金额1‰的违约金。工程在2011年7月6日就已通过竣工验收,并交付使用,天威公司拖欠川海公司高达10 089 970元的工程价款尚未支付。天威公司主张逾期付款违约金的支付应以实际损失为参照,而违约金损失就是应取得资金而未取得的货币时间价值。川海公司在一审、二审中均未举证证明其受到的实际损失,以致其损失无法估量。基于此,以不超过中国人民银行的4倍利率标准计算,不仅计算了受损失方的货币时间价值损失,也包含了对受损失方的可能的所有损失和合理的补偿。川海公司主张应按合同约定支付违约金。

最高人民法院裁判观点

《合同法》第一百一十四条规定"当事人可以约定一方违约时应当根据

违约情况向对方支付一定数额的违约金，也可以约定因违约产生的损失赔偿额的计算方法”，双方约定按照每日千分之一的标准计算违约金，系对因违约产生的损失赔偿额计算方法的约定，天威公司在对案涉合同效力未提出异议的情况下，仅以川海公司未提供证据证明其受到损失为由，否定上述约定的违约金计算方法，并主张按照中国人民银行同期同类贷款利率四倍计算违约金，依据不足。另外，本案为建设工程施工合同纠纷，当事人争议的是工程价款违约金，天威公司主张适用《最高人民法院关于审理民间借贷案件适用法律若干问题的规定》的申请再审理由不能成立。而且根据二审判决查明的事实，一审庭审中，天威公司认可按合同约定的违约金计算标准及方法计算违约金，天威公司在申请再审时亦未向本院提交证据以推翻其所作上述陈述。综上，驳回天威公司的再审申请。

法律评析

关于违约金的调整在司法实践中争议很大，有观点认为违约金最高不能超过中国人民银行贷款基准利率的四倍，其主要依据就是《最高人民法院关于适用〈中华人民共和国合同法〉若干问题的解释（二）》第二十九条规定，当事人主张约定的违约金过高请求予以适当减少的，人民法院应当以实际损失为基础，兼顾合同的履行情况、当事人的过错程度以及预期利益等综合因素，根据公平原则和诚实信用原则予以衡量，并作出裁决，以及《最高人民法院关于人民法院审理借贷案件的若干意见》（已于 2015 年 9 月失效）关于民间借贷的利率最高不得超过银行同类贷款利率的四倍的规定。对此，很多人片面地认为违约金应当仅以实际损失为基础，并按照中国人民银行的四倍利率为最高上限，同时守约方应当对实际损失承担举证责任。在上述案例中，最高人民法院明确认定天威公司在对案涉合同效力未提出异议的情况下，仅以川海公司未提供证据证明其受到损失为由，否定约定的违约金计算方法，依据不足，并最终维持一、二审按双方合同约定的 1‰标准计算违约金。

案例索引 （2016）最高法民申 1584 号民事裁定书

(八)其他

1. 发票不能独立作为付款依据

▶案情简介

昊源公司与康达公司签订《施工合同》,约定由昊源公司承建案涉工程。随后昊源公司依约进场施工作业,现案涉工程已全部完工。昊源公司向康达公司主张给付剩余工程款,而康达公司依据其开具的发票主张工程款已全部给付完毕,双方已结算清楚。双方因工程款支付问题引发纠纷而诉至法院,诉讼中就发票是否为康达公司付清全部工程款的依据发生争议。

最高人民法院裁判观点

本案双方当事人争议的焦点为:发票是否为康达公司付清全部工程款的依据。本案中,昊源公司的建筑施工活动已经完成,根据《施工合同》向康达公司主张给付剩余工程款,而康达公司主张工程款已全部给付完毕,双方已结算清楚。《最高人民法院关于民事诉讼证据的若干规定》第五条第二款规定,对合同是否履行发生争议的,由负有履行义务的当事人承担举证责任。康达公司主张其已经履行了付款义务,应当负有对该主张举证加以证明的责任。发票具有结算功能,但在不是现金交易的情况下仅持有发票并不能作为付款已完成的依据。发票持有人应该提供支付款项的支票存根、转账记录、银行对账单等用以对付款事实加以证明,因此,康达公司仅以持有发票而主张付清全部工程款依据不足。

法律评析

《发票管理办法》第三条规定,本办法所称发票,是指在购销商品、提供或者接受服务以及从事其他经营活动中,开具、收取的收付款凭证。有的学者认为,发票就是收付款的最终凭证,对此,笔者并不认同。笔者认为,发票不能独立地作为已付款的依据,如果是采用转账方式进行付款的应当依法提供相关的银行转账凭证。若以非转账方式进行,如果是大额现金则应当提供大额现金的取款记录或支票存根。发票最大的功能不是收付款的功能,而是结算功能。因此,不能单独地依据发票来断定应付款项已经进行了支付。

案例索引 最高人民法院(2013)民提字第46号民事判决书

2. 发包人不应以承包人未提供发票为由拒付工程款

▶案情简介

2011年,丰辉公司与天源公司签订《建设工程施工合同》,约定由天源公司承建案涉工程。后因丰辉公司怠于支付工程价款,天源公司于2014年诉至法院,要求丰辉公司如约支付。丰辉公司称天源公司未按约定开具发票,故丰辉公司可以拒绝支付工程款,诉讼中就该问题发生争议。

最高人民法院裁判观点

按照一审、二审判决书载明的事实,案涉工程已经竣工验收合格,即天源公司作为承包人已经履行了其主要义务,丰辉公司作为发包人亦应履行其主要义务,向天源公司支付工程款。开具发票为天源公司的附随义务,但不能以此为由拒绝支付工程款,故丰辉公司关于此点的申请再审理由不成立。

法律评析

在司法实践中,发包人经常以承包人未先提供发票或未移交竣工资料为由拒绝支付工程价款。在施工合同中双方的根本义务就是发包人支付工程价款和承包人进行施工,在承包人完成约定的施工内容且质量合格的情形下,发包人就应当按照合同约定向承包人支付工程款。在上述案例中,最高人民法院明确认定天源公司作为承包人已经履行合格施工的主要义务,丰辉公司作为发包人不得以天源公司未履行开具发票这一附随义务为由拒绝支付工程款。

案例索引 最高人民法院(2015)民申字第534号民事裁定书

3. 行政法规或部门规章不得作为认定当事人违约的依据

▶案情简介

成都二建承建宜宾源德公司的阳光名城电梯公寓和酒店式公寓项目。2008年3月3日,宜宾源德公司、合宏监理公司、成都二建公司、宜宾市建筑勘察设计院对案涉工程进行了竣工验收,《单位工程质量竣工验收记录》载明"验收合格"。嗣后,成都二建起诉要求宜宾源德公司支付工程款,宜宾源德公司认为依据《建设工程质量管理条例》第十六条,以及《房屋建筑工程和市政基础设施工程竣工验收暂行规定》第五条、第六条规定的建设工程竣工验收应当具备的条件及验收程序,主张成都二建公司施工的案涉工程不符合竣工验收条件,不予支付工程款。

最高人民法院裁判观点

关于案涉工程是否已竣工验收的问题,根据本案一、二审法院查明的事实,2007 年 6 月 30 日成都二建公司提交《竣工工程申请验收报告》,总监理工程师李某签署“符合竣工验收条件,同意进行工程验收”。2007 年 9 月 19 日《住宅工程分户验收汇总记录》载明,467 户验收合格。申请再审人(宜宾源德公司)、成都二建公司、监理单位签字。2008 年 3 月 3 日,申请再审人、合宏监理公司、成都二建公司、宜宾市建筑勘察设计院对阳光名城电梯公寓和酒店式公寓进行了竣工验收。2008 年 3 月 3 日《单位工程质量竣工验收记录》载明“验收合格”。2008 年 3 月 3 日《竣工验收报告》结论为“验收合格”。申请再审人、成都二建公司及监理单位、勘察设计单位均在竣工验收报告上签字同意竣工验收并加盖公章,竣工验收报告上载明工程竣工资料完整、工程质量合格。成都二建公司在 2008 年 3 月 3 日竣工验收后,以申请再审人未按合同约定支付工程款为由,拒绝移交工程竣工资料。基于上述事实,原审认定案涉工程已于 2008 年 3 月 3 日经竣工验收合格,完成了竣工验收,有事实依据。申请再审人依据《建设工程质量管理条例》第十六条以及《房屋建筑工程和市政基础设施工程竣工验收暂行规定》第五条、第六条规定的有关建设工程竣工验收应当具备的条件及验收程序,主张成都二建公司的施工不符合合同约定,案涉工程不符合竣工验收条件,案涉工程没有完成竣工验收等,既与原审查明的事实不相符,亦缺乏证据证明。

法律评析

建设工程所涉及的行政部门众多,其涉及的行政法规和部门规章也非常多。在工程实践中,经常会发生施工单位或建设单位违反行政法规或部门规章的行为,此行为可称为行政违法行为。经常有人将对方当事人的行政违法行为视为违约行为要求承担违约责任,同时,将其作为自身抗辩的一个重要理由。事实上,行政违法行为和当事人的违约行为有本质的区别,违约行为又称违反合同,是指合同当事人违反合同约定义务的行为。违约行为是违约责任的基本构成要件,没有违约行为,也就没有违约责任。笔者认为,不得将行政法规或部门规章作为认定当事人违约的依据。最高人民法院在上述案例中也明确认定,申请再审人不能依据《建设工程质量管理条例》第十六条以及《房屋建筑工程和市政基础设施工程竣工验收暂行规定》

(已于2013年12月失效)第五条、第六条的规定,主张成都二建公司的施工工程不符合竣工验收条件,没有完成竣工验收等。

案例索引 最高人民法院(2014)民申字第1827号民事裁定书

4. 建设工程内部承包与转包的区别

▶案情简介

鸿鑫泰公司与腾达公司签订施工合同,约定由腾达公司承包建设案涉工程。腾达公司与姚某甲、姚某乙于2006年10月8日签订的《工程施工合同》《协议书》以及此后形成的多份《会议纪要》表明,其将案涉工程交由姚某甲、姚某乙组织施工,从而收取一定的管理费,而不参与具体施工。现工程完工,姚某甲、姚某乙提起诉讼,请求腾达公司支付相应工程价款。诉讼中就案涉工程转包和内部承包等问题而产生争议。

最高人民法院裁判观点

腾达公司与姚某甲、姚某乙间的工程承包不构成内部承包关系。内部承包,是指发包方与其内部的职能部门、分支机构、职工之间为实现一定的经济目的,而就特定的生产资料及相关的经营管理权所达成的双方权利义务的约定。就其主体而言,内部承包中发包方与承包方除具备平等民事主体间的合同关系外,还存在一定意义上的隶属管理关系。腾达公司主张姚某甲、姚某乙系其委派的公司项目部的负责人,并以此主张案涉工程施工合同系公司内部承包合同。但是,腾达公司不能提供其与姚某甲、姚某乙签订有劳动合同,所称与姚某甲、姚某乙具有劳动关系,缺乏证据支持。另外,内部承包关系中,内部发包工程的单位须给本单位承包的人员提供一定资金、机械、设备、技术、人员等必要的物质条件,并由单位最终承担经营风险。而案涉《工程施工合同》约定，姚某甲、姚某乙须自行组织人员、机械、设备、材料进行施工，施工所需的人员、机械、设备、材料均与腾达公司无关，腾达公司除按固定比例收取施工管理费外，不参与利润分配，不承担任何经济责任。这与内部承包关系有着根本区别。故腾达公司主张其与姚某甲、姚某乙系内部承包关系，缺乏事实依据，不予支持。

腾达公司与姚某甲、姚某乙构成事实上的工程转包关系。腾达公司与姚某甲、姚某乙签订的《工程施工合同》中载明"分包方""分包原则""分包单位"等有关分包的表述，但同时明确约定腾达公司与清连公路公司签订"大合同的全部条款"均对分包方具有约束力，分包方应无条件遵循在投标过程中腾达公司对业主的一切承诺，应遵循业主对腾达公司的所有书面要求，应确保按照腾达公司与业主签订的工程合同中的工程内容的全部履行，应承担业主在工程合同中对腾达公司的全部责任条款要求。据此，可以认定腾达公司将其全部工程或工程的主要部分转包给姚某甲、姚某乙，且在此之后仅收取一定的管理费，而不参与具体施工。原判认为案涉《工程施工合同》因违反了法律禁止工程转包的规定而无效，依据充分，适用法律正确。

法律评析

司法解释和相应法律法规并没有给内部承包一个明确的解释，司法实践中部分承包人经常以内部承包的名义对工程进行违法分包和转包。笔者认为内部承包是指承包人将其所承揽的工程内容发包给其分支机构、部门或职工个人进行施工的行为，对外的法律责任仍应当由承包人承担。根据最高人民法院上述裁判，笔者认为内部承包有两个基本特点：一是《内部承包合同》的双方当事人之间存在一定的隶属关系，并非完全平等的民事主体；二是承包人要给本单位承包的人员提供一定的物质条件，并最终承担经营风险。转包的基本特点是承包人不参与具体施工、不承担经营风险，只收取固定利润。

案例索引 最高人民法院(2014)民申字第1277号民事裁定书

5. 劳务分包和专业分包的区别

▶案情简介

2006年2月9日，泉三高速公路公司与江西通威公司签订《福建省泉州至三明高速公路泉州市境土建工程施工第QA4合同段施工合同书》与《公路工程施工补充合同书》。2006年6月12日，江西通威公司项目经理部作为甲方与黄某某作为乙方签订《公路建设工程施工劳务承包合同》，约定乙方分包内容为泉三高速公路QA4合同段路基土石方、涵洞、防护排水工程。嗣后，各方就劳务承包合同的效力发生争议。

最高人民法院裁判观点

原建设部颁布的《房屋建筑和市政基础设施工程施工分包管理办法》将劳务作业分包定义为施工总承包企业或者专业承包企业将其承包工程中的劳务作业发包给劳务分包企业完成的活动。原建设部颁布的《建筑业劳务分包企业资质标准》规定，木工、砌工、抹灰、油漆等十三种作业类别属于劳务作业范围。上述行政主管部门规章内容表明，劳务分包合同的主要内容指向的是工程施工中具有较强专业技术性的劳务作业，其对象是计件或者计时的施工劳务，主要指人工费用以及劳务施工的相应管理费用。本案中，江西通威公司与黄某某先后签订的两份《公路建设工程施工劳务承包合同》，约定的主要内容是江西通威公司将其承包泉三高速公路公司的泉三高速公路QA4合同段路基、土石方、涵洞、防护排水、土建工程交给黄某某施工，双方按照江西通威公司与泉三高速公路公司签订的中标单价下浮一定比例结算工程价款。江西通威公司与黄某某、林某某实际履行了上述合同。上述合同约定内容符合工程分包合同的法律特征，一审判决将其认定为工程分包合同，并以黄某某、林某某不具备相应资质承揽工程违反法律禁止性规定为由，认定合同无效，适用法律正确。

法律评析

劳务分包作业，是指施工承包单位或者专业分包单位（均可作为劳务作业的发包人）将其承揽工程中的劳务作业发包给劳务分包单位（即劳务作业承包人）完成的活动。劳务分包单位也有资质等级要求，其中劳务作业主要有木工、砌工、抹灰、油漆等十三种。专业工程分包是指建筑工程总承包单位根据总承包合同的约定或者经建设单位的允许，将承包工程中的部分工程发包给具有相应资质的分包单位的行为。劳务分包和专业工程分包的区别主要有：(1)分包主体不同。专业工程分包人持有的是专业承包企业的资质；劳务分包人持有的是劳务作业企业资质。(2)合同的对象不同。专业工程分包合同指向的标的是分部分项的工程，计取的是工程款；劳务分包合同指向的是劳务，计取的是人工费。(3)条件不同。专业工程分包合同必须经发包人同意；劳务分包合同无须发包人同意。(4)承担责任的范围不同。专业工程分包条件下，总分包双方要对分包工程及其质量向发包人负责；劳务分包条件下，劳务分包人对发包人不直接承担责任。在实践中，经常有承包人以劳务分包之名行违法分包之实。本案中的工程分包合同就是典型的劳务分包合同，但因承揽人不具有相应资质，被法院认定合同无效。

案例索引 最高人民法院(2013)民一终字第93号民事判决书

6. 对于固定总价包干的合同，约定工程量与图纸工程量存在差异，应如何确定结算依据

▶案情简介

构件公司与万力公司签订《建设工程施工合同》，约定由构件公司承建案涉工程，合同采取固定总价包干的模式进行结算，合同约定工程量为

28 343.7平方米。嗣后,构件公司就工程款提起诉讼,因合同约定工程量为28 343.7平方米,招标文件中记载工程量为31 767.44平方米,设计施工图纸上的工程总量为31 588.12平方米,现就工程量认定问题产生争议。

最高人民法院裁判观点

关于二审法院认定的工程总量及工程款总额是否有误的问题,案涉4号、5号住宅楼的工程量有两个数字:一是2005年4月,万力公司发出《逸湖半岛花园二期4#、5#、9#住宅楼土建工程》招标文件,其中,《工程量清单》所附的《工程总说明》第三条载明:"本工程4#楼建筑面积为19 423.26平方米、5#楼建筑面积为12 344.18平方米……"即招标文件表明的工程总量为31 767.44平方米。二是双方签订的《建设工程施工合同》附件《承包人承揽项目一览表》中约定4号、5号住宅楼建筑面积为28 343.7平方米。针对上述两个数字,结合本案的相关证据分析如下:第一,关于《建设工程施工合同》附件《承包人承揽项目一览表》中约定的28 343.7平方米与招标文件中约定的31 767.44平方米之间的差额问题。2006年11月23日,万力公司向中山市规划局提交的《关于增加逸湖半岛花园二期建设工程报建面积的申请》载明:"……在办理逸湖半岛花园二期分期报建时,因为在方案阶段建筑面积计算出现失误,造成建筑面积与工程报建面积有较大出入,所以我司现申请增加逸湖半岛花园二期建设工程报建面积5 551.3m^2,其中住宅面积3 906.06m^2,车库面积1 645.24m^2。"第二,本案施工图纸系一审时由构件公司提交,经双方质证,共同确认该图纸为招投标、施工、验收使用的图纸。一审法院根据构件公司的申请委托中山市捷高建设过程事务所有限公司(以下简称捷高公司)对上述图纸进行鉴定,结论是图纸载明的工程总量为31 588.12平方米,与补办报建后的4号、5号住宅楼建筑面积31 623.02平方米以及施工许可证载明的建筑面积31 458.37平方米基本一致。第三,合同约定的工程总量不等于结算的工程总量。双方签订的《建设工程施工合同》约定:合同价款26 147 876元,采用合同价大包干。该合同附件《承包人承揽项目一览表》还约定工程总量为28 343.7平方米。《合同补充条款》第六条又约定:"……3.项目清单中开列的工程量是根据本工程提供的参考工程量,不能作为构件公司履行合同义务过程中应予完成工程的实际和准确的工程量……”因此,无论合同约定的28 343.7平方米,还是招标文件中的31 767.44平方米,均不等于双方最后结算的实际工程量。《合同补充条款》约定:“本工程造价按招标文件、设计施工图及相关文件的要求,以中标价按包工、包料、包工期的方式承包,施工过程中除发包方提出的除招标范围及图纸之外的工程项目变更外,其余不作调整。”即双方实际结算的工程量应以设计施工图纸上的工程总量31 588.12平方米为准。第四,二审法院依据招标文件中规定的工程执行2003年《广东省建筑工程计价办法》和《广东省建筑工程综合定额》及相应的取费标准,按照构件公司发出的《逸湖半岛花园二期4号、5号住宅楼土建工程投标文件》中《4号楼措施项目费分析表》第7项载明“里脚手架,民用建筑,基本层3.6米”的标准进行核算,由4号、5号楼的里脚手架面积推算出4号楼建筑面积应为19 423.5平方米、5号楼建筑面积应为12 344.2平方米,工程总量为31 767.7平方米,这也是一种计算方式,与捷高公司鉴定结论中的31 588.12平方米工程总量基本一致。第五,在设计施工图纸未变更的情况下,按照《合同补充条款》的前述约定,工程款不作调整,二审法院根据双方共同认可的《土建变更工程结算书》中增减的工程造价部分确认本案工程总造价为26 602 650.43元,与合同及其补充条款的约定相符,构件公司提交的证据尚不足以推翻上述事实。

法律评析

对于固定总价包干的合同应当分为两种:一是以施工图为准的固定总价包干合同;二是以工程量清单为准的固定总价包干合同。对于固定总价包干的合同,首先应当明确约定包干的对象是什么,是以工程量清单中所列的工程量为包干对象,还是以施工图中的施工内容为包干对象,这也是固定总价包干合同结算的核心问题。在工程实践中施工图中施工内容很可能不完全与合同后所附的工程量清单一致,甚至存在巨大差异。同时,这也牵扯到工程价款变更的问题,如果实际施工的工程量与合同约定的工程量不一致的,也应当对最终结算价进行调整(最终结算价 = 固定总价 ± 增减工程价款)。在上述案例中,法院最终从五个方面阐述案涉工程应当以设计施工图纸上的工程总量为准,项目清单中开列的工程量是根据本工程提供的参考工程量,不等于双方最后结算的实际工程量。这也就是说,案涉工程是一个以施工图为准的固定总价包干合同。

案例索引 最高人民法院(2013)民申字第1160号民事裁定书

7. 对于借用资质的实际施工人向发包人所缴纳的履约保证金,承包人不应承担返还义务

▶案情简介

2009年,实际施工人刘某某、杨某、廖某三人合伙借用建工集团名义与发包人南洋公司签订《建筑工程施工合同》,约定由建工集团承包建设南洋国际(湖南)公交能源开发有限公司红易大道湘潭段工程。同时,实际施工人另与建工集团签订《项目责任承包合同》,廖某向建工集团出具的《承诺函》称:"集团总公司领导:由本人负责联系的'南洋国际(湖南)公交能源开发有限公司红易大道湘潭段'工程属议标项目,本人承诺该项目引起的一切经济、法律责任均由本人承担。"随后,实际施工人刘某某通过建工集团向南洋公司转账800万元合同履约保证金。实际上南洋公司没有项目发包权,《建筑工程施工合同》无法实际履行,800万元合同履约保证金不知去向。现实际施工人刘某某、杨某、廖某起诉,要求建工集团就800万元保证金承担返还责任。

最高人民法院裁判观点

本案争议的焦点为建工集团是否应对刘某某交纳的800万元保证金承担返还责任。

《建筑工程施工合同》系刘某某、杨某、廖某三人借用建工集团的名义与

南洋公司签订,刘某某、杨某、廖某与建工集团存在挂靠合同关系,而非建设工程转包合同关系。

建工集团不应对刘某某交纳的800万元保证金承担返还责任,亦无须承担赔偿责任。《建筑工程施工合同》专用条款"47.补充条款"规定在正式签订合同后即向南洋公司交纳800万元的合同履约保证金,故该保证金是依据南洋公司而非建工集团的要求交纳的,建工集团在收取了刘某某交纳的800万元后即汇付给南洋公司,并没有占有、使用该笔款项,因此建工集团已经履行了《项目责任承包合同》项下的义务。由于《项目责任承包合同》属于挂靠合同,而非建设工程转包合同,故二审判决将建工集团的收、付款行为认定为受刘某某等三合伙人委托实施的受托行为并无不妥。在《建筑工程施工合同》因无法履行而被解除后,对于不能收回的款项,作为受托人的建工集团并无替代南洋公司履行的义务。刘某某等主张南洋公司不享有讼争项目的开发权,建工集团在对该事实未尽到谨慎审查义务的情况下,就与南洋公司签订巨额建设工程施工合同,应承担责任。该主张不能成立。因为合同的洽谈及签订均是由三合伙人之一的廖某负责,故对于合同相对人资质的审查义务也在于三合伙人自身,建工集团并无审查的义务,也不因此而承担责任。

法律评析

实际施工人与承包人不存在施工合同关系,实际施工人应当直接向发包人主张工程价款的结算;承包人与发包人之间也不存在实际的施工合同关系,实际施工人与发包人之间存在直接的施工合同关系。但是,对于实际施工人通过承包人账户向发包人所交纳的履约保证金等,如果发包人无法退还,实际施工人能否要求承包人退还呢?对于承包人是否应当向实际施工人退还履约保证金,前提是必须清楚实际施工人通过承包人账户向发包人支付履约保证金到底是何种法律关系。笔者认为,对于实际施工人通过承包人账户转付资金的行为客观上是一种委托支付关系,实际的付款人不是承包人,而是实际施工人,实际的收款人也不是承包人而是发包人。也就是说,虽然是通过承包人账户进行转付,但承包人既不是实际付款人也不是实际收款人，仅仅起到了一个工具性的作用。最高人民法院在上述案例中也明确认定，建工集团在收取了刘某某交纳的 800 万元后即汇付给南洋公司，并没有占有、使用该笔款项，因此建工集团不应对刘某某交纳的 800 万元保证金承担返还责任，亦无须承担赔偿责任。

案例索引 最高人民法院(2012)民申字第 1624 号民事裁定书

8. 施工单位按照社保机构的返还比例要求建设单位支付社保费用的，应予以支持

▶案情简介

省六建公司承建恒升公司开发的案涉工程项目，双方签订的《施工合同》约定关于社保基金的缴纳问题按新乡市文件规定办理。《新乡市建设工程费用定额劳动保险费用统一管理实施细则》规定，社保基金应由建设单位一次性缴纳。由于恒升公司并没有向劳保办缴纳社保费用，省六建公司无法从劳保办获取 70% 的返还。现省六建公司起诉要求恒升公司按照返还比例赔偿其损失。

最高人民法院裁判观点

关于恒升公司是否应当赔偿省六建公司社保基金损失 942 538.73 元的问题，双方当事人在合同中已明确约定按新乡市文件规定办理。根据《新乡市建设工程费用定额劳动保险费用统一管理实施细则》(以下简称细则)的规定，社保基金应由建设单位一次性缴纳。根据细则第十一条第二款的规定，2001 年 2 月 1 日以后中标工程，建设劳保费收缴额的 30% 按有关规定扣除风险积累金和业务工作经费后，拨付给施工企业作为除养老保险以外的其他劳保费用。恒升公司未向劳保办缴纳社保基金，直接导致省六建公司

不能获得劳保办拨付的70%的社保基金。恒升公司关于其已向省六建公司足额支付工程款,故无须缴纳或赔付社保基金的申请再审理由,既违反细则的规定,也与其在一审期间的答辩意见不符。关于社保基金的数额问题,根据鉴定意见书的结论,认定省六建公司损失的社保基金为942 538.73元,认定数额并无不当。在计算工程款时,社保基金包含在工程造价中。恒升公司已将社保基金按规定从工程造价中扣除,但拒不向新乡市劳保办缴纳,导致省六建公司无法从劳保办得到按规定应返还的社保基金,造成省六建公司的损失,恒升公司应当予以赔偿。省六建公司请求驳回恒升公司的再审申请,故裁定驳回恒升公司的再审申请。

法律评析

客观上,社保费用本身就是规费的一种,属于工程价款的组成部分。在法理上,只要属于工程价款就应当由发包人直接向承包人予以支付,这也是施工合同中最为朴素的一个道理。但是,各个地方出台相应的地方性法规或规章制度,要求发包人将本应计算在工程造价中的社保费用剔除出来,缴纳给当地的社保机构,再由社保机构根据一定的比例返还给施工单位。在发包人没有向社保机构缴纳社保费用时,如果承包人向发包人直接主张,发包人一般以此费用应当直接缴纳给社保机构为由予以拒绝。如果承包人向社保机构请求返还社保费用时,社保机构尚未收到发包人所缴纳的社保费用,则无法返还。那么,承包人是否有权直接要求发包人向其支付相应的社保费用呢?有人认为,社保费用本应当由发包人代扣代缴,如果发包人没有代缴应当承担的是行政责任,而不应直接支付给承包人。笔者并不赞同上述看法,笔者认为社保费用作为工程价款的一部分就应当直接由发包人支付给承包人,没有任何理由拒绝。最高人民法院在上述案例中也明确认定,发包人应当按照社保费用的返还比例直接支付给承包人。

案例索引 最高人民法院(2011)民申字第199号民事裁定书

9. 驳回起诉与驳回诉讼请求的区别

▶案情简介

发包人洪恒公司将案涉工程通过招投标方式与湾建公司签订了《建设工程施工合同》,由湾建公司承建案涉工程。合同签订后,湾建公司未设立项目部,亦未施工,但是湾建公司与付某某签订《委托书》,委托付某某组织施工案涉工程。付某某与洪恒公司签订《意向协议书》,明确其组织施工案涉工程。程某某是付某某的亲属,在施工期间从洪恒公司处接收过部分工程款。嗣后,程某某主张其是案涉工程的实际施工人,要求洪恒公司支付工程价款。

最高人民法院裁判观点

本案的争议焦点是程某某是否为案涉工程的实际施工人,其起诉是否具备原告主体资格。程某某起诉主张其为度假公寓楼的实际施工人,对此其并没有提供与洪恒公司或湾建公司之间建立了合同关系的证据。根据《建设工程司法解释》第二十六条的规定,实际施工人与发包人或者转包人之间一般存在违法分包、违法转包或者借用资质的关系,实际施工人主要指转承包人和违法分包的承包人,系工程经过转包后实际真正完成工程建设施工任务的最终承包人。在本案中,程某某并无任何与其建立承包合同关系的证据。而根据湾建公司与付某某签订的委托书、洪恒公司与付某某签订的《意向协议书》、洪恒公司与付某某签订的以借款冲抵度假公寓楼工程款的协议书等,并结合湾建公司没有实际施工的事实,原审裁定认定付某某借用湾建公司资质承建度假公寓楼、付某某是实际施工人、程某某并非实际施工人并无不当。因此,原审裁定认定程某某不具备原告适格主体资格并无不当。鉴于程某某不能提供充分证据证实其是案涉工程的实际施工人、与本案存在直接利害关系,其所诉不符合《民事诉讼法》第一百一十九条"原告是与本案有直接利害关系的公民、法人和其他组织"的规定,原审裁定驳回其起诉并无不当。至于程某某与付某某之间是否存在权利义务关系,应另行主张。

法律评析

驳回起诉是指法院认为原告主体不适格,没有起诉权利,依照法定程序裁定予以驳回。驳回诉讼请求是指法院对原告的起诉请求经审理后,认为没有事实和法律依据,依法不予支持。两者区别主要在于驳回起诉的裁定发生法律效力后,原告再次起诉的,如符合起诉条件,人民法院应予以受理;驳回诉讼请求的判决书生效后,诉讼主体不能就同一诉讼请求和事实向人民法院重新提出诉讼。在本案中,由于法院认定付某不是实际施工人,不具有相关的起诉资格。因此,依法裁定驳回其起诉并无不当。

案例索引 最高人民法院(2014)民申字第2058号民事裁定书

10. 生效判决法律适用问题不属于执行异议之诉的审理范围

▶案情简介

2013年,法院作出《执行分配方案》,债权人平安银行重庆分行对德感公司等公司提起执行分配方案异议之诉,其认为分配方案依据的生效判决存在适用法律错误以及对工程款优先权部分分摊有异议,要求修改《执行分配方案》。

最高人民法院裁判观点

关于生效判决对于工程款优先权行使方式的认定适用法律正确与否,是否属于本案的审理范围问题。本案为执行分配方案异议之诉,作为执行救济的一种方法和手段,执行分配方案异议之诉以当事人之间就执行分配方案内容的争议作为审理对象，作为执行依据的生效判决是否存在错误，不属于执行分配方案异议之诉的审理范围。本案所涉及的七笔工程款优先权均由生效判决所确认，平安银行重庆分行关于生效判决对于工程款优先权行使方式的认定适用法律错误的主张，已经超出本案的审理范围。其对此项主张，可以另寻法律途径解决。

法律评析

执行异议之诉包括案外人执行异议之诉、申请执行人执行异议之诉、执行分配方案异议之诉。执行异议之诉，是指在执行过程中当事人和案外人对执行标的实体权利存有争议，请求执行法院解决争议而引起的诉讼。执行异议之诉主要是对执行标的的实体权利存在争议，而非对执行所依据的生效判决存在异议。如果对生效的判决或生效判决的法律适用存在异议的，应当通过重审程序而非执行异议之诉解决。在上述案例中，最高人民法院明确认定执行分配方案异议之诉以当事人之间就执行分配方案内容的争议作为审理对象，作为执行依据的生效判决是否存在错误，不属于执行分配方案异议之诉的审理范围。

案例索引　最高人民法院(2014)民一终字第50号民事判决书

---

11. 同一律师事务所的律师同时代原、被告参加诉讼不应视为法院违反法定程序

▶案情简介

2009年7月26日，经招投标程序，农牧局与方泰公司签订《建设工程施工合同》，约定由方泰公司承建2009年祁连县游牧民进城定居工程。工程总价

款为 27 273 479 元,合同单价为 1300 元/平方米,采用可调价格合同。2009 年 8 月 18 日,方泰青海分公司与楼某某、施某某签订《项目工程内部承包责任书》,约定由楼某某、施某某组织施工案涉工程。现楼某某诉请方泰公司及其青海分公司、农牧局承担给付剩余工程价款及相应利息的责任。一审法院追加施某某为原告,施某某与农牧局委托同一律师事务所代理诉讼。

最高人民法院裁判观点

对于同一律师事务所在同一案件中接受原、被告双方的委托,《民事诉讼法》和其他法律、司法解释并无禁止性规定。本案施某某在一审中被追加为原告,但其与一审被告农牧局、方泰公司和方泰青海分公司并不存在利益上的冲突,其与农牧局虽然均委托同一律师事务所代理诉讼,但并未损害任何一方当事人的诉讼权利。楼某某在一审期间对此亦未提出异议。一审法院允许同一律师事务所的律师同时代理施某某和农牧局参加诉讼虽有不当,但并未违反法定程序;楼某某以此主张一审判决违反法定程序,无法律依据,不予支持。

法律评析

2011 年中华全国律师协会颁布的《律师执业行为规范》第五十条规定,禁止同一律师事务所不同律师同时担任争议双方的代理人,律师也不得在同一案件中为双方当事人担任代理人。那么,如果同一律师事务所的律师同时代原、被告参加诉讼是否应视为法院违反法定程序?笔者认为,上述《律师执业行为规范》不属于法律、法规的范畴,也不属于部门规章的范畴,法院不应受到上述《律师执业行为规范》的约束。对于程序问题,人民法院应当严格遵守的是诉讼法程序而非某些行业规范。在上述案例中,最高人民法院也认为关于同一律师事务所在同一案件中接受原、被告双方的委托,法律、司法解释并无禁止性规定,故一审法院并未违反法定程序。

案例索引 最高人民法院(2013)民一终字第 149 号民事判决书

12. BOT 模式的政府特许经营协议具有民商事法律关系性质，应当定性为民商事合同

▶案情简介

2003 年辉县市政府准备建设辉县市新陵公路 15 公里道路(其中隧道 1.486公里)项目。2004 年 9 月 15 日，以新陵公路建设指挥部(指挥部的指挥长为时任市长王某某)为甲方，以河南省万通路桥建设有限公司(新陵公司的主要投资人)为乙方，签订《关于投建经营辉县上八里至山西省省界公路项目的协议书》。协议约定：由乙方出资设立的新陵公司承担项目投融资、建设及经营管理，项目法人代表由万通公司推举为李某，经营年限按省人民政府批准为准，经营期满后交于辉县市交通行政部门。双方在履行合同的过程中，就合同的性质是民事合同还是行政合同等问题产生争议，双方遂诉至法院。

最高人民法院裁判观点

本案是典型的 BOT 模式政府特许经营协议。案涉合同的直接目的是建设新陵公路，而开发项目的主要目的是开发和经营新陵公路，设立新陵公路收费站，具有营利性质，并非提供向社会公众无偿开放的公共服务。虽然合同的一方当事人为辉县市政府，但合同相对人新陵公司在订立合同及决定合同内容等方面仍享有充分的意思自治，并不受单方行政行为强制，合同内容包括了具体的权利义务及违约责任，均体现了双方当事人的平等、等价协商一致的合意。本案合同并未仅就行政审批或行政许可事项本身进行约定，合同涉及的相关行政审批和行政许可等其他内容，为合同履行行为之一，属于合同的组成部分，不能决定案涉合同的性质。从本案合同的目的、职责、主体、行为、内容等方面来看，合同具有明显的民商事法律关系性质，应当定性为民商事合同，不属于《行政诉讼法》第十二条第(十一)项、《最高人民法院关于适用〈中华人民共和国民事诉讼法〉的解释》(法释〔2015〕5

号)第十一条第二款规定的情形。辉县市政府主张本案合同为行政合同及不能作为民事案件受理,没有法律依据。

法律评析

由于《BOT 特许经营权协议书》一方当事人属于行政机关,且行政机关是为了实现公共利益而签署。此合同的授予、履行与行政许可行为密不可分。因此,部分人认为《BOT 特许经营权协议书》应属于行政合同的范畴。对此,最高人民法院明确认定,虽然合同的一方当事人为政府,但合同相对人在订立合同及决定合同内容等方面仍享有充分的意思自治,并不受单方行政行为强制,合同内容包括了具体的权利义务及违约责任,均体现了双方当事人平等、等价协商一致的合意。合同涉及的相关行政审批和行政许可等其他内容,为合同履行行为之一,属于合同的组成部分,不能决定案涉合同的性质。故本案合同具有明显的民商事法律关系性质,应当定性为民商事合同。

案例索引 最高人民法院(2015)民一终字第 244 号民事裁定书

13. 协议无效不影响协议当事人对自己权利的处分

▶案情简介

金渝公司与倪某某签订《钢结构施工合同》,约定由倪某某实际施工案涉工程。施工过程中,双方达成《协议》,约定因承包范围发生变化,金渝公司同意补偿倪某某 50 万元。嗣后,倪某某就工程款提起诉讼,诉讼中就该《协议》约定的补偿事项性质认定发生争议。

最高人民法院裁判观点

关于一、二审判决适用法律是否错误问题,根据《协议》约定,因承包范围发生变化,金渝公司同意补偿倪某某50万元。该约定未明确补偿的具体事项,但从其文字表述看,并不是违约金,可以视为对倪某某损失的补偿。从商业习惯分析,倪某某为准备合同的履行会预先付出成本,该损失应该属于补偿范围。根据本案查明事实,并不足以认定《协议》系对违约金和利润的约定,其内容不违反法律规定,否定其效力的依据不足。倪某某的投入不仅包括钢结构件,其将部分剩余的钢结构件卖给科睿公司,并不足以证明其全部损失已经得到弥补。即使《协议》无效,金渝公司亦应赔偿其给倪某某造成的损失。法律并不禁止当事人就损失的金额进行约定,此为当事人对自己权利作出的处分。尽管《协议》并非在确认施工合同无效后签订,其约定的补偿数额仍可以作为赔偿损失的参考依据。金渝公司主张倪某某获得额外利益,依据不足。

法律评析

《协议书》是否有效和倪某某能否得到补偿是两个不同问题,结论并非必须一致。这也就是说,基本无效合同中所作出的处分并非是全部无效。在上述案例中,最高人民法院明确认定即使《协议》无效,金渝公司亦应赔偿其给倪某某造成的损失。因为法律并不禁止当事人就损失的金额进行约定,此为当事人对自己权利作出的处分。故《协议》中约定的补偿数额可作为赔偿损失的参考依据。

案例索引 最高人民法院(2015)民申字第834号民事裁定书

14. 发包人诉请要求承包人提供相应发票,法院依法能否支持

▶案情简介

温商公司分别于2007年9月4日、2008年1月28日与中天公司签订

《建设工程施工合同》，约定由中天公司承建案涉工程。嗣后，中天公司就欠付工程款问题提起诉讼。诉讼中就已付工程款承包人中天公司应否开具发票问题发生争议。

最高人民法院裁判观点

关于中天公司应否按照合同约定和实际付款金额开具发票的问题，收取工程款、开具工程款发票是承包方税法上的义务，无论是否在合同中明确约定，要求承包方收到工程款后开具相应数额的工程款发票都是发包方的合同权利。因此，对温商公司要求中天公司收取工程款后开具相应数额的工程款发票的请求应予支持，一审判决认为该请求不属于民事审判解决的范围并不予审查，属适用法律错误，予以纠正。

法律评析

在上述案例中，最高人民法院认为无论是否在合同中明确约定，要求承包方收到工程款后开具相应数额的工程款发票都是发包方的合同权利。但最高人民法院(2015)民一终字第86号民事判决书认为，在合同没有约定的情形下，交付发票属于当事人税法上的义务，开发票属于行政法律关系问题，法院不予支持。《发票管理办法》第十九条规定，销售商品、提供服务以及从事其他经营活动的单位和个人，对外发生经营业务收取款项，收款方应当向付款方开具发票。笔者更加赞同本案的认定，提供发票本身就是收款方的义务，不论合同是否约定，发包人要求承包人提供发票的诉请人民法院则应当予以支持。

案例索引 最高人民法院(2014)民一终字第4号民事判决书

15. 发包人未依约支付工程价款，承包人请求解除合同的，应予以支持，合同解除后，质保金不应予以扣留

▶案情简介

2011 年 10 月，采宏公司和北京二建协商后，北京二建即开始为采宏公司的唐山市丰润区“浭阳新城”娘娘庙项目回迁工程施工。2011 年 12 月 8 日，双方签订《施工总承包合同》，由北京二建承建该回迁工程。后北京二建停工，现北京二建就已完成工程量数额提起诉讼。诉讼中就施工合同能否解除，质保金应否扣除等问题发生争议。

最高人民法院裁判观点

在建设工程施工合同中，发包方按约定及时支付工程款是其最基本的义务，也是合同得以继续履行的前提和基础。从双方往来函件看，北京二建已多次要求采宏公司按约支付工程款，但至本案成讼前，采宏公司仍未按约定支付相应款项，构成违约。从本案现实情况来看，双方在工程产值和工程款支付上均存在争议，已失去信任基础，原判决综合考虑案件实际情况，根据合同性质和当事人请求解除合同并无不当。采宏公司还主张，工程质量不合格的，承包人无权要求支付工程款。并且主张，按照合同约定，工程款应扣除 5% 作为工程质保金，原判决将鉴定确定的工程款均判令由采宏公司支付不符合合同约定。案涉合同已经解除，不应再按照合同约定扣除相应的工程质保金。在质保期间，如北京二建施工的工程出现质量问题，采宏公司可另行主张权利。原判决对此未予扣除并无不当。

法律评析

《建设工程司法解释》第九条规定，发包人未按约定支付工程价款的，致

使承包人无法施工且在催告的合理期限内仍未履行相应义务,承包人请求解除施工合同的,应予以支持。最高人民法院在上述案例中认定在建设工程施工合同中,发包方未及时支付工程款双方已失去信任基础,根据合同性质和当事人请求解除合同并无不当。

对于合同解除后的质保金应当如何处理?有人认为,质保期和质保金是法律规定的,不论合同是否有效或不论合同是否解除,承包人都有履行质量保修的义务并扣留必要的质保金。笔者对此并不完全赞同,质保期的保修义务和扣除质保金是两个概念,扣除质保金不是履行保修义务,仅仅是履行保修义务的一个保证而已。同时《建设工程质量管理条例》对工程质量保修有规定,但对于质量保修金并没有规定。在上述案例中,最高人民法院也明确认定案涉合同已经解除,不应再按照合同约定扣除相应的工程质保金。

案例索引 最高人民法院(2015)民一终字第8号民事判决书

16. 施工合同解除并不必然导致第三方向发包人提供的保证义务解除

▶案情简介

2007年1月8日,和记黄埔温江公司与中建五局签订建设工程施工《协议书》,将位于成都市温江区温江新城光华大道住宅发展项目的地块一(1A期)总包工程发包给中建五局。2006年12月13日,中建五局作为总承包方与担保人中行湖南省分行签署《履约保证书》,中行湖南省分行向和记黄埔温江公司出具《履约保函》。2009年9月15日,和记黄埔温江公司与中建五局签订《解除合同协议》。中建五局认为其与和记黄埔温江公司之间的施工合同已经解除,履约担保义务理应予以解除。和记黄埔温江公司向中行湖南省分行的索赔已经构成不当得利,双方随之发生争议。

最高人民法院裁判观点

对于《履约保证书》是否已变更或解除的问题，中建五局认为《履约保证书》仅为双方施工合同项下的担保条款，应当随着主合同的解除而终止履行。《最高人民法院关于适用〈中华人民共和国担保法〉若干问题的解释》第十条规定："主合同解除后，担保人对债务人应当承担的民事责任仍应承担担保责任。但是，担保合同另有约定的除外。"2006年12月13日，中行湖南省分行应中建五局申请向和记黄埔温江公司出具《履约保证书》，第5项约定："此履约保证书对总承包方及担保人双方本身、其继任人及受让人均共同和分别地有不可撤销的约束力。"2009年9月15日，中建五局与和记黄埔温江公司签订的《解除合同协议》，对担保事宜亦未作任何说明。综上，中建五局的该项再审申请理由不能成立。二审判决认定中行湖南省分行为中建五局提供的担保属于独立担保关系，案涉银行保函是不可撤销的、见索即付的独立保函。我国有关担保的相关法律虽未对独立保函作出专项规定，但根据《担保法》第五条第一款"担保合同是主合同的从合同，主合同无效，担保合同无效。担保合同另有约定的，按照约定"的规定，双方约定的独立担保关系成立并生效，和记黄埔温江公司取得独立保函项下钱款具有合同依据。

法律评析

在工程实践中，一般都要求施工方提供银行出具的《履约保函》作为施工担保。在此就存在两种法律关系：一个是发包人与承包人之间的施工合同关系；一个是发包人、银行和承包人之间的担保合同关系。那么，施工合同的终止或解除能否必然导致担保合同的终止或解除呢？笔者认为，施工合同的终止或解除并不必然导致担保合同的终止或解除，理由有二：一是大多数的《履约保函》明确记载"见索即付、不可撤销"或"独立保函"等字样，这应当理解为《履约保函》具有一定的独立性、非从属性。二是施工合同法律关系的主体与担保合同法律关系的主体也并非完全一致，法律关系主体的差异性就决定了两种不同的法律关系不必同时终结。在上述案例中，最高人民法院认为中行湖南省分行为中建五局提供的担保属于独立担保关系，不因施工合同的解除而解除。

案例索引 最高人民法院(2014)民申字第418号民事裁定书

17. 承包人的保修义务不因建筑物所有权的转移而免除

▶案情简介

南通三建与莱州开发公司签订《建设工程施工合同》，约定由南通三建承包建设金都大厦工程。2002年12月30日，案涉工程金都大厦通过竣工验收并交付使用。随后，莱州开发公司与金都大厦购房者签订商品房买卖合同，约定由莱州开发公司向购房者出售其开发的金都大厦楼盘。现业主也已办理了入住手续。嗣后，莱州开发公司起诉南通三建，要求其承担工程质量维修责任。南通三建以金都大厦已为业主所有，莱州开发公司不具备原告主体资格进行抗辩。

最高人民法院裁判观点

本案一审案由为建设工程质量纠纷，涉及莱州开发公司与南通三建之间建设工程施工合同法律关系。其中，莱州开发公司是工程发包方，南通三建是承包方。莱州开发公司作为发包方针对案涉工程金都大厦存在的质量问题起诉施工方南通三建，要求其承担工程质量维修责任，主体适格。而莱州开发公司与南通三建之间的建设工程施工合同法律关系，与莱州开发公司与金都大厦购房户之间所建立的商品房买卖合同关系，系两个不同的法律关系。二审法院根据合同相对性的原则，判决南通三建承担主体工程质量不合格的修复义务，并无不当。南通三建申请再审认为金都大厦所有权已转移，共有部分由业主共有，莱州开发公司就建筑物的质量和维修事项行使诉权主体不适格的理由不成立，不予支持。

法律评析

《建筑法》第六十二条规定，建筑工程实行质量保修制度。同时，《建设工程质量管理条例》第四十一条规定，建设工程在保修范围和保修期限内发生质量问题的，施工单位应当履行保修义务，并对造成的损失承担赔偿责任。由此可见，保修制度是施工单位在保修期内对已经竣工验收合格交付使用的工程，如发生质量问题则需进行维修、返工或更换的义务。在建设工程合同履行完毕后，仍要求施工单位在质量保修期内承担保修责任，这既是履行工程施工合同的重要内容，也是落实建设工程质量责任的重要措施，同时也有利于加强质量管理，维护发包人的合法权益。因此，承包人的保修义务是其法定义务，不因建筑物所有权的转移而免除。最高人民法院在上述的案例中也已经明确，虽然案涉工程已经交付使用，但并不因此而免除施工方南通三建承担主体工程质量不合格的修复义务。

案例索引 最高人民法院(2011)民申字第987号民事裁定书

18. 是否取得竣工验收备案登记并不能作为认定工程是否已竣工验收的依据

▶案情简介

功达公司承包建设众鑫诚公司的案涉工程项目。2009年6月1日，案涉工程取得施工许可证；同年6月10日，准备施工放线；6月14日，监理同意施工；6月15日，图纸会审通过。2010年4月30日前，众鑫诚公司已组织勘察单位、设计单位、施工单位以及监理单位对讼争工程进行了竣工验收，上述四家单位以及众鑫诚公司均在验收意见一栏中签署合格的意见并加盖公章。现双方就案涉工程的开、竣工日期发生纠纷诉至法院。

最高人民法院裁判观点

关于二审判决就讼争工程开、竣工日期的认定是否正确的问题，首先，众鑫诚公司虽向本院提交了2010年7月13日《房屋顶帐协议》、2010年8月1日《佳和鑫居1#、4#楼工程进度专题会议纪要》等证据，用于证明2010年4月30日讼争工程并未竣工，但是依据《建设工程司法解释》第十四条之规定，在双方就实际竣工日期发生争议时，应以竣工验收合格之日为准。而从功达公司在一、二审中提交的竣工验收报告、工程竣工验收备案表等证据来看，众鑫诚公司在2010年4月30日前已组织勘察单位、设计单位、施工单位以及监理单位对讼争工程进行了竣工验收，上述四家单位以及众鑫诚公司均在验收意见一栏中签署合格的意见并加盖公章，故二审判决将讼争工程的竣工时间认定为2010年4月30日并无不妥。其次，众鑫诚公司虽主张功达公司向贺兰县城乡建设局提供的竣工验收备案表的各栏内容均是事先填好盖章，日期由功达公司根据需要填写，但并没有相应的证据予以证明，故对该主张不予支持。最后，众鑫诚公司还主张工程竣工验收应以取得竣工验收备案表为准，该主张亦不能成立。因为双方合同中没有约定竣工应以取得竣工验收备案表为准，而根据国务院2000年1月30日颁布施行的《建设工程质量管理条例》的规定，建设单位在收到建设工程竣工报告后，组织设计、施工、工程监理等有关单位进行竣工验收，验收合格后再由建设单位将竣工验收报告等文件提交给政府建设主管部门备案。也就是说，竣工验收备案只是竣工验收后建设单位所应办理的手续，故是否取得竣工验收备案表并不能作为认定工程是否已竣工验收的依据。

法律评析

《建设工程司法解释》第十四条规定，建设工程经竣工验收合格的，应以竣工验收合格之日为竣工日期。此处的竣工验收是指发包人自行组织的竣工验收而非建设主管部门的竣工验收备案。根据相关规定，对于房屋建筑的建设行政主管部门已经不参与建设工程的竣工验收，竣工验收工作由建设单位组织施工、设计、勘察和监理单位自行验收。在竣工验收合格后才能向建设行政主管机关申请竣工验收备案登记。但并不能得出未进行竣工验收备案登记的工程项目就一定未通过竣工验收。在上述案例中,最高人民法院明确认定根据《建设工程质量管理条例》的规定可知竣工验收备案只是竣工验收后建设单位所应办理的手续,故是否取得竣工验收备案表并不能作为认定工程是否已竣工验收的依据。

案例索引 最高人民法院(2012)民申字第1480号民事裁定书

19. 发包人挂靠承包人自行施工,承包人无权向发包人主张工程价款

▶案情简介

利恒公司与世和公司签订的《建设工程施工合同》约定由利恒公司承建案涉工程。嗣后,利恒公司以实际施工人身份就案涉工程款问题以世和公司为被告提起诉讼。世和公司称其系实际施工人,案涉工程系由其自行施工建设的,双方就案涉工程实际施工人的认定问题发生争议。

最高人民法院裁判观点

关于本案的事实认定问题,《最高人民法院关于民事诉讼证据的若干规定》第二条规定,当事人对自己提出的诉讼请求所依据的事实或者反驳对方诉讼请求所依据的事实有责任提供证据加以证明。没有证据或者证据不足以证明当事人的事实主张的,由负有举证责任的当事人承担不利后果。本案中,利恒公司虽与世和公司签订《建设工程施工合同》,但综合本案的相关证据分析,利恒公司不能成为案涉诉争工程的实际施工人。首先,利恒公司与世和公司之间签订的《建设工程施工合同》约定本合同价款采用包工包料、按实结算方式等内容。从合同对工程预付款的约定和利恒公司的诉讼

请求来看,当事人并未按照合同履行相应的义务。其次,陈某某虽为仙游项目部的负责人,但其工资、节日补贴、出差报销等均由世和公司签发或签批报销领款。在一审庭审调查中,陈某某不能说明仙游项目部的组成人员、财产来源、财物管理情况。相反,世和公司在一、二审过程中提供了银行证明、现金支票、转账支票等证据,证明世和公司控制仙游项目部的财务收入与支出管理。陈某某对仙游项目部的人、财、物没有独立的支配权。再次,涉及诉争工程的《建设工程施工合同》原件、施工图纸、与各施工班组签订的分包协议、供货协议、材料支付款凭证等证据,为世和公司所持有。该证据亦可证明案涉诉争工程为世和公司对外开展施工,实际履行承建诉争工程的各种义务。最后,世和公司持有加盖利恒公司公章的空白施工合同、空白施工方案、空白税(费)申报表、空白企业(公司)登记委托书、空白施工方案审批表和施工组织设计(方案)报审表,仙游项目部通过转账支付给利恒公司管理费 3 万元,以及证人张某某、温某某、刘某某、邵某某在一审过程中所作的证言等有关情形,进一步佐证世和公司为案涉工程实际施工人的事实。利恒公司申请再审提供的《工程价款审核书》、《工程停工报审表》、150 万元的汇款凭证以及世和公司在证据清单中“证明对象”的有关表述等证据不足以证明利恒公司为案涉诉争工程的实际施工人,不能推翻二审判决认定的事实。根据上述分析,利恒公司与世和公司之间并不存在真实的建设工程施工合同关系,双方当事人签订的《建设工程施工合同》违反了法律的有关规定,依法应为无效。利恒公司不是案涉诉争工程的实际施工人,其向法院主张世和公司支付工程进度款和利息,以及相应的工程价款优先受偿权的请求,缺乏事实和理由,不能获得支持。二审判决适用法律并无不当。

法律评析

发包人借用承包人名义自行组织施工,实际上也是一种借用资质的行为。那么,如何证明发包人借用承包人的资质自行组织施工,如何证明承包人不是案涉工程的实际施工人。在本案中,法院从案涉合同的按月履行情况、承包人项目经理工资承担和项目部的具体开支、发包人直接与施工班组签订的分包协议和承包人向发包人提供的盖有印章的空白施工资料表等均证实承包人并没有实际参与该工程的施工。因此，在客观上承包人与发包人不存在施工合同关系，仅仅是资质的借用关系。

案例索引 最高人民法院(2013)民申字第231号民事裁定书

20. 数份建设工程施工合同主体相同，项目相同，可以合并审理

▶案情简介

重庆两江公司与中建五局签订《一标段合同》及《二标段合同》，就额外零星工程又签订了六份施工合同，约定由中建五局承建案涉工程。合同签订后，中建五局垫资施工，后重庆两江公司未足额支付工程款。因此，中建五局就上述合同应支付的工程款向法院提起诉讼。重庆两江公司认为法院不应合并审理，并以此提起管辖异议。

最高人民法院裁判观点

双方当事人签订的《一标段合同》及《二标段合同》彼此之间存在关联，在履行上述合同期间，双方又就额外零星工程签订了六份施工合同，中建五局并垫付了一些零星费用，这些均涉及重庆曼哈顿城的相关项目。一审原告合并起诉，人民法院应予受理。理由是：第一，本案一审原、被告双方主体均为一人，据以起诉的八份合同以及垫付的费用，系就同一工程项目发生的，其实质系债权纠纷。至起诉时，所有债权均已到期，其一并起诉，属客体合并，不违反法律的规定。第二，一审原、被告虽然签订了几份施工合同，但均属于同一个项目，合同的性质相同、起诉标的种类相同，在履行合同过程中，双方就工程签订了补充协议，所以双方签订的几份施工合同之间存在关联性，不能完全分开，垫付的费用也系履行施工合同过程中发生的，如合并

审理有助于查明案件事实，减轻当事人诉累，提高审判效率。

法律评析

民事纠纷案件的合并审理就是将两个或两个以上具有相互关联的民事纠纷案件合并在一个案件中进行审理并作出裁判。在工程实践中，经常将施工合同分为一标段或二标段等分开签订，但在合同的履行特别是工程款的支付上，并没有明确所支付的工程款到底是一标段或二标段的，在工程材料的采购和使用上也是难以区分。因此，施工合同的合并审理就显得尤为必要。在上述案例中，最高人民法院明确认定本案一审原、被告双方主体相同，据以起诉的八份合同以及垫付的费用，系就同一工程项目发生的，其实质系债权纠纷；且原、被告签订的几份施工合同属于同一个项目，合同的性质相同、起诉标的种类也相同，故合并审理有助于查明案件事实，减轻当事人诉累，提高审判效率。

案例索引　最高人民法院(2013)民一终字第56号民事裁定书

21. 对于承包人约定取得但尚未取得的管理费，不应依据《建设工程司法解释》第四条予以收缴

▶案情简介

河南四建与红河发电公司签订《建设工程施工合同》，约定由河南四建承包红河发电公司的工程。而后，河南四建将其中的部分工程转包给潘某某个人进行施工，并约定按工程结算价款的5%收取潘某某的管理费。后潘某某就工程款问题提起诉讼，诉讼中因非法转包案涉合同被认定无效，法院认定该管理费为非法利益予以没收。

最高人民法院裁判观点

从本案查明的事实看，虽然河南四建将其承包的云南大唐红河发电有限责任公司开远电厂工程中的烟囱建设工程非法转包给潘某某个人进行施工，并约定了按工程结算价款的5%收取潘某某的管理费，但该项非法收益仅为约定取得，而非实际取得。换言之，河南四建作为约定取得方并未因其非法转包行为获得上述管理费，而潘某某作为约定支付方，亦没有因为无效合同获得利益。因此，在该项管理费没有约定交付时间，河南四建亦未予主张的情况下，二审判决将该笔管理费从发包人应付给河南四建的工程款中直接扣除并收缴，与司法解释的规定相违背，适用法律不当，应予以纠正。

法律评析

《建设工程司法解释》第四条规定，承包人非法转包、违法分包建设工程或者没有资质的实际施工人借用有资质的建筑施工企业名义与他人签订建设工程施工合同的行为无效。人民法院可以根据《民法通则》第一百三十四条规定，收缴当事人已经取得的非法所得。从该司法解释的规定，可以看出，收缴非法所得的范围限定在已经实际取得的财产范围内。合同的签订不等于合同的实际履行，而在合同被认定无效的情况下，如果对约定取得的财产采用收缴的制裁措施，等同于无效合同被强制履行，不仅与合同无效的法律后果相悖，亦会导致收缴范围的不当扩大。由此该司法解释明确规定对已经取得的非法所得予以收缴，对于约定取得但没有实际取得的财产不适用收缴的民事制裁措施。上述案例中，最高人民法院也认定，对于承包人约定取得但尚未取得的管理费，不应依据《建设工程司法解释》第四条予以收缴。

案例索引　最高人民法院(2014)民一复字第3号民事决定书

22. 发包人和承包人未能在合同约定的期限内完成工程款结算的，保证人将不再承担保证责任

▶案情简介

2013年10月12日各方签订的《补充协议书》约定：沃土公司与金广公司于本协议签订之日起三十日内完成结算，结算完成之日起三日内沃土公司支付结算值的95%，剩余工程款于本协议约定的结算完成之日起二十日内支付；想想公司、裕联公司对本协议中沃土公司应承担的付款等义务承担连带责任保证；如本协议约定的付款期限届满时沃土公司没有履行或者没有全部履行其付款义务，金广公司有权直接要求想想公司、裕联公司承担保证责任。但是，沃土公司及金广公司未按协议约定日期完成结算并开始履行，双方系在一审诉讼过程中才对工程价款数额达成一致。在诉讼中，想想公司、裕联公司提出其不应再对沃土公司应承担的付款等义务承担连带责任保证。

最高人民法院裁判观点

按照双方协议约定，沃土公司与金广公司应当在协议签订之日起三十日内即2013年11月11日之前完成结算，沃土公司应当在结算完成之日起三日内即2013年11月14日之前支付结算值的95%的工程款，并于2013年12月1日前付清全部工程款。但是，沃土公司及金广公司未按协议约定日期完成结算并开始履行，双方系在一审诉讼过程中才对工程价款数额达成一致，即债权债务双方对原约定的履行期限以实际行动作出变动，该变动未征得想想公司、裕联公司的书面同意，故保证期间仍需遵从原合同约定或者法律规定。结合法律规定及案涉合同约定，想想公司、裕联公司承担保证责任的保证期间应当自《补充协议书》约定的主债务履行期届满之日起算，如按照金广公司申请再审所称自沃土公司与金广公司实际结算之日起算主债

务履行期,则势必导致保证期间因不归责于保证人的原因被无限延长从而加重保证人的负担,有违《担保法》及其司法解释之规定。因此,自《补充协议书》约定的主债务履行期届满之日起算,直至金广公司起诉时,想想公司、裕联公司所承担保证责任的保证期间已经超过六个月,原判决据此免除想想公司、裕联公司的保证责任并无不当。

法律评析

《最高人民法院关于适用〈中华人民共和国担保法〉若干问题的解释》第三十条第二款规定:"债权人与债务人对主合同履行期限作了变动,未经保证人书面同意的,保证期间为原合同约定的或者法律规定的期间。"《担保法》及其司法解释将保证期间确定和限制为六个月,且除非保证人对债权债务双方变动主合同履行期限予以书面同意的,否则保证期间仍需遵从原合同约定或者法律规定,亦即不能因不归责于保证人的原因将保证期间无限期延长并加重保证人的负担。在本案中,发包人和承包人并没有在合同约定的期限内完成竣工结算,且未能完成竣工结算不是因保证人的原因所导致。在此情形下,保证人的保证期间仍应从原合同约定的期限进行起算,而不应从实际结算的时间开始起算。

案例索引 最高人民法院(2015)民申字第3107号民事裁定书

23. 本证和反证的证明标准是不一样的

▶案情简介

赵沟村委会提供了两份载明68万元和190万元款项的收据,主张上述款项为已付工程款项。大力建筑公司登报声明该两份收据作废,并主张上述款项并未收到。现就依据上述两份收据能否认定已付工程款发生争议。

最高人民法院裁判观点

关于二审法院未对68万元和190万元款项予以认定是否正确的问题，就赵沟村委会所主张的两份收据载明的68万元和190万元款项应当作为已付款项，其应负担举证证明义务。《最高人民法院关于适用〈中华人民共和国民事诉讼法〉的解释》第一百零八条对本证和反证的举证证明标准作出了区分规定。该条第一款规定："对负有举证证明责任的当事人提供的证据，人民法院经审查并结合相关事实，确信待证事实的存在具有高度可能性的，应当认定该事实存在。"第二款规定："对一方当事人为反驳负有举证证明责任的当事人所主张事实而提供的证据，人民法院经审查并结合相关事实，认为待证事实真伪不明的，应当认定该事实不存在。"依据上述规定，对待证事实负有举证证明责任的当事人所进行的本证，需要使法官的内心确信达到高度可能性的程度；反证则只需要使本证对待证事实的证明陷于真伪不明的状态。高度可能性是对民事诉讼证明标准的最低限度要求，举证责任人在穷尽了可以获得的所有证据之后，所举证据的证明效果必须至少达到足以令法官信服的高度概率。就本案赵沟村委会依据两份收据主张已经支付了68万元和190万元款项，一方面大力建筑公司已经登报声明该两份收据作废，且已经将该作废声明通知赵沟村委会；另一方面赵沟村委会并未提供其支付过与该两笔款项相关的凭据，赵沟村委会仅凭借该两份已经由大力建筑公司登报声明作废的收据，不能让法院形成其已经支付上述两笔款项的内心确信。就此而言，一、二审法院未将该两份收据载明的款项认定为赵沟村委会已经支付给大力建筑公司，并无不当。

法律评析

《民事诉讼法》第六十四条第一款规定，当事人对自己提出的主张，有责任提供证据证明。《最高人民法院关于适用〈中华人民共和国民事诉讼法〉的解释》第九十一条规定，主张法律关系存在的当事人，应当对产生该法律关系的基本事实承担举证证明责任；主张法律关系变更、消灭或者权利受到妨害的当事人，应当对该法律关系变更、消灭或者权利受到妨害的基本事实承担举证证明责任。在工程施工合同纠纷中，一般情况下，对于工程款的支付、工期延误索赔应当由发包人承担举证责任，即发包人所提供的证据为本证，相对应地，承包人就工程款没有付清或工期延误的索赔不能成立进行反驳所提供的证据为反证（有人又称反驳证据）。尤其应当注意的是这两种证据的证明标准是不一样的。对待证事实负有举证证明责任的当事人所进行的本证，需要使法官的内心确信达到高度可能性的程度；反证则只需要使本证对待证事实的证明陷于真伪不明的状态，即反证的证明标准要低于本证的证明标准。

案例索引　(2016)最高法民申465号民事裁定书

24. 合作开发房地产中，合作一方不应对尚欠施工单位的工程价款承担连带责任

▶案情简介

2000年10月8日，宝玉集团与金世纪公司签订《联合建房协议书》，约定：金世纪公司与宝玉集团联合开发建设新世纪家园，由金世纪公司办理项目用地的相关手续，并承担全部费用。由宝玉集团和金世纪公司共同办理《施工许可证》及相关手续，宝玉集团承担项目开工至竣工所需的全部费用。宝玉集团向金世纪公司支付3000万元，以解决金世纪公司在办理该项目前期手续中所负债务。2001年3月5日，渤海公司与宝玉集团下属的宝玉公司签订《建设工程施工合同》，约定由渤海公司承建大连新世纪家园2#、4#高层住宅楼，合同价款4440万元（按实结算）。现渤海公司要求宝玉集团、宝玉公司和金世纪公司对尚欠工程价款承担连带责任。

最高人民法院裁判观点

金世纪公司不应当对宝玉集团、宝玉公司偿还施工人渤海公司工程欠款承担连带责任。

第一,金世纪公司对宝玉集团、宝玉公司向渤海公司清偿工程欠款不承担连带责任。首先,本案讼争的法律关系是施工合同纠纷,而不是合作开发房地产合同纠纷。本案施工合同的当事人为宝玉集团、宝玉公司与渤海公司,宝玉集团、宝玉公司为发包人,渤海公司为承包人。施工合同只对合同当事人产生约束力,即对宝玉集团、宝玉公司和渤海公司发生法律效力,对合同当事人以外的人不发生法律效力。金世纪公司与宝玉集团之间存在合作开发房地产关系,不是施工合同当事人,不应对施工合同承担合同义务。其次,债权属于相对权,相对性是债权的基础。债是特定当事人之间的法律关系,债权人和债务人都是特定的。债权人只能向特定的债务人请求给付,债务人只能对特定的债权人负有给付义务。即使因第三人的行为致使债权不能实现,债权人也不能依据债权的效力向第三人请求排除妨害,债权在性质上属于对人权。最后,《民法通则》第八十四条第一款规定,债是按照合同的约定或者依照法律的规定,在当事人之间产生的特定的权利和义务关系。第二款规定,债权人有权要求债务人按照合同的约定或者依照法律的规定履行义务。"特定的"含义就是指只有合同当事人才受合同权利义务内容的约束。债权人要求债务人履行义务的基础是合同约定或法律规定。本案渤海公司主张金世纪公司就宝玉集团、宝玉公司偿还工程欠款承担连带责任,因当事人之间不存在"特定的"债的关系,突破合同相对性也没有法律依据,渤海公司主张金世纪公司对还款承担连带责任的上诉请求,于法无据。

第二,金世纪公司不存在取代施工合同的发包人或因加入债的履行而与宝玉集团、宝玉公司成为共同发包人的事实。一审判决认定金世纪公司参与施工合同实际履行的行为包括:联建合同约定由宝玉集团和金世纪公司共同选定施工队伍。施工人向建设方请款时,金世纪公司在《请款报告》上签字盖章。本院认为,合作开发合同中有关共同审定施工队伍的约定及以后认可施工合同的意思表示与"金世纪公司已实际参与了施工合同的履行"的证明目的之间没有关联性。金世纪公司对施工人《请款报告》的审核行为是为了保障施工款项专款专用，是履行合作开发合同的行为，亦不能因此认定金世纪公司参与了施工合同的履行。

第三，渤海公司主张金世纪公司对宝玉集团、宝玉公司偿还工程欠款承担连带责任，缺乏法律依据。《最高人民法院关于审理涉及国有土地使用权合同纠纷案件适用法律问题的解释》第十四条规定：本解释所称的合作开发房地产合同，是指当事人订立的以提供出让土地使用权、资金等作为共同投资，共享利润、共担风险合作开发房地产为基本内容的协议。合作开发合同各方是按照合同约定各自承担权利义务的，"共同投资，共享利润、共担风险"是指合作各方内部关系，而不是指对外关系。《民法通则》第五十二条规定：企业之间或者企业、事业单位之间联营，共同经营、不具备法人条件的，由联营各方按照出资比例或者协议的约定，以各自所有的或者经营管理的财产承担民事责任。依照法律的规定或者协议的约定负连带责任的，承担连带责任。第五十三条规定：企业之间或者企业、事业单位之间联营，按照合同的约定各自独立经营的，它的权利和义务由合同约定，各自承担民事责任。参照上述两条规定，本案当事人没有成立合作开发房地产的项目公司或成立不具备法人条件的其他组织，应属"独立经营"，应按照约定各自独立承担民事责任。退一步说，即使金世纪公司与宝玉集团、宝玉公司之间合作开发合同属于《民法通则》第五十二条规定的情形，联营各方也应当按照法律规定或者协议约定承担连带责任。金世纪公司与宝玉集团、宝玉公司之间的合作开发关系，既不属于个人合伙，也没有成立合伙企业，不应当适用《民法通则》或《合伙企业法》有关个人合伙和普通合伙人承担连带责任的规定。

一审判决认为，联建利益尚未分割，讼争建设项目在金世纪公司名下，其享有了渤海公司已施工工程的权利，并从该合同中获取利益，据此应承担连带责任。应当看到，金世纪公司虽以取得讼争建设项目的部分房屋作为受益方式，但这是其以土地使用权作为出资应当获得的回报，属对价有偿的商业行为，并非无端受益。

综上，本院认为一审判决金世纪公司对宝玉集团、宝玉公司偿还施工人渤海公司部分工程欠款承担连带责任的判项，应予撤销。渤海公司主张金世纪公司应当对全部工程欠款承担连带责任的上诉请求,缺乏事实和法律依据,本院不予支持。金世纪公司主张对宝玉集团、宝玉公司偿还施工人渤海公司工程欠款不承担连带责任的上诉请求成立,本院予以支持。

法律评析

在合作开发房地产项目中,通常是由合作一方作为发包人与施工单位签订建设工程施工合同,那么,未与施工单位签订建设工程施工合同的另一方是否应当对尚欠工程价款承担连带责任呢?有观点认为,在合作开发的过程中,合作双方对工程项目进行共同管理,共享利润和共担风险,在此情形下,虽然合同另一方没有与施工单位签订建设工程施工合同,但在客观上已经构成了债务加入,合作各方应当共同对尚欠的工程价款承担连带责任。但是,通过本案裁判可知最高人民法院的观点是合作各方不应对尚欠工程价款承担连带责任,主要理由是《民法通则》第五十二条和第五十三条规定。

案例索引 最高人民法院(2007)民一终字第39号民事判决书

---

25. 对于建筑材料价格波动,不应适用情势变更原则对合同价款进行变更

▶案情简介

武汉绕城公路指挥部与中铁十八局二公司签订了《建设工程施工合同》。《合同专用条款》第70.1条约定:"本合同在施工期间不进行价格调整。承包人应在投标时考虑这一因素。"但在合同履行过程中,建材大幅度涨价,对此事实,双方当事人均认可,其涨价幅度超过了施工单位的承受能

力。根据鉴定机构的认定,工程材料价差在1037万元。湖北省高级人民法院在一审中认为在合同履行期间作为合同基础环境因素的建材价格因素发生了根本性的变化,而这种变化超出了合同当事人所能预测的范围,按原合同履行将对二公司产生显失公平的后果,导致二公司的合同目的无法实现。这一情形符合按情势变更的原则变更或解除合同的适用条件,故应根据情势变更的原则,依二公司的材料差价补偿请求,由指挥部给予适当补偿。同时也符合《合同法》第五条依公平原则确定各方权利义务的规定,应参照适用。因此判决武汉绕城公路指挥部补偿二公司的材料差价损失及利息,武汉绕城公路指挥部不服提出上诉。

最高人民法院裁判观点

根据《合同通用条款》第70.1条约定:除非合同专用条款另有规定,凡是合同预期工期在24个月以上者,在合同执行期间,由于……材料的价格涨落因素应对合同价格进行调整……而在案涉工程武汉绕城公路东北段施工(15、16合同段)《招标文件项目专用本》"投标须知修改表"第11.6条约定,本合同在施工工期内不进行价格调整,投标人在报价时应将此因素考虑在内。从以上条款内容可以得出以下结论:公路建设工程工期在24个月以上的,由于材料价格涨落因素应对合同价格进行调整,但合同专用条款另有规定的除外。据此应当认定,本案当事人在合同中已经明确排除了因材料上涨而进行合同价款调整的可能。此外,情势变更原则的功能主要是为了消除由于订立合同时的基础情势发生重大变更所导致的当事人权利义务的显失平衡。而从本案案情看,经一审法院委托鉴定,二公司因材料价格上涨导致的差价损失幅度尚难达到情势变更原则所要消除的当事人之间权利义务显失平衡的严重程度。因此,一审法院适用情势变更原则判决指挥部补偿二公司材料差价损失,依据不充分,并因此撤销一审判决。

法律评析

本案的关键之处在于如何理解"不可预见",原因在于其系适用情势变更原则的主观要件,其中预见的主体为因情势变更而遭受不利的一方当事人;预见的内容为情势变更发生的可能性;预见的时间为合同缔结之时;预见的标准应采取主客观相统一的标准,即一个普通人在正常条件下是否能够预见。就本案涉及的建设工程施工合同法律关系而言,建材价格的起伏涨落无疑应当是一个普通的建设工程施工合同承包方在确定投标价格时首先应当考虑到的重要因素。而从建筑市场实践看,材料价格随着市场变化出现涨落也为正常,将其认定为非当事人所能预见之"情势"有违一般行业判断标准。否则,以此为依据对合同价款动辄进行调整将成为常态,这不仅会严重损害法律关系的稳定性,更有可能使当事人(尤其是建设方)确定合同权利义务的预判基础大大削弱。因此,有必要将其纳入当事人应当预见的范围。

案例索引 最高人民法院(2007)民一终字第81号民事判决书

26. 履约保证金的提交期限,不属于中标合同的实质性内容,当事人可予以变更

▶案情简介

台江公司就案涉工程进行招投标,广厦公司中标。广厦公司中标后未在招投标文件中所约定的提交履约保证金的期限内缴纳履约保证金,但就逾期缴纳保证金一事向台江公司送达了《承诺函》,台江公司未作出明确意思表示(同意或拒绝广厦公司逾期提供保函)。2010年12月8日,台江公司接收了广厦公司按照上述《承诺函》载明时限提交的银行保函。现因台江公司取消广厦公司中标资格,广厦公司提起本案诉讼要求返还保证金。诉讼中,台江公司称广厦公司改变缴纳保证金的时间系对合同实质性内容的变更,应认定广厦公司违反约定,取消其中标资格条件成就并无过错。

最高人民法院裁判观点

就台江公司所持招投标文件中关于履约保证金的提交期限,系合同实质性内容,依法不允许当事人予以变更的主张,本院认为,工期、工程价款、工程项目性质等中标结果中所包含的内容,应视为中标合同的实质性内容,为维护国家、集体、第三人合法权益,招标人和中标人不得另行签订协议予以变更。履约保证金的提交期限,不属于中标合同的实质性内容,当事人应可依据《合同法》第七十七条第一款之规定予以变更。故对台江公司的上述主张,本院不予采信。

法律评析

《招标投标法》第四十六条规定:"招标人和中标人应当自中标通知书发出之日起三十日内,按照招标文件和中标人的投标文件订立书面合同。招标人和中标人不得再行订立背离合同实质性内容的其他协议。招标文件要求中标人提交履约保证金的,中标人应当提交。"第六十条第一款规定:"中标人不履行与招标人订立的合同的,履约保证金不予退还,给招标人造成的损失超过履约保证金数额的,还应当对超过部分予以赔偿;没有提交履约保证金的,应当对招标人的损失承担赔偿责任。"《招标投标法》虽然规定了投标人在中标后要向招标人提交履约保证金,但未明确履约保证金的法律性质。目前,学界通说认为,履约保证金具有履约担保的性质,具有担保建设工程施工合同履行的功能。履约保证金不等同于合同价款,两者性质不同,不能混为一谈。笔者认为,履约保证金的提交期限,不属于中标合同的实质性内容,当事人应可予以变更。本案中最高人民法院也认为,履约保证金的提交期限,不属于中标合同的实质性内容,当事人应可依据《合同法》第七十七条第一款之规定予以变更。

案例索引 最高人民法院(2014)民一终字第155号民事判决书

---

27. 代建单位同时为施工单位的，其仍有权主张代建管理费

▶案情简介

2009 年 1 月 13 日，铸信公司（代建人）与定远县政府（委托人）、定远县建设局（项目法人）签订《代建协议》，约定由委托人与项目法人委托代建人对案涉工程进行融资、建设及施工管理。2009 年 5 月 11 日，经招投标，铸信公司（代建人）中标案涉工程，2009 年 5 月 20 日，铸信公司（承包人）与定远县建设局（发包人）签订了《建设工程施工合同》，约定案涉工程交由铸信公司承包建设。现因定远县建设局、定远县政府未足额支付工程款及代建费用，铸信公司提起本案诉讼。诉讼中就铸信公司既是代建人又是承包人，其能否主张代建管理费发生争议。

最高人民法院裁判观点

关于铸信公司主张代建管理费有无依据的问题，案涉工程已经竣工验收合格并交付使用，铸信公司已经完成了工程的施工任务，定远县建设局已经实现了合同的目的。定远县建设局对于铸信公司自己施工并未提出过反对意见，其支付代建管理费也未造成其利益的减损。因此，一审判决定远县建设局支付代建管理费并无不当。

法律评析

建设工程项目代建是我国近年来建筑市场中方兴未艾的工程项目建设管理模式，特别是对政府投资的建设工程项目，国家倡导采用代建模式，由项目管理公司代政府建设单位对建设工程项目进行建设和管理。2004 年 7 月 25 日，国务院发布的《关于投资体制改革的决定》中规定，“对非经营性政府投资项目加快实行代建制，即通过招投标等方式，选择专业化的项目管理

单位负责建设实施,严格控制项目投资、质量和工期,建成后移交给使用单位",并要求在全国范围内推行建设工程项目的代建制度,从而肯定了代建制度的合法性。在委托代建制度中,建设单位与代建单位是委托代理关系,受托人即代建单位完成代建施工任务,就有权获取代建管理费用。最高人民法院在上述的案例中也已经明确,但代建单位同时为施工单位时,其仍有权主张代建管理费。

案例索引 最高人民法院(2014)民一终字第60号民事判决书

28. 依据《建设工程司法解释》第二十六条要求发包人在欠付工程款范围内承担责任的,该责任的性质并非连带责任

▶案情简介

河东开发公司与河东建筑公司签订的《建设工程施工合同》约定,由河东建筑公司承建案涉工程。施工过程中,河东建筑公司与宏基公司签订《分包合同》,将部分工程交由宏基公司组织施工。后因曾某某、刘某某与宏基公司之间存在债权债务关系,宏基公司将案涉工程款转让给曾某某、刘某某。现曾某某、刘某某以债权受让人的身份提起本案诉讼,要求河东建筑公司支付相应工程款,同时要求河东开发公司就该欠付的工程款承担连带责任,诉讼中就河东开发公司是否应承担连带责任的问题发生争议。

最高人民法院裁判观点

关于河东开发公司是否应承担连带责任的问题,根据《建设工程司法解释》第二十六条,关于"发包人只在欠付工程价款范围内对实际施工人承担责任"的规定,河东开发公司作为发包人仅在欠付工程款范围内对实际施工

人承担给付责任,该责任并非与承包方的连带责任。并且在本案中河东开发公司与河东建筑公司就诉争工程已结算并履行完毕,有河东开发公司提供的与河东建筑公司结算完毕的协议加以证明。故对曾某某、刘某某要求河东开发公司承担连带责任的主张不应予以支持。

法律评析

《建设工程司法解释》第二十六条第二款规定,实际施工人以发包人为被告主张权利的,人民法院可以追加转包人或者违法分包人为本案当事人;发包人只在欠付工程价款范围内对实际施工人承担责任。该司法解释仅规定发包人在欠付工程款范围内对实际施工人承担责任,但承担的是何种责任,司法解释并未明确。在司法实践当中,对于该法条的理解有以下三种不同的观点:

第一种观点是直接付款责任。支持该观点的人认为,实际施工人依据《建设工程司法解释》第二十六条的规定,请求发包人支付欠付工程价款的,发包人在欠付工程价款的范围内对实际施工人承担直接支付欠付工程价款的责任。第二种观点是连带责任。支持该观点的人认为,实际施工人以发包人为被告要求支付工程款的,应当追加违法分包人或转包人作为共同被告参加诉讼,发包人在其欠付违法分包人或转包人工程款范围内承担连带责任。第三种观点是补充责任。支持该观点的人认为,实际施工人依据《建设工程司法解释》第二十六条的规定,请求发包人支付欠付工程价款的,发包人在欠付工程价款的范围内对实际施工人承担补充付款责任。

笔者支持第三种观点。《最高人民法院关于当前民事审判工作中的若干具体问题》(2015)明确:对于《建设工程司法解释》第二十六条规定,目前实践中执行得比较混乱,特别强调一下,要根据该条第一款规定严守合同相对性原则,不能随意扩大该条第二款规定的适用范围,只有在欠付劳务分包工程款导致无法支付劳务分包关系中农民工工资时,才可以要求发包人在欠付工程价款范围内对实际施工人承担责任,不能随意扩大发包人责任范围。根据该文件的精神,发包人在欠付工程款范围内所承担的付款责任更倾向于补充责任的性质。同时,在上述案例中,最高人民法院也认为,发包人仅在欠付工程款范围内对实际施工人承担给付责任,该责任并非与承包方的连带责任。虽然在此没有明确发包人在欠付工程款范围内承担责任的性质,但却明确认定其不是连带责任。

案例索引 最高人民法院(2013)民申字第1312号民事裁定书

29. 分公司负责人以分公司名义申请,个人与总公司之间签署借条的行为,应当视为平等主体之间的借贷关系,属于人民法院的受案范围

▶案情简介

2008年12月10日,汪某某以分公司名义向中国建筑公司借款6 178 458.55元尚未归还。汪某某与中国建筑公司签署的《中国建筑技术集团有限公司两级管理目标责任书》出具承诺,约定:"对于在生产经营中产生的一切安全、质量事宜及债权债务,由我个人承担一切法律责任。"同时,汪某某还与中国建筑公司签署的《分支机构负责人自主经营合同书》中约定:"汪某某是其所在分支机构的第一责任人和债务承担人,对其所在分支机构的一切经营活动、工程项目的安全、质量问题承担法律责任,并对其所经营分支机构的债务承担无限连带责任。"江苏省高级人民法院在二审中认为:本案不属于人民法院受案范围。因为汪某某与中国建筑公司之间就案涉借款发生的纠纷,不属于平等民事主体之间的纠纷。(1)汪某某是中国建筑公司任命的江苏分公司的负责人,双方之间签订了两级管理目标责任书,形成的是企业内部的管理关系。(2)案涉借款是因江苏分公司项目需要,由江苏分公司向中国建筑公司申请,汪某某是按照中国建筑公司制定的内部财务管理规定出具相应借据的,且案涉款项实际汇入了江苏分公司的账户。(3)中国建筑公司撤销了江苏分公司,免去了汪某某的职务,但双方并未进行清算,中国建

筑公司尚无证据证明汪某某应对江苏分公司负担何种民事责任。因此，汪某某向中国建筑公司出具的借据，应视为其职务行为，双方之间的关系属于公司内部管理关系，不是平等主体之间的民事关系，中国建筑公司根据内部管理关系形成的借据对汪某某提起的诉讼，不属于人民法院受理案件的范围。

最高人民法院裁判观点

本案所涉借款虽是以江苏分公司的名义向中国建筑公司申请的，但根据汪某某向中国建筑公司的承诺"对于在生产经营中产生的一切安全、质量事宜及债权债务，由我个人承担一切法律责任"，说明汪某某对江苏分公司的经营是自负盈亏的，中国建筑公司并未参与江苏分公司的生产经营。同时，汪某某承认所借四笔款项是其个人债务，并以个人名义出具了借据。二审法院以本案不属于平等民事主体之间的纠纷为由，驳回中国建筑公司的起诉，适用法律不当，应予以纠正。

法律评析

对于施工单位来讲，上述案例具有普遍性。因为部分施工单位为了提高经济效益，允许包工头挂靠自己并设立分公司，名为分公司，实际上独立核算，总公司也不参与分公司的经营。同时总公司也会与包工头代表的分公司签订相关约定，分公司的全部责任均应当由包工头来承担。在此过程中，上述借款行为应当如何认定，是否应当认定为包工头的个人行为，是否属于人民法院的受案范围？最高人民法院在本案中明确认定，在上述情形下，借款纠纷应当认定为平等民事主体之间债权债务纠纷，属于人民法院的受案范围。

案例索引 （2016）最高法民再142号民事裁定书

后 记

美国现代实用主义法学家霍姆斯说过:"法律的生命从来不是逻辑,而是经验。"西谚云:"法律的生命力在于实施,法律的权威也在于实施。"

据统计,在全国法院每年1000多万件民商事案件中,建设工程案件所占的比重并不是特别大。如2015年,民间借贷的数量为160余万件;而建设工程案件,在2014年是12万件,在2015年也是仅仅不到15万件。但是有一个趋势:建设工程合同纠纷案件的数量以每年30%的增速来激增。最高人民法院民一庭曾经进行过一个有关经济新常态下案件类型发展的司法调研,发现在结构调整、动力转换的经济新常态背景下,有四类案件的数量会大幅增长。包括:第一,土地使用权房屋开发案件;第二,建设工程合同纠纷案件;第三,民间借贷纠纷案件;第四,劳动争议纠纷案件。由此可见,建设工程合同案件在当前和今后一段时间内数量会大幅增长。

我们深耕建设工程法律领域十多年,代理了众多建设工程合同案件,为当事人挽回数以亿计的经济损失,在欣慰之余,也感触良多:

其一,建设工程合同案件认定事实越来越复杂。这其中有几方面的原因,毋庸讳言,既包括建筑市场的一些不规范的现象,比如,明招暗定、非法转包,等等,由此导致法官在事实认定方面的难度极高。这类案件在司法实践中的特点是二审改判率高、二审发回重审率高,申请再审改判率也比较高,究其原因,是各级司法人员对这类法律问题适用的标准还不统一。

其二,建设工程合同案件既涉及法律专业的问题,也涉及有关技术专业的问题。大部分律师在法律这方面占有优势,但是对于建设工程的技术专业知识可能未必精通。另外,为社会所诟病的"以鉴代审"的问题比较突出,在涉及建设工程合同纠纷的审理中,法官往往不得不借助于鉴定来确认事实问题,比如,工程修复费用、工期延误问题等一系列技术问题。

其三,建设工程合同关联案件不断增多。比如,在我们代理的有关建设工程合同纠纷案件中,绝大多数以承包人主张工程款,发包人就此反诉有关违约责任承担;或是发包人要求承包人承担逾期施工、逾期交付工程竣工资料,发包人就此反诉要求支付工程款;还有实际施工人与承、发包企业对外责任承担的问题;也存在建设工程和民间借贷的交织等,不同案件类型的交织越来越多。

其四,合同效力的问题。确定合同效力是任何一个合同案件的基础,但在建设工程合同案件中有相当一部分合同被认定无效,而合同无效导致最后的结果是司法实践中当事人利益的失衡。

其五,建设工程合同案件涉及金额越来越高,涉及上中下游产业越来越多,涉及当事人主体越来越多,涉及各方利益越来越多,越来越影响社会稳定大局,如处置不当,可能牵一发而动全身。

以上种种,均是建设工程合同纠纷案件中常见的争议焦点,法律法规、司法解释中还存在很多模糊空间、地带,给案件的主办法官留下了相当大的自由裁量权,直接影响到案件的裁判结果,直接影响到当事人的切身利益,对当事人可谓生死攸关。

司法是社会纠纷的最终裁判手段,是实现法律基本价值和社会公正最为重要也是最终的途径。司法的核心是审判,司法过程的各个环节都围绕着审判权的行使而展开。律师是司法过程中不可或缺的重要成员,通过参与司法过程的各个方面来保障司法公正的最终实现。诉讼是律师的安身立命之本,但是,律师仅靠办理一个又一个诉讼个案来维护司法公正,无论是从速度上,还是效率上,都远远不能满足人民群众日益增长的对司法公正的渴求。

因此,作为从事律师工作长达二十年的我们,在办理一个又一个建设工程合同纠纷案件的同时,萌生了汇编一本案例来以案说法的念头。为此,我们用了两年多时间,在繁重的法律工作之余,精心筛选了社会关注度高、实践运用多的最高人民法院的建设工程合同纠纷案例,对典型案例及时加以总结研究,以提高法律人员办案实战能力、法律适用能力。呈现在读者面前的这本书，就是我们三人800多个日夜辛勤工作的结晶，凝聚着我们的心血与智慧。

本书有以下几个特点：一是具有权威性，所选案例全部是最高人民法院审理、判决的生效案例；二是知名度较高，具有代表性和典型性，所选案例在全国建设工程法律领域具有一定影响力，引起社会广泛关注；三是门类齐全、系统性强，我们按问题分门别类地汇编、节选，形成了较完整的建设工程法律案例体系。读者可以从这些案例中得到丰富的法律知识和有益的启迪。

本书所选的案例，理论与实务相结合，具有较高的学术和应用价值，每一个案例都闪耀着法律的智慧光芒。但愿此书对读者有所帮助，非常感谢读者的青睐与信赖。

本书的出版，有幸得到了法律出版社责任编辑王曦老师及其他编辑同志的精心审读、校对；有幸得到了广西民族大学法学院院长、法学硕士生导师何立荣教授的作序，在此对他们的辛勤付出致以衷心的感谢。

南宋辛弃疾在《永遇乐·京口北固亭怀古》中云："想当年，金戈铁马，气吞万里如虎。"在未来的法律工作征途中，我们将会一如既往地展示律师风采，为社会提供更高效、更优质的法律服务，以促进司法公平、公正，为建设社会主义法治国家做出更大贡献！

是为后记。